386
OUT

386 OUT
– 386을 죽여야 청년이 산다

2019년 11월 29일 초판 1쇄 발행

지은이/ Adrien Kim, Zachäus Sük, 강영모, 곽세현, 김대호, 김영선, 김은희,
김태호, 나연준, 노환규, 박정자, 손경모, 심재철, 우원재, 이순철, 이윤성,
이인철, 임형빈, 주동식, 최재기, 홍대선, 홍주현, 황선우

펴낸이/ 길도형
편집/ 박지윤
인쇄/ 우성아트피아
제책/ 우성아트피아
펴낸곳/ 타임라인
출판등록 제406-2016-000076호
주소/ 경기도 고양시 일산서구 덕산로 250
전화/ 031-923-8668 팩스/ 031-923-8669
E-mail/ jhanulso@hanmail.net

ISBN 978-89-94627-81-6 03330

이 도서의 국립중앙도서관 출판예정도서목록(CIP)은
서지정보유통지원시스템 홈페이지(http://seoji.nl.go.kr)와
국가자료종합목록 구축시스템(http://kolis-net.nl.go.kr)에서
이용하실 수 있습니다. (CIP제어번호 : CIP2019045907)

386
OUT

386을 죽여야
청년이 산다

Adrien Kim, Zachäus Sük, 강영모, 곽세현, 김대호,
김영선, 김은희, 김태호, 나연준, 노환규, 박정자, 손경모,
심재철, 우원재, 이순철, 이윤성, 이인철, 임형빈,
주동식, 최재기, 홍대선, 홍주현, 황선우

'위선'과 '내로남불'의 대명사 "386 운동권"

　　최근 우리는 '조국 일가족 사태'를 통해서 386 운동권들이 얼마나 많이 자기 자식들의 인생에 개입하고 있는지, 그것도 심지어 성인이 된 자식의 스펙에까지 위조며 짬짜미를 식은 죽 먹기로 하고 있는지를 목도했습니다. 본문 중 나연준 선생의 〈20190826 조국이라는 조명탄〉에는 이런 구절이 나옵니다.

　　'도덕군자의 환생은 우리가 아닌 조국이었다. 다만 군자다움이 SNS를 벗어나지 못했을 뿐이다. 피와 살이 도는 현실의 조국이 관복官服을 갈아입으려는 찰나, 옷자락에서 그 동안 삥땅친 엽전이 쏟아졌다.'

　　기득권의 성을 쌓고 있는 386 운동권과 그 추종자들이 촛불을 들고 서초동 검찰청사 앞에서 외친 "우리가 조국이다!"라는 구호는 그들 스스로가 위선과 내로남불의 공동체임을 자백한 것입니다.

　재벌을 개혁한다고 하면서 재벌을 악의 화신으로 몰고 자신들은 그 악마를 무찌르고 악마의 곳간을 열어 민중에게 평등하게 분배하는 정의의 사도처럼 행세합니다. 장하성, 김상조 등에서 봤듯이 그런 자들이 재벌 기업들의 주식을 다량 보유하고 있습니다. 비트코인 소동 때 청와대를 비롯한 정권 핵심 관계자들이 대박을 쳤다는 말도 들립니다.

　그러면서 그들은 여전히 자신들은 혁명을 하고 있다고 말합니다. 노무현 집권 시기에 좌파가 들고 나왔던 재조산하再造山河는 문재인에 이르러 '전혀 새로운 나라', 즉 대놓고 레짐 체인지를 떠벌리는 단계까지 왔습니다. 그러나 딱 잘라 말하건대, 저 자들은 혁명의 본질, 그 야수성에 대한 이해가 전혀 없거나 성장이 멈추어 버린 80년대의 화석일 뿐입니다. 한 마디로 현대판 阿Q들인 것입니다.

　386 운동권들의 필독서 가운데 루쉰(魯迅)의 『아큐정전阿Q正傳』이 있습니다. 중국 역사상 가장 남루하고 피폐한 시기인 1920년대의 혼란과 실수, 압제와 암흑을 되풀이하는 사회상을 최하층 일용직 농민인 '阿Q'란 가상인물의 전기를 통해 고발한 소설입니다. 루신은 이 작품을 통해서 병들고 썩은 곳을 내보임으로써 '도려내고 치료해야 함'의 중요성을 일깨웁니다.

신해혁명을 통해 270여 년에 걸친 청나라의 썩은 문화를 청산했다고 생각한 중국인들의 기대와 달리, 혁명 이후 10여 년이 지나도록 중국은 달라진 게 아무 것도 없었습니다. 나아지기는커녕 국가 사회적 혼란과 무기력은 더해 가고, 그 틈새를 비집고 외세의 개입과 영토 점유는 점점 심해집니다. 외세 중에서도 스탈린의 코민테른이야말로 마오쩌둥을 내세워 중국을 극한의 혼란으로 몰아넣었습니다. 그들의 목표야 두 말할 것도 없이 중국 대륙에 공산정권을 수립하는 것이었습니다.

그런 상황 속에서 주인공 아큐는 입버릇처럼 '혁명'을 외치고 다닙니다. 그렇지만 아큐는 당시 중국 민중들 대부분의 정체성이 그렇듯 자신이 어디서 왔는지, 자기 이름이 원래 이름인지조차 모르는 헐벗고 굶주린 인물입니다. 아큐에 대한 사람들의 인식도 고작 '하루벌이 인생'일 뿐입니다.

그렇지만 아큐는 자존심이 대단히 셉니다. 그런 만큼 독선적이고 매사 반항적입니다. 아큐의 반항적 면모는 당장이라도 혁명을 통해 세상을 뒤집어엎어야 할 것처럼 보이지만, 실상은 고픈 배를 면하러 절 밭에 들어가 도둑질을 하는데 그마저도 남들에 훨씬 뒤처집니다.

부조리한 것은 아큐를 둘러싼 사람들 또한 아큐와 별반 다를 게 없는 존재들이란 사실입니다. 그들은 평판을 위해서라면 남이 도둑질한 물건마저 자기 것으로 삼는 데 망설임이 없습니다. 사람들의 인식 수준도 '혁명은 부자의 재산을 빼앗아 가난한 사람에게 나누어 주는 것' 정도입니다.

결국 혁명이 휩쓸고 간 뒷자리에 '혁명 혁명' 외치며 돌아다니닌 아큐는 도둑 누명을 쓰고 경찰에 체포됩니다. 경찰의 심문에 특별히 답할 게 없던 아큐는 본보기가 되어 온 마을에 끌려다니며 구경거리가 된 끝에 총살로 생을 맺습니다. 동네 사람들조차 끌려 다니면서 노래 한 자락 부를 줄도 모르는 '재미없는 사형수'라는 비아냥거림으로 아큐를 두 번 죽여 버립니다.

소설 속 아큐가 희극적 삶을 마감한 지 한 갑자甲子만에 한국에는 군사독재에 맞서 민주화를 요구하고 나아가 체제 변혁을 기도하는 세력이 등장했습니다. 바로 80년대 한국의 운동권 세력입니다. 그들의 투쟁은 70년대의 꽤나 낭만적이기까지 했던 대학가의 저항문화와는 그 성격 자체가 달랐습니다. 그들은 자유민주공화국 대한민국을 부정하며 북한 김일성-김정일 세습 공산왕조에 민족의 정통성이 있다고 믿었고, 지금도 그렇습니다. 그들에게는 대한민국을 조선민주주의인민공화국에 복속시키는 것 자체가 혁명입니다. 말 그대로 21세기 한국판 阿Q들인 겁니다.

1948년 8월 15일, 대한민국을 건국한 주역의 후예들은 사즉생의 각오로 임해야 하는 결단의 순간 앞에 섰습니다. 대한민국의 병들고 썩은 환부인 386 기득권 세력을 조기에 어떻게 잘 도려내느냐에 따라 대한민국의 미래가 걸려 있습니다.

이 책은 페이스북을 통해서 386 운동권을 비판한 글을, 우리 시대의 담론으로 이끌어 낸 〈제3의길〉을 통해서 세상에 빛을 보게 됐습니다. 조선조 500년 동안 숙명으로 받아들이며 그 자체를 존재의 이유로 삼았던 모화사대를 청산, 중국으로부터의 독립과 신문명으로의 개화를 위해 선각자의 길을 간 '젊은 그들'의 뜻을 새기며 독립문 앞에서 창간을 선포한 지 2년. 〈제3의길〉은 SNS를 통한 새로운 미디어의 가능성은 확인하며, 위기의 대한민국을 일깨워 왔습니다. 그러한 성취와 성과를 담은 386 운동권 청산과 극복을 위한 담론집 『386 OUT - 386을 죽여야 청년이 산다』를 펴냅니다.

페이스북을 비롯한 각종 소셜 미디어를 통해 학자며 언론인, 논객들에 이르기까지 그들이 386 운동권에게 던지는 외침은 한결같이 "386 OUT!"입니다. 대한민국을 파국으로 몰아넣고 있는 '위선'과 '내로남불'의 386 좌파 기득권 '세력이 죽어야'가 아니라 '세력을 죽여야' 젊은 세대가 살고 대한민국의 미래가 있다는 것입니다. 이미 철옹성의 기득권 세력이 된 386들이 스스로 물러날 리가 만무하기 때문입니다.

이 책이 빛을 보는 데에는 페이스북이 절대적이었습니다. 페이스북으로 맺어져 귀한 글을 〈제3의길〉에 게재를 허락해 주시고, 이렇게 한 권의 단행본으로 출간될 수 있게 도와주신 필자 페친 선생님들과 〈제3의길〉 독자님들, 그리고 모든 페친님들께 감사드립니다.

〈제3의길〉 발행인으로서 『386 OUT - 386을 죽여야 청년이 산다』의 저자로 함께해 주신 박정자 명예교수님을 비롯해서 Adrien Kim 선생님, Zachäus Sük 선생님, 강영모 선생님, 김영선 대표님, 김은희 교수님, 김태호 선생님, 노환규 원장님, 손경모 선생님, 심재철 의원님, 우원재 선생님, 이순철 선생님, 이윤성 선생님, 임형빈 선생님, 홍대선 선생님, 홍주현 선생님, 황선우 선생님! 진심으로 감사드립니다. 이 책의 필자로 참여해 주신 〈제3의길〉 편집위원들께도 감사드립니다.

무엇보다도 〈제3의길〉의 처음과 현재이자 오늘과 내일인 주동식 〈제3의길〉 편집장의 노고에 이 자리를 빌려 심심한 감사를 표합니다.

2019년 11월 29일
〈제3의길〉 발행인 주대환

차례

머리말

'위선' 과 '내로남불' 의 대명사 "386 운동권"_주대환　　4

프롤로그

다시 읽어야 할 이승만의 1948년 건국일 연설문_이승만 대통령　　14

1부　386세대, 대한민국 체제 전복을 시도하다

촛불은 혁명이 아니라 반동이다_주동식　　20
프랑스혁명을 닮고 싶었던 촛불 혁명_박정자　　26
유쾌하지 않은 역사적 기시감既視感_박정자　　29
촛불이라는 우상과 우리 시대의 대심문관_나연준　　33
대한민국과 탄핵과 나의 이야기_Zachäus Sük　　38
동맹을 팔아 적국에 구걸하는 친중 종북 586들_Adrien Kim　　46

2부　마오이즘과 주체사상, 유교 근본주의에 포획된 386

386 운동권, 대한민국 불변의 질서를 건드리다_한정석　　52
문재인과 한국당이 살려낸 죽어야 할 것들_김대호　　63
'수치의 문화' 로 본 한국의 '운동권'_김은희　　67
운동권의 실체 제대로 알고 부채의식 버려야_이윤성　　73

대한민국을 선택한 좌파와 대한민국을 부정한 좌파_나연준　77

386에 의해 주입된 통일과 평화, 시각 교정 시급하다_최재기　81

이슬람 난민 문제에 솔직해지자_최재기　97

3부 386, 반동과 퇴행, 위선과 막장의 다른 이름

인촌 김성수, 2018년의 부끄러운 부관참시_Adrien Kim　106

김성수의 건국훈장 취소를 취소하라_강영모　112

한 586의 '반일'과 '친일'의 변주_김영선　116

대한민국 '뿌리', 이승만과 김성수 어디에_황선우　121

유시민, 역사적 진실을 예능으로 왜곡_심재철　123

중2병 정부가 말아먹는 나라_우원재　133

좌파 설계주의 집권세력의 시대 역행_Adrien Kim　137

막말에 대한 분노도 진영 따라 달라지나?_우원재　140

사노맹과 조국 그리고 은수미_주동식　144

한국 좌파의 '만신전萬神殿' 둘러보기_나연준　148

'진보'라 쓰고 '퇴보'라 읽는 좌파들_김태호　164

드루킹 파문이 보여 주는 좌파 승리의 허구와 진실_주동식　169

4부 전교조 선생님들께 드리는 글_이순철

전교조 선생님들께1 - 네덜란드와 핀란드의 독립　178

전교조 선생님들께2- 환경 파괴 복마전 태양광　182

전교조 선생님들께3 - 핀란드 적백내전과 독립　185

전교조 선생님들께4- 홍군과 국부군, 기이한 상식　192

전교조 선생님들께5 - 이승만에 대한 오해　199

전교조 선생님들께6 - 프롤레타리아 독재　207

전교조 선생님들께7 – 문화혁명과 덩샤오핑　217

전교조 선생님들께8– 남북한의 농지개혁　221

전교조 선생님들께9– 소련의 몰락　226

전교조 선생님들께10– 정치적 계급과 불평등　230

전교조 선생님들께11–자오쯔양과 천안문 사태①　237

전교조 선생님들께12– 자오쯔양과 천안문 사태②　241

전교조 선생님들께13– 자오쯔양과 천안문 사태③　245

전교조 선생님들께14– 동유럽의 변화　249

전교조 선생님들께15– 차베스와 베네수엘라　257

5부　대한민국, 일탈과 딜레마로서의 386 운동권

386 운동권, 현대판 '阿Q' 들의 착각_최재기　264

자장면 한 그릇에 이념서클에 몸담다_곽세현　280

반역자들로부터 공화국을 지켜야 하지 않겠는가_이인철　288

진보좌파의 김대중 공격과 보수우파의 김대중 혐오_주동식　293

386현장파, 정치적 사장死藏 위기에 몰리다_김대호　299

공화정을 부인하는 '표현의 자유' 는 없다_최재기　310

무엇이 정의인지 이 나라에 묻는다_노환규　314

정녕 민주당의 20년 집권을 바라십니까_김대호　321

6부　386을 죽여야 대한민국이 산다

우리가 문재인과 586 운동권들의 게임 대상인가_Adrien Kim　328

86세대의 오발탄이 우리의 조명탄_나연준　333

같은 민족 아닌, 같은 이념끼리_최재기　343

386세대의 가마우지 낚시_임형빈　358

82년생보다 62년생 김지영 얘기 듣고 싶어_홍주현   365
청춘들이여, 좌파의 사기 벗어 던지라_황선우   369
이제 정말 죽음의 굿판을 걷어치워라_주동식   374

7부 586이 386에게

나이 들면 보수가 된다는 공식을 파괴한 x86세대_한정석   382
유시민의 등장이 의미하는 것_제3의길 편집부   390
지금 우리의 매일매일은 황홀한 기적_손경모   398
마음의 문 열려 있는 대깨문들을 위하여_김대호   403
386 운동권은 언제나 어른이 될까_김대호   409
가장 치열했던 세대의 참담한 좌절의 기록_김대호   415

다시 읽어야 할
이승만의 1948년 건국일 연설문

이승만 건국 대통령

민주주의를 전적으로 믿어야 될 것입니다. 우리 국민 중에 혹은 독재제도가 아니면 이 어려운 시기에 나갈 길이 없을 줄로 생각하며, 또 혹은 공산분자의 파괴적 운동에 중대한 문제를 해결할 만한 지혜와 능력이 없다는 관찰로 독재권이 아니면 방식이 없다고 생각하는 이도 있으니, 이것을 우리가 다 큰 유감으로 생각하는 것입니다. 민주제도가 어렵기도 하고 또한 더러는 더디기도 한 것이지만, 의로운 것이 종말에는 악을 이기는 이치를 우리는 믿어야 할 것입니다.

민주제도는 세계 우방들이 다 믿는 바요, 우리 친우들이 전제정치와 싸웠고 또 싸우는 중입니다. 세계의 안목이 우리를 들여다보며 역사의 거울이 우리에게 비추어 보이는 이때에 우리가 민주주의를 채용하기로 삼십 년 전부터 결정하고 실행하여 온 것을 또 간단없이 실천해야 될 것입니다. 이 제도로 성립된 정부만이 국민의 자유를 보장하는 정부입니다.

민권과 개인 자유를 보호할 것입니다. 민주정치의 요소는 개인의 근본적 자유를 보호하는 것입니다. 국민이나 정부는 항상 주의하여 개인의 언론과 집회와 종교와 사상 등 자유를 극력 보호하여야 될 것입니다. 우리가 40여 년 동안을 왜적의 손에 모든 학대를 받아서 다만 말과 행동뿐 아니라 생각까지도 자유로 하지 못하게 되었던 것입니다. 그러나 이것은 우리 민족이 절대로 싸워 온 것입니다.

우리는 개인의 자유 활동과 자유 판단력을 위해서 쉬지 않고 싸워 온 것입니다. 우리를 압박하는 사람들은 자래自來로 저희(자기) 나라의 전제정치를 고집하였으므로 우리의 민주주의를 주장하는 마음이 더욱 굳어져서, 속으로 민주제도를 배워 우리끼리 진행하는 사회나 정치상 모든 일에는 서양 민주국에서 행하는 방식을 모범하여 자래로 우리의 공화적 사상과 습관을 은근히 발전하여 왔으므로 우리의 민주주의는 실로 뿌리가 깊이 박혔던 것입니다. 공화주의가 삼십 년 동안에 뿌리를 깊이 박고 지금 결실이 되는 것이므로 굳게 서 있을 것을 믿습니다.

자유의 뜻을 바로 알고 존숭히 하며 한도 내에서 행하여야 할 것입니다. 어떤 나라에든지 자유를 사랑하는 지식계급의 진보적 사상을 가진 청년들이 정부에서 계단을 밟아 진행하는 일을 비평하는 폐단이 종종 있는 터입니다. 이런 사람들의 언론과 행실을 듣고 보는 이들이 과도히 책망하여 위험분자 혹은 파괴자라고 판단하기 쉽습니다.

그러나 사상의 자유는 민주국가의 기본적 요소이므로 자유 권리를 사용하여 남과 대치되는 의사를 발표하는 사람들을 포용해야 할 것입니다. 만일 그러지 못해서 이런 사람들을 탄압한다면 이것은 남의 사상을 존중히 하며 남의 이론을 참고하는 원칙에 위반일 것입니다. 그러므로 시비와 선악이 항상 싸우는 이 세상에 우리는 의로운 자가 불의를 항상 이기는 법을 확실히 믿어서 흔들리지 말아야 될 것입니다.

우리가 새 국가를 건설하는 이때에 정부가 안에서는 공고하며 밖에서는 위신이 있게 하기에 제일 필요한 것은 이 정부를 국민이 자기들을 위하여 자기들 손으로 세운 자기들의 정부임을 깊이 각오하는 것입니다. 이 정부의 법적 조직은 외국 군사가 방해하는 지역 외에는 전국에서 공동히 거행한 총선거로 된 것이니, 이 정부는 국회에서 충분히 토의하고 제정한 헌법으로써 모든 권리를 확보한 것입니다. 그러므로 지금부터는 우리 일반시민은 누구나 다 일체로 투표할 권리와 참정할 권리를 가진 것입니다. 일반 국민은 누구를 물론하고 이 정부에서 반포되는 법령을 다 복종할 것이며 충성스러이 받아들여야만 될 것입니다.

국민은 민권의 자유를 보호할 담보를 가졌으나 이 정부에 불복하거나 (정부를) 번복하려는 권리는 허락한 일이 없나니, 어떤 불충분자가 있다면 공산분자 여부를 물론하고 혹은 개인으로나

도당으로나 정부를 전복하려는 사실이 증명되는 때에는 결코 용서가 없을 것이니, 극히 주의하여야 할 것입니다. 민주주의가 인민의 자유권리와 참정권을 다 허락하되 불량분자들이 민권, 자유라는 구실을 이용하여 정부를 전복하려는 것을 허락하는 나라는 없는 것이니, 누구나 다 이것을 밝히 알아 조심해야 될 것입니다.

정부에서 가장 전력하려는 바는 도시에서나 농촌에서나 근로하며 고생하는 동포들의 생활 정도를 개량하는 데 있는 것입니다. 기왕에는 정부나 사회의 가장 귀중히 여기는 것은 양반들의 생활을 위했던 것입니다. 지금부터는 이런 사상을 다 버리고 새 주의로 모든 사람의 균일한 기회와 권리를 주장하며, 개인의 신분을 존중히 하며, 노동을 우대하여 법률 앞에는 다 동등으로 보호할 것입니다. 이것이 곧 이 정부의 결심이므로 전에는 자기들의 형편을 개량할 수 없는 농민과 노동자들에게 특별히 주의하려 하는 것입니다.

또 이 정부의 결심하는 바는 국제 통상과 공업 발전을 우리나라의 필요를 따라 발전시킬 것입니다. 우리가 우리 민족의 생활정도를 상당히 향상시키려면 모든 공업의 발전을 꾀하며 우리 농장과 공장의 소출을 외국에 수출하고, 우리에게 없는 필요한 물건을 수입해야 될 것입니다. 그런즉 공장과 상업과 노동은 서로 떠날 수 없이 서로 함께 병행불패해야만 될 것입니다. 경영주들은 노동자들을 이용만 하지 못할 것이고 노동자들은 경영자들을 해롭게 못할 것입니다.

공산당의 주의는 계급과 계급 사이에 충돌을 붙이며 단체와 단체 간에 분쟁을 붙여서 서로 미워하며 모해를 일삼는 것이나, 우리의 가장 주장하는 바는 계급 전쟁을 피하여 전 민족의 화동을 도모하나니, 우리의 화동과 단체성은 우리 앞에 달린 국기가 증명하는 바입니다. 상고적부터 태극이 천지만물의 융합되는 이치를 표명한 것이므로 이 이치를 실행하기를 가장 노력할 것입니다.

1948년 8월 15일 건국일

1부

386 운동권, 대한민국 체제 전복을 시도하다

촛불은 혁명이 아니라 반동이다

주동식

 최순실 사태로 촉발된 촛불 시위는 21세기 들어 대중들이 시도한 가두 진출 가운데 가장 성공적이었다. 많은 사람들이 촛불 시위를 '혁명'으로 평가한다. 하지만 시위에 참여하는 사람이 많고 그들이 열심히 투쟁한다고 해서 그것을 혁명이라고 평가할 수는 없다. 그것은 포장지가 화려하다는 이유만으로 그 안에 들어 있는 상품이 최고급 명품이라고 판단하는 것이나 마찬가지이다. 상품의 가치를 결정하는 것은 포장지가 아니라 그 안에 들어 있는 실체이다.

 혁명은 어떤 정치 경제 사회적 목표를 달성하기 위해 어떤 상대와 싸우느냐, 어떤 집단의 주도 아래 어떤 전선을 형성하느냐에 의해 성격이 결정된다. 그렇게 냉정한 기준으로 평가했을 때 촛불 시위는 혁명이 아니라 오히려 반동에 가깝다.

2016년 촛불 대중의 요구는 박근혜 퇴진과 하야에 집중됐다. 이들의 정치적 슬로건도 '대한민국은 민주공화국'이라는, 87년 체제로 확립된 절차적 민주주의를 확인하는 수준에 그쳤다.

이런 보편적 민주주의의 가치를 위해 어마어마한 군중이 몇 달에 걸쳐 집회를 계속한 이유는 민주주의가 위협받고 있다는 위기의식 때문이다. 하지만, 실제로 그런가? 언론은 보수와 진보 구별 없이 대통령 탄핵에 집중해 왔으며, 검찰도 대통령 수사에 적극적이다. 경찰이 허용한 시위대의 진출선을 보면 대통령 권력의 영역은 청와대 반경 1킬로미터 이내로 쪼그라든다.

이런 현상이 생긴 원인은 대한민국 주류 이념의 세대교체에서 찾아야 한다. 대한민국의 주류 이념은 많은 사람들이 오해하는 것처럼 반공이 아니며, 친노 386들이 주도하는 좌파 리버럴인 것이다. 영화 등 대중문화에서 좌파적 감수성은 확실한 대세가 되었고, 언론과 법조계도 보수세력의 편은 아니다. 민주주의가 위협받고 있다는 대중의 위기감은 일종의 가상 기억 또는 이미지 조작의 결과이다.

이번 촛불 시위의 진짜 계기는 박근혜정권이 추진해온 변화에 대한 반발과 저항이다. 주류화 한 세력의 기득권을 보호하고 거기 도전하는 움직임을 응징하는 것이다. 이 점을 이해하려면 박근혜정권이 임기 도중 추진해 온 중요한 변화가 무엇인지 살펴봐야 한다.

박근혜정권이 가장 큰 비중을 두었고 또 가장 큰 저항을 불러온 사안이 노동개혁이다. 이것은 △정규직과 비정규직으로 나뉜 노동시장 이중구조와 격차 해소, △저성과자에 대한 일반 해고 등 고용유연성 제고, △취업 규칙 변경 요건 완화 등이 핵심 쟁점이었다. 많은 사람들이 필요성을 인정하는 명제들이다.

실제 노사정위원회를 통과한 내용은 애초 노동개혁의 명분에 한참 못 미쳤지만, 격렬한 반발을 불러일으켰다. 공공 분야 등 이익집단이 저항에 가세했고, 과거 정권에서 관행화된 인사 개입 등 지분 확보에 실패한 언론은 박근혜 공격의 첨병이 됐다. 86세대로 대표되는 반체제 DNA는 대중 동원의 열쇠였다.

촛불의 요구는 변화가 아니다. 이들의 요구는 87년 체제의 현상 유지이다. 87년 체제의 가장 강력한 수혜 집단인 민주노총과 공무원 및 공공 분야 노동자들 그리고 이들과 동맹 관계인 리버럴 성향의 교수 등 지식인 집단이 그것을 요구한다. 이들은 대한민국 소득 상위 10%에 속하며, 매우 낮은 수준의 변화도 거부한다. 반동은 현상 유지 또는 과거로의 퇴행을 추구하는 정치 경제 사회 문화적 경향성을 총체적으로 지칭하는 용어이다. 그래서 촛불은 반동이다.

기존 체제를 극복하는 노력은 정치·경제적, 사회적 유연성을 높이는 데 집중한다. 2017년 대한민국의 요구는 더욱 절박하다. 박정희정권이 쌓아올린 규제와 관권 개입의 성벽 안에 좌파 리버럴이 들어가 안방을 차지했기 때문이다. 그 폐해는 박정희 당시보다 심각하다. 박정희는 성장과 근대화를 내세웠지만, 좌파 리버럴은 성장 반대와 복고주의를 내세운다. 퇴행 자체가 이들의 목표이자 이념이다. 이들은 박정희보다 그 성벽을 더욱 높게, 더욱 견고하게 쌓아올리고 있다.

87년 체제는 상위 1%가 독점했던 권력에 상위 10%도 참여하는 결과를 낳았다. 이런 권력의 배분은 긍정적 측면도 있지만, 기득권의 성채는 더욱 공고해졌다. 최근 한국노동연구원의 보고에 의하면 상위 10%의 소득집중도는 48.5%로 역대 최고 수준이다. 상위 1%의 소득집중도도 14.2%로 높은 편이지만, 진행 속도는 상위 10%가 훨씬 빠르다. 이것은 대한민국의 진짜 권력이 상위 10%의 손에 들어갔다는 것을 보여 준다.

상위 1%의 기득권만 보호받던 시대에는 나머지 99%가 활동할 수 있는 영역이 상대적으로 넓은 편이었다. 상위 10%의 기득권이 보호받는 시대에는 나머지 90%가 활동할 수 있는 영역이 극적으로 줄어들고 있다. 흙수저, 헬조선 논란이 나오는 근본 원인이 여기에 있다.

우버는 창업 7년 만에 기업 가치가 80조 원을 넘어서 포드와 GM을 추월했지만, 우리나라에서는 기존 택시 업계를 보호한다는 명목으로 서비스가 불법화됐다. 온라인 중고차 매매도 우리나라에서는 불법이다. 우리나라 젊은이들이 만든 심야 콜버스라는 신규 서비스도 불법 시비를 겪었다. 구글맵도 반쪽짜리 서비스에 그치고 있다. 이는 기득권을 보호하는 규제의 결과이며 거대 공무원 조직이 규제 확대에 앞장서고 있다.

반동은 현상 유지에만 머무르지 않고 과거로의 퇴행까지 포함한다. 현재 이념적 주류를 형성하는 86세대는 사유재산권과 법치주의, 개인주의와 계약의 원리를 불신하는 경향에 더해 반기업, 반시장 정서가 강하다. 문화적 지향은 '우리 것이 좋은 것이여' 하는 조선 왕조에 대한 그리움, 일종의 복벽주의에 가깝다. 여기에 안보불감증과 반일·반미 의식, 종북·친중 성향까지 더해지면 말 그대로 헬게이트가 열릴 수 있다. 촛불 시위에서는 사회주의와 북한을 추종하는 슬로건도 다수 등장했다.

촛불 시위가 상정하는 타도 대상은 이미 무력화됐거나 과거에 비해 훨씬 위축됐다. 하지만 촛불이 옹호하는 기득권은 대한민국을 실제로 장악하고 있으면서도 소유권을 차명으로 등기해놓고 있어 책임 공방에서 자유롭다. 지금 대한민국의 권력은 책임지지 않는 권력이며, 시민들의 가장 큰 숙제는 그 권력의 정체와 책임을 분명히 하는 것이다.

이념적 주류가 된다는 것은 자신들의 정당성을 굳이 설명하고 입증할 필요가 없다는 의미이다. 우리나라 친노 좌파 리버럴들은 사회적 기득권으로서 온갖 부작용을 낳는 주범이면서도 그런 현상과 자신들의 관련을 인정하지 않고 책임을 엉뚱한 데 돌리고 있다. 현재 90%의 대중들은 분노의 대상을 엉뚱한 데 잡고 있다. 일종의 허수아비 때리기인 셈이다.

촛불은 혁명이 아니다. 촛불의 결과를 보면 명백해진다. 문재인과 친노, 좌파 리버럴의 영향력만 커졌다. 국민의당 측에 '촛불 시위에 거리를 두어야 한다. 촛불 시위에 열심히 참여할 경우 그 성과는 모두 문재인의 것이 될 것이다'라고 경고했지만 귀 기울여 듣지 않았다. 그 결과가 무엇인가? 안철수와 국민의당 지지율이 어떻게 되었나?

대한민국이 정작 추진해야 할 혁명은 고용과 노동, 비즈니스 등 사회적 유연성을 극적으로 확대하는 것을 목표로 하며, 상위 10% 기득권화된 좌파 리버럴 성향의 386 세대와 대립하는 전선 형성을 목표로 한다. 이 혁명의 전선을 형성하는 데 성공하면 대한민국은 날아오를 수 있다. 실패하면? 그 실패를 만회할 패자부활전을 기대하기 어렵다는 것만은 분명하다.

프랑스혁명을 닮고 싶었던
촛불 혁명

박정자

9월 학살[1]을 제외하고도, 1792년 8월 10일부터 1794년 7월 27일까지 파리에서 2400명, 지방에서 1만 4000명이 단두대에서 처형되었다. 익살溺殺, 총살의 희생자는 더 많았다.

당시에는 밀고가 시민의 의무였고, 단두대는 미덕의 제단이었다. 혁명재판소는 14개월 동안 조금도 쉬지 않고 개정되었으며, 핏기 없는 입술에 좁은 이마를 가진, 출세 길에서 낙오한 냉혈 검사 포키에 텡빌의 말 한 마디면 목이 피를 뿜으며 잘려

---

[1] 프랑스 대혁명 과정에서 자행된 학살 사건으로 흔히 '첫 번째 공포정치'라고 불리는 중요한 사건이다. 이 학살은 1792년 8월 10일 왕정이 전복된 뒤에 일어난 파리 시민의 집단적인 의사 표시였다. 민중들은 정치범들이 반혁명 음모에 가담하기 위해 감옥에서 봉기를 일으킬 계획을 짜고 있다고 믿고 있었다. 학살은 9월 2일 시작됐다. 한 무리의 죄수들이 아바예 감옥(생제르맹데프레 근처 왼쪽 강가에 있었음)으로 이송되던 도중 무장단체의 공격을 받았다. 그 후 4일 동안 파리의 여러 교도소로 학살이 번져나갔으며, 시 당국은 이를 멈추게 할 힘이 없었다. 모두 1,200여 명의 죄수들이 즉결재판도 받지 못하고 처형당했다. 그 가운데 220여 명은 혁명정부의 교회 개편을 거부해 감옥에 갇혔던 사제들이었으나 대부분은 범법행위로 체포당한 형사범이었다. 9월 학살은 유럽 사회에 깊은 영향을 끼쳐 혁명은 곧 공포임을 각성케 하는 계기가 되었다.

나갔다. 국왕인 루이16세와 왕비 마리 앙투아네트는 물론 나중에는 혁명의 동지인 에베르와 당통도 반혁명의 혐의로 단두대에서 처형되었다. 로베스피에르만이 남았다.

'덕 없는 공포는 살벌하고, 공포 없는 덕은 무력하다.'

이 격언을 증명하듯 덕과 공포를 겸비한 독재자 앞에서 국민공회 의원들은 모두 무서워 머리를 숙였다. 그러나 로베스피에르가 국민공회 전체의 승인 없이도 의원들을 기소할 수 있는 법안을 제출하자 국민공회 의원들은 전전긍긍하게 되었다.

로베스피에르가 1794년 6월 10일에 제출한 법령은 개회 중에도 의원의 불가침권을 박탈하는 것을 내용으로 하고 있었다. 의원들의 생명을 직접적으로 위협하는 것이었다. 겁이 많았기 때문에 다른 사람의 목을 자르는 것을 방관했던 국민공회는 이제 똑같이 겁이 많았기 때문에 로베스피에르의 목을 자를 계획을 준비하기 시작했다.

의원 중에서 가장 겁이 많은 사람들까지도 국가를 위해서는 행사하지 않았던 용기를 자신의 생명을 지키기 위해서만은 행사하게 되었다. 7월 26일 로베스피에르가 발언하기 위해 연단에 오르려 하자 의원들이 "폭군은 물러가라!"고 소리를 질렀다. 그리고 누군가가 "그의 체포에 대한 가부를 표결하자!"고 외쳤다.

로베스피에르는 즉각 체포되어 시청으로 연행되었다. 한 경관이 권총을 발사하여 로베스피에르의 턱을 부셨다. 다음날 로베스피에르는 그의 측근인 20대의 젊은 혁명가 생 쥐스트(Louis de Saint-Just, 1767~1794)와 함께 수많은 군중 앞에서 단두대에 올랐다. 군중은 환호와 갈채를 보냈다.

"폭군 죽어라, 공화국 만세!"

몇 달 전, 로베스피에르의 희생이 된 사람들이 단두대에서 목이 잘릴 때 환호의 함성을 질렀던 바로 그 똑같은 군중이었다.

우리는 지금 엄청난 역사의 한 순간을 목도하고 있다. 1987년 이래 30여 년 한 세대를 지배했던 철옹성의 권력이 "뿌지직" 하는 파열음과 함께 붕괴하고 있다. 비록 1년 뒤 총선에서, 그 다음 대선에서 우파는 승리하지 못할지도 모른다. 그러나 이건 분명한 사실이다. 한국의 386은, 그리고 한국의 좌파는 몰락했다. 그들은 도덕성을 상실했기 때문이다.

유쾌하지 않은
역사적 기시감旣視感

박정자

오늘날 부르주아라는 말은 부富와 사치의 이미지가 덧붙여진 상류층을 뜻하지만, 그 어원은 중세 소도시(bourg)에 거주하며 상업과 수공업에 종사하던 평민, 즉 사제와 귀족 다음의 제3신분(le tiersètat)이었다. 중세 때까지 이들 계급이 역사에 등장한 적은 한 번도 없었다. 다만 10세기 경 유럽에 자유도시들이 생겨나면서 '부르주아'라는 말이 이런저런 기록에 얼핏 모습을 보이기 시작했을 뿐이다.

역사적으로 유럽은 도시와 농촌의 대결이라는 긴장 관계 속에서 발전하였는데, 결국 도시가 최종적 승리를 거두었다. 그것은 도시가 가진 부와 행정 능력, 도덕성, 특정의 삶의 방식, 혁신적 사고와 행동 때문이었다. 결국 국가를 구성하는 모든 기능들이 도시의 손에서 생겨나고 도시의 손을 거쳐 갔다. 자연스럽게 도시의 주민인 부르주아 계급은 차근차근 부와 지식과 교양을 쌓아가며 계급의 사다리를 오르는 상승 계급이 되었다.

돈과 교양과 여가를 갖고 있던 부르주아 계급은 18세기에 이르러 문학과 학문, 사상 등 인간 지적 활동의 모든 영역을 장악하였다. 계몽주의 사상가인 볼테르, 루소, 몽테스키외, 디드로 등이 모두 부르주아 계급이다. 한 번도 역사의 주인공인 적이 없었으므로 그들의 사상이 반역사적이 된 것은 당연한 일이었다. 이들은 모든 인간이 평등한 원시사회를 한없이 찬양했는데, 그것은 바로 역사에서 소외되었던 그 계급 고유의 정치적 투쟁 방식이었다.

인간은 그 누구에게도 양도할 수 없고 그 누구도 감히 문제 삼을 수 없는 절대적 권리, 즉 생존권과 행복 추구권을 갖고 있으며, 자연은 이 세상 누구 하나도 빠짐없이 만인에게 똑같이 이 권리를 나누어 주었다는 자연권 사상은 절대 왕정의 특권이나 귀족의 기득권에 대한 무서운 도전이 아닐 수 없었다. 이들 상승 부르주아지는 이 사상을 무기 삼아 자신들의 재산권은 전혀 다침이 없이 지배계급의 지배권만을 문제 삼는 데 성공했다.

역설적으로 이 계급의 승승장구를 도운 것은 왕이었다. 귀족으로부터 경제적, 정치적 특권을 박탈하기 위해 왕은 이 새로운 계급의 생생한 활력과 저항을 이용했다. 중세 역사 속에서 무수하게 일어난 민란이나 반란의 비밀이 그것이다. 물론 일차적으로 모든 민란은 하층 계급의 불만에서 시작된다. 그러나 거기에는 언제나 왕의 보이지 않는 손이 있었다. 왕은 이 모든 저항들을 지원함으로써 귀족의 권한을 약화시키고 자신의 권력을 강화시켰다. 그러니까 프랑스의 역사를 통틀어 왕정과 민중봉기 사이에는 본질적인 상관관계가 있었다. 마침내 귀족의 모든 정치권력이 왕정으로 이전되었다. 귀족을 완전히 무력화시킨 왕은 이제 절대 권력이 되었다.

그러나 왕은 새로 부상한 제3계급에 기대지 않고는 이 권력을 행사할 수가 없었다. 왕정은 자신의 사법부와 행정부를 이 새로운 계급에게 맡겼다. 대혁명 당시 왕실 행정부와 사법부의 90%가 부르주아 계급이었다. 이미 국가를 다 떠맡은 그들에게 남은 유일한 적대 세력, 즉 형식적인 수장首長인 왕을 제거하는 일은 지푸라기 허수아비 인형의 목을 베는 것만큼이나 쉬운 일이었다. 루이16세가 무능해서였다느니, 마리 앙투아네트가 사치를 해서라느니 하는 해석들은 한갓 부질없는 역사적 우연일 뿐이다.

한국사회는 어떤가. 뭔가 반복되고 있는 듯한 이 역사적 기시감의 정체는 무엇일까? 앞선 정권들과의 형평성에 맞지 않게 정경유착, 비선 실세 등의 문제를 언론이 과도하게 보도하자 기다렸다는 듯 소위 '국민'들이 광화문 광장을 가득 메웠고, 그 숫자가 1백만이니 2백만이니 하면서 다시 언론이 미화하고 선동하고 찬양하기 바빴을 때, 곧장 국회의원들이 의사당을 박차고 나와 광장의 집회에 참가하며 탄핵을 의결했을 때, 그러자 헌법재판소가 즉각 화답하여 앙칼진 목소리로 '파면'이라는 단어를 발설했을 때, 박근혜의 구속은 이미 예정되어 있었다. 어느 앵커가 했다는 말처럼 태블릿PC는 차라리 없어도 좋은 것이었다. 헌재 수사에 좀 더 협조를 했더라면, '세월호 날 올림머리만 하지 않았어도' 라는 식의 말들은 힘과 힘이 부딪치는 정글의 논리를 너무도 모르는 순진함일 뿐이다.

이제 그들은 권력을 잡았다. 그들은 누구인가? 진보라는 가장 순화된 명칭에서부터 종북세력이라는 가장 적나라한 이름에 이르기까지 넓은 편차를 보이고 있는 '좌파' 386이다. 과연 이들에게 보편적 가치와 합리성 그리고 경제적 생산과 안보의 능력이 있는가? 작금에 진행되고 있는 불안정한 외교 안보, 인사의 파행, '소득주도성장' 이라는 아마추어적 경제 정책 등은 이 질문에 부정적인 신호를 보내고 있다. 지금 국민들은 너무나 불안하다.

촛불이라는 우상과
우리 시대의 대심문관

나연준

2016년 촛불의 도화선은 정유라의 입시 부정과 학사 비리였다. 의혹과 비난이 들끓자, 정유라는 '돈도 실력'이라는, '부모를 원망해'라는 철없는 트위터를 날렸다. 그러나 이것은 불편한 진실이기도 했다. 전국의 수많은 학생들과 학부모들은 소위 명문대의 '개구멍'을 맨눈으로 확인했다.

학생들은 자신의 노력이 결국 부모의 돈과 지위, 인맥으로 간단히 추월될 수 있음에 절망했고, 그것이 없는 부모들은 자식에게 미안함을 느끼며 자괴감에 빠져들었다. 입시를 통해 상승하려는 욕망의 좌절, 상승의 통로가 사실은 미로였다는 배신감, 이것이 촛불의 시작이었다. 정유라라는 도화선이 없었더라면 최순실 게이트는 그렇게 타오르지 못했을지도 모른다. 여기까지가 사실로서 촛불이다.

한국에서 지식인이란 족속들은 눈앞에 '사실'을 자의적 '관념'으로 바꾸는 재주가 있다. 사회과학 밥그릇들은 촛불에게 다중지성이니, 집단지성이니, 시대정신이니, 시민혁명이니 하며 의미를 과잉 덧칠했다. 인문학 밥그릇들은 촛불이 민족사적 전환이요, 동학운동에서부터 이어진 도도한 저항의 흐름이요, 68혁명의 재현으로 오독했다.

문재인정권 출범 이후 한국 좌파세력은 오만가지 문제에 촛불을 끌어들였다. 공수처 설치와 '연동형비례대표제' 패스트트랙 상정은 촛불의 뜻이고, 자사고 폐지는 촛불의 명령이고, 식민지 시기 위안부·징용문제는 촛불의 계승이며, 미투운동은 촛불의 연장이고, 소득주도성장과 최저임금상승, 대기업 때리기는 촛불의 실현이었다.

좌파세력은 이렇게 자신의 정치적 욕망을 촛불에 우겨넣었던 것이다. 이들은 자신의 정치적 주장을 놓고 논쟁과 설득에 노력하지 않았다. 주장의 근거로 촛불을 들이밀기만 하면 되었기 때문이다. 자신이 창조한 촛불이라는 관념 덩어리를, 다시 자기주장의 최종 근거로 활용하는 논리의 야바위, 이것이 자칭 진보를 운운하는 자들의 기본 문법이다. 게으르고 비겁한 자들이다.

불을 숭배하고, 불의 뜻을 읽으며, 불의 명령을 전달하고 실현하는 일련의 행위, 우리는 이것을 '배화교拜火敎'라고 부른다. 한국의 좌파세력은 배화교 신도이다. 여기서 자칭 진보적 지식인이란, 잘 봐주면 불 앞에서 춤추는 신실한 무당이요, 제값대로 쳐주면 번제燔祭의 고기조각을 탐하는 돌팔이가 아닌가? 촛불을 숭배하며 팔아치운 책과 논문이 가득하고, 쌓아올린 문화자본이 드높다.

그러나 우상偶像에 맞서는 진상真相이 그 모습을 드러내는 순간, 우상 숭배의 위기는 찾아온다. 조국이 민정수석에서 법무부 장관으로 관복을 갈아입으려는 찰나, 온갖 오물이 쏟아졌다. 적법을 가장하여 이익을 취하는 법비法匪의 교활함, SNS에서 그럴듯한 말로 만든 알량한 페르소나, 그리고 오물더미 안에서 촛불의 진상이 있었다.

다름 아닌 조국 딸의 진학과 관련된 각종 의혹이다. 학생과 학부모들은 2016년 정유라의 사건처럼 들끓고 있다. 양자 사이에 본질적 차이는 없다. 다만 최순실이 투박하고 막무가내였다면, 조국은 교활하고 세련되었을 뿐이다. 하나 더하자면 대중은 철없는 20대의 트위터가 아닌 50대 조국의 SNS에 분노하고 있다는 점이다.

문재인정부는 촛불혁명으로 이루어진 정권이라고 누누이 강조했다. 그러나 최순실의 딸이 조국의 딸로 바뀌었을 뿐이다. 이것은 '혁명'이 아닌 '계승'이다. 촛불을 우상 숭배하던 배화교의 샤먼들은 막상 촛불의 진상을 보자마자 동공이 떨렸다.

정신이 흔들리면 헛소리가 나오기 마련이다. 배화교 샤먼들의 말을 들어보자. 조국이 부자인 것이 왜 문제냐고? 계급의 문제가 불편함을 유발할 수 있어? 사법개혁에 저항하는 우파의 공격? 가족사 건드리는 대중의 관음증? 대중의 르상티망(원한)? 조국 딸에 대한 특혜가 관습이라고? 진흙탕의 현실이 아닌 미래를 보자고? 심지어 조국의 임명이 촛불의 실현이라고? 의도적 오독, 전형적 물 타기, 허수아비 치기, 변죽 울리기, 자기최면과 자기부정이다.

나에게 2016년 촛불은 공정한 기회 보장에 대한 집단적 요구였다. 그리고 이면에는 사회적 상승의 욕망이 있었을 뿐이다. 촛불의 교훈이란 그 욕망이 좌절되었을 때 저항을 불러오고, 특히 자녀교육과 결부되면 그 힘은 배가된다는 것뿐이다.

그러나 자칭 진보적 지식인들은 사실로서의 촛불에 온갖 미사여구를 붙여가며 더 없이 신성한 대상으로 창조하고 숭배를 강요했다. 이런 점에서 저들은 근대인이 아닌 중세인이다. 그런데 자신이 맹렬하게 숭배하던 촛불이 도리어 자신을 향하자마자, 그것을 부정하고 나아가 탄압하고 있다. 이제 중세적 덕목인 깊은 신앙심마저 없었다는 것이 탄로 난 것이다.

『카라마조프의 형제들』에서 신을 내세워 권세를 누리던 대심문관이 진짜 신을 마주하자 이렇게 말했다.

당신은 어째서 우릴 방해하러 온 거요? (…) 나는 당신이 누군지 모르오. 알고 싶지도 않고. 당신이 그분이든 그분으로 위장한 자든, 난 내일 형을 선고해서 가장 사악한 이교도로서 당신을 화형에 처할 테니. 오늘 당신 발에 입을 맞춘 사람들은 내 손짓 하나에 따라 화형대에 장작을 집어 던질 거요.

대중 입장에서 최순실의 딸과 조국의 딸에 대한 분노는 동일한 것이다. 그러나 우리 시대의 대심문관 노릇을 하는 자칭 진보적 지식인들에게 전자는 위대한 것으로 숭배의 대상이 되었고, 후자는 화형이 마땅한 이교도이다. 하지만 어쩌겠나? 이 시대의 대심문관의 '손짓 하나'에 대깨문들은 장작을 집어 들고 있으니 말이다.

대한민국과 탄핵과
나의 이야기

Zachäus Sük

   당시 저는 고등학생이었습니다. TV에서 대학생 형들이 위험한 화염병을 던지고 쇠파이프를 마구 휘두르는 모습을 보면서 저는 제 눈을 의심했습니다. 대학생들이 학교 건물을 탈출해 주택가로 허겁지겁 도주하는 장면을 방송을 통해 생생히 보았습니다. 더 놀란 것은 그 대학생 형 누나들이 후배 신입생들을 전부 건물 안에 내팽개치고 도망간 집행부였다는 것이었습니다.

   '연대 사태'가 마무리될 때 쯤 학교 수업 중에 1986년 건국대 사태 당시 경찰특공대원으로 헬기를 타고 공중강습해서 폭동을 진압했던 체육 선생님이 탄식을 하셨습니다. 신성한 배움의 장에서 이러한 난장판이 또 일어났다고 무척 안타까워하셨습니다. 저는 그때 그 심정을 전부 이해하진 못했지만 운동권들은 무척 나쁜 사람들이라고 생각했습니다. '힘들게 수능 치고 대학 가서 왜 저럴까?' 싶었습니다.

아버지의 말씀에 따라 상대(商科大學)에 진학하였는데 상대적으로 다른 학부보다 한총련들이 확실히 적었습니다. 사실 제가 대학교 다니던 시기는 운동권이 점점 무너져가던 시기였습니다. 그러나 아직 인문학부 쪽에서는 운동권이 제법 존재하고 있었고 앰프 틀고 집회도 했습니다. 한총련이 펴낸 잡지도 읽어보았는데 너무 어렵게 써놓아서 그런지 도대체 무슨 말을 하고 싶은 것인지 이해하기 어려웠습니다. 지적인 허영이 너무 심하다고 생각되었습니다.

저는 이 사람들이 왜 이렇게 맹렬하게 활동하는지 알고 싶었습니다. 그래서 교양으로 자본론과 주체사상에 대한 수업을 들었고, 훌륭한 교수님으로부터 비판적으로 카를 마르크스의 '자본론(Das Kapital)'에 대해 배웠으며, 조선 공산주의자들의 뿌리와 이승만이 어떻게 공산주의자들과의 싸움에서 승리할 수 있었는지에 대해 귀한 가르침을 얻었습니다.

그때 배운 많은 내용을 작은 지면에 옮기기는 불가능하나 간략히 전하면 자본론은 절대 선동적인 정치 교과서가 아니며 고도의 사회과학의 틀이란 것이었습니다. 다만 당시 유럽에서는 이것을 해석할 수 있는 지적 수준을 갖춘 사람이 많지 않았고, 또 카를 마르크스 역시 자본론을 완성하지 못하고 죽었으며, 카를 마르크스를 재정 후원하던 엥겔스가 어지럽게 흩어진 원고를 모아서 편집하는 과정에서 많은 변경이 있었습니다.

레닌이나 스탈린 역시 자본론을 완벽히 이해할 지적 수준의 인간은 아니었으나 선동적 정치도구로 편하게 사용하였고, 자본론과는 정반대로 국가 통제 체제로 변태적 발전을 했습니다. 조선의 초기 공산주의자들은 영남을 기반으로 태동되었으나 일본 공산주의자들이 일본어로 번역한 자본론을 읽고 해석할 학문적 수준이 되지 않아 많은 혼란이 있었습니다.

이 자본론이 주체사상으로 무리하게 발전하는 과정도 흥미롭게 배웠습니다. 그리고 그 교수님께서 대한민국이 공산주의와 싸워 승리한 가장 근본적인 계기는 바로 이승만의 토지개혁이었다고 강조하셨습니다.

인류 초기 공산주의 사회의 메커니즘인 '공동의 생산과 공동의 소비'를 바탕으로 부족사회를 넘어서 봉건사회에서 자본사회로 이어지다가 자본가와 노동자의 착취와 투쟁 가운데 결국 노동자가 승리를 하며 착취를 위한 기구인 국가 체계가 붕괴하게 되고 인류 공통의 유토피아가 온다는 달콤한 이야기는 지적 허영과 소영웅주의에 빠진 대학생들에게 얼마나 큰 유혹이었는지 알게 되었습니다. 이러한 세계관을 기본 탑재한 7, 80년대 학번 중 일부가 이 사회의 위험 요소임을 나는 어렴풋이 짐작했습니다.

저는 대학 졸업 후 충성대에서 보병 장교로 임관을 하였고 적지종심작전부대에서 근무했습니다. 이러한 부대에는 타병과에 비하여 정보병과의 비율이 높습니다. 인간 정보 자산으로 흔히 정보전 교리에서 분류를 하고 있는 만큼 야전 지휘자나 지휘관 가운데 정보병과 비율이 유독 높았습니다. 저는 초보적인 수준의 정보 업무를 배워 볼 기회를 얻었으며, 후방 지역 작전에 대한 개념도 익혔습니다. 왜 특공여단이 후방에 있는지 이해하는 데 한참 시간이 걸리긴 하였습니다. 보안과 방첩 업무가 현대전에서 얼마나 중요한지 최근 들어 더욱 절감하고 있습니다.

39개월간의 군대생활을 마치고 무역회사에 입사하여 10년을 정신없이 살았습니다. 정치 뉴스에는 관심이 없기도 했지만 바빠서 볼 일도 없었습니다. 2016년 어느 날 대통령이 엄청난 인신공격과 비난을 당하고 있다는 뉴스를 보고 무언가 점점 잘못되어가고 있음을 느꼈습니다. 북한의 난수방송이 연일 계속되고 있는 것도 알게 되었습니다.

난수방송은 난수표를 이용한 교신으로 가장 보안도가 낮은 방식입니다. 기본적으로 적의 방첩기관에 노출됨을 각오하고 보내는 방송이고 대규모 준동이나 공작에서나 이용되는 것인데 너무나 빈발하게 시작되고 있었습니다. 여러 가지로 제한된 정보를 모아서 퍼즐 맞추기를 해보았을 때 대한민국이 위험해지고 있고, 저의 삶에도 영향을 줄 수준이라는 생각이 들면서 무슨 일이라도 하고 싶었습니다.

10월 말에 무작정 뉴스를 보고 집회 장소로 가보았습니다. 거리에서는 이미 싸움이 시작되었습니다. 수적으로 너무나 열세였고 개인은 힘이 없었습니다. 우연히 우파 청년들이 모여 있다는 박사모 2030에 가입을 하게 되었고, 11월 안국역 집회부터 함께했습니다.

비분강개한 분들이 많이 모였습니다. 대구나 부산 등 영남 분들이 제일 많았고 전주 분도 계셨습니다. 그러나 처음부터 가장 심각한 문제는 내부 분열이었습니다. 어이없게도 소액의 운영비 문제로 갈등이 있었고 단톡방에서 싸움이 대단했습니다.

기존 리더 그룹이 물러나고 대기업을 다니시던 한 분이 리더를 맡으면서 조직이 그나마 안정되었습니다.

청년 조직은 탄기국(대통령 탄핵 기각을 위한 국민 총궐기 운동본부) 집회에서 금방 주목을 받기 시작하였습니다. 방송에도 제법 나왔고 언론 취재도 많았습니다. 모임에는 사람들이 모이기 시작했습니다. 그 해 겨울 강남 코엑스 집회는 정말 대단해서 엄청난 인파가 강남 일대를 완전히 장악했었고, 우리는 역전도 가능하다는 생각을 하게 되었습니다. 탄기국에서도 많은 지원이 있었습니다.

집회가 점점 달아오르고 있을 때 탄기국은 시청광장에 기습적으로 텐트를 치기 시작했습니다. 저는 직장일로 갈 수가 없었으나 많은 분들이 추운 겨울 어두운 밤에 텐트 작업을 했습니다. 그 다음날 토요일 오전에 전부 집결하라는 연락을 받고 급히 시청역으로 갔는데 서울시에서 텐트 철거를 시도하고 있었습니다. 제가 도착할 때는 이미 상황 종료였지만 당시 2,30대 여자 회원들이 몸을 날려 가면서 용역 직원들을 막았고 몇 사람은 다치기도 했습니다. 그분들에게 너무 고마웠습니다.

핵심 지도부들은 난방도 안 되는 텐트에서 밤을 지새우기도 했는데 많은 우파 시민들이 스티로폼과 라면, 침구를 자발적으로 지원하기 시작했고, 어떤 독지가가 발전기까지 설치해 주셔서 장기 점거가 가능해졌습니다. 이때부터 탄기국은 거의 대한문과 시청역에서만 집회를 했습니다. 언젠가 밤에 텐트 지키려고 가보면 라면 상자가 성벽처럼 쌓여 있곤 했습니다. 많은 분들의 사랑방 역할을 했고 우파 방송도 처음 이것에서 시작되었습니다.

집회 가운데 물리적 충돌은 항상 있었습니다. 젊은 사람들인 우리가 앞장서는 경우도 있었지만 대부분 어르신들이 오히려 우리를 보호하셨습니다.

"여기는 우리가 막을 테니 젊은 사람들은 빠져!"
"너희들은 출근해야 하잖아!"

저는 지금도 저희를 위해 몸을 아끼지 않고 다치시면서까지 앞장서셨던 어르신들께 감사드리고 있습니다. 집회 끝나고 식사할 때 조용히 계산해 주시고 가셨던 분들은 정말 부지기수였습니다.

좋은 일만 있지는 않아서 조직의 갈등은 항상 있었고 결국 박사모 2030도 분열하여 갈라서고 말았습니다. 저도 친했던 리더님과 나와서 다른 단체에 이름을 올렸습니다. 이러한 분열은 이후에도 몇 번 있었습니다. 지도부가 아닌 이상 자세한 내막은 모르나 참으로 안타까웠습니다. 집회가 가열되면서 많은 우파 스트리트 파이터들이 네임드가 되어 갔습니다.

신혜식 님은 탄기국과 분열하면서 독자세력을 키워 갔고 지금의 '신의한수' 방송으로 성장했습니다. 당시에도 정말 좌파들과 맞짱뜨는 걸 보면 깡이 대단하다는 생각이 들었습니다. 그리고 장기정 님이 그렇게 날쌔고 싸움 잘하는지도 그때 알았습니다. 3.1절 집회에서는 대형 교회까지 가세했고 광화문 촛불집회를 몇 번씩 포위할 정도로 수적으로 압도하고 있었습니다.

이미 전쟁에서 승리한 것 같았습니다. 좌익들도 긴장한 기색이 역력했습니다.

탄핵은 실패할 것으로 저희는 믿고 확신했습니다. 헌재 선고가 있던 날 저는 회사 사무실에서 초조하게 기다렸습니다. 엄마가 현장에 나가 계셨는데 사람이 죽었다고 다급하게 알려주셨습니다. 단톡방에서 침통함이 토로되었고 일이 손에 안 잡혔습니다. 나중에 엄마로부터 현장의 이야기를 들었습니다. 탄기국의 패배였고 우파 시민의 패배였습니다. 탄기국 집행부는 패닉에 빠졌고 현장 통제가 안 되는 상황에서 어르신 몇 분이 변을 당하셨습니다. 현장의 참상을 보고 엄마는 많이 놀라셨습니다. 탄기국의 리더십도 이때 흔들리기 시작했습니다.

저도 차츰 집회에 안 나갔습니다. 이후에 청년단체는 우파 명사를 초청하여 교육 사업에 노력을 기울였습니다. 그때 여러 명사분들의 강연을 들어 볼 좋은 기회를 얻었습니다. 안타깝게도 대통령 선거기간 중 우파 청년단체는 홍준표와 조원진으로 또다시 분열했고 별도로 움직이기 시작했습니다. 저는 패배를 하더라도 단결해서 최선을 다해야 한다고 생각했습니다.

탄기국 집회 당시 새누리 지방당 만들 때도 조원진은 코어는 아니었습니다. 그러나 단숨에 탄기국이 만든 당 체제를 접수했고 대한애국당(2019년 6월 24일 우리공화당으로 당명 변경)이 되었습니다. 이로 인하여 우파가 또다시 분열하는 것을 보고 많이 안타까웠습니다. 물론 당시 한국당은 인명진 비대위원장이 이끌면서 우파를 너무나 실망시켰던 것은 사실입니다. 그리고 김진태는 아직 재선 의원으로 뒷심이 부족했습니다.

이상이 제가 30대 후반을 보냈던 겨울부터 봄의 이야기였습니다. 앞으로 어떻게 될지는 저도 잘 모르겠습니다. 저는 그 이후 회사에서도 여러 가지 일을 겪었고, 자의반 타의반으로 퇴사를 하고 반 년 간 광야에서 방황하기도 했습니다. 그리고 그 동안 멀리했던 교회를 다시 다니게 되었습니다. 저의 개인적인 일도, 국가의 흥망도 결국 다 하느님의 역사하심이 있어야 한다는 생각이 듭니다. 스스로를 돕고 구원을 기다려야 하겠지요.

지금까지 하나님은 실패한 운동선수에 불과했던 미천한 저에게 항상 복을 주셨고, 신실하지 못한 저의 기도에 응답을 주셨습니다. 분수에 넘치는 대학에 다녔고 신성한 장교 계급도 주셨습니다. 좋은 직장도 주셔서 가족을 도울 수 있게 해주셨습니다. 그리고 이 땅을 위한 기도도 언젠가 응답을 주시리라 믿습니다.

동맹을 팔아 적국에 구걸하는
친중 종북 586들

Adrien Kim

1938년 영국 총리 네빌 체임벌린은, 뮌헨협정에서 나치 독일에게 동맹국 체코슬로바키아를 완전히 무장해제시키는 주데텐란트 할양 선물을 쥐어주고, 히틀러에게서는 더 이상의 침략을 않겠다는 휴지조각 약속을 한 장 들고 옵니다. 그리고 '우리 시대의 평화'를 이루었다며 자화자찬을 했는데요.

사실 이 협정에서 영국과 프랑스는 동맹국(체코)을 나치에 팔아넘기는 대가로 잠시의 평화를 샀지만, 히틀러는 원하는 모든 것을 얻었습니다. 계속해서 전쟁을 회피하며 굴욕적 양보를 선택한 영국과 프랑스의 모습을 보고는 용기백배한 히틀러는 오스트리아 합병과 주데텐란트, 체코슬로바키아 점령에 이어 폴란드에 단치히 회랑回廊까지 요구하며 제2차세계대전을 일으키게 됩니다.

이후 나치 독일은 단시간 내에 전격전으로 프랑스를 점령하고, 영국에서는 체임벌린 실각 후 '피와 땀과 눈물'만을 약속하며 런던 항공전을 승리로 이끌고, 종국엔 세계대전을 승리로 이끈 윈스턴 처칠의 가장 위대한 시대가 열립니다.

한국은 롯데, 현대자동차를 비롯한 기업들이 중국에서 입은 10조 원이 넘은 피해에 대해서는 한 마디 벙긋도 못 하고, 유감 표명조차 받아내지 못했습니다. 한국을 겨냥한 중국의 미사일과 레이더에 대해서도 한 마디 못 하긴 마찬가지였습니다. 오히려 사드 추가 배치를 포기하고, 한국이 제발 넣어달라고 해도 모자랄 미사일방어체계(MD) 참여와 한미일 군사동맹은 없다는 선언까지 했습니다. 외교장관이 국회 외통위 국감에서 한 발언입니다. 중국이 원하는 모든 것을 들어주었습니다. 동맹을 팔아 적국에 평화를 구걸하는 것이, 뮌헨협정 시 체임벌린의 그것과 판박이 아닌가 싶습니다.

오히려 방중訪中하는 대통령 어르신 면을 세워주느라 재산권과 계약을 우습게 여기는 저신뢰도 독재국가 중국에 엘지도 10조 원을 투자해 언제 불이익을 받을지 모를 늪에 들어가게 됐습니다.

친중·종북 586들이 장악한 청와대, 아마추어 외교부에서 이는 사실 예견된 참사입니다. 외무고시는 어려우니 포기하시고, 통역사로 일하다가 UN에서도 첨예한 국제 분쟁 조정이 아닌 가장 쉬운 지원 사업 업무를 맡으면서, 그 업무 성과조차 최악으로 평가받았던 아마추어를 외교장관으로 앉혀 놓고 마리오네트 짓을 하고 계시니까요.

구도는 비슷합니다.

나치 독일은 당시 미국에 이어 세계 2위의 대국으로 부상했습니다. 열린 체계의 1위(미국)과 닫힌 체계의 2위(중국)이라는 대결구도는 그때와 지금이 같습니다. 2위 국가가 1위 국가보다 더 열린 체계를 지향하면 국제 질서는 평화를 찾게 되지만, 통상 2위 국가는 1위에 대한 콤플렉스와 역사적으로 노정된 체제 모순을 이기지 못하고 스스로 자충수를 두다가 자멸하게 마련입니다.

'우리 민족끼리(!)'를 외치며 앞장서 나치에 합병되었던 오스트리아와 나치를 대안 헤게모니 세력으로 여겼던 동유럽 국가들은 나치의 군홧발에 짓밟히고 나서야 나치의 실체를 알고 레지스탕스 대열에 합류했습니다. 이는 각각 북조선과 중국의 현행태를 그대로 떠올리게 합니다(물론 나치 독일의 상대적 경제, 산업, 과학, 문화적 능력과 위상이 현재의 중국보다 한 수 위이고 북조선은 비교 대상도 아니었음은 자명합니다만).

문재인의 대 중국 외교는 아무리 봐도 떠오르던 제2대국 나치가 원하는 것을 모두 내주고 정신승리만을 얻어왔던 체임벌린의 뮌헨협정이 생각나게 합니다.

우리 한국에서는 과연 윈스턴 처칠이 나올 수 있을까요?

중국이 사드를 두고 '한국은 원래 중국의 일부였다', '한국의 독립성을 보장할 수 없다'는 망발을 해도 단 한 마디도 항의나 반박을 하지 못하는 게 청와대를 장악한 친중·종북 586 운동권들입니다.

중국이 홍콩의 독립성을 보장하지 않고 인민해방군으로 홍콩을 언제든 접수할 수 있다고 했을 때, 철의 여인 마거릿 대처 총리는 단 한 마디로 그런 중국의 협박을 이겨내고 홍콩으로 하여금 일국양제一國兩制의 독립성을 보장받았습니다.

"우리가 막지는 못해도, 중국이 어떤 나라인지 전 세계가 똑똑히 보게 될 것이다."

2부

마오이즘과 주체사상,
유교 근본주의에
포획된 386

386 운동권,
대한민국 불변의 질서를 건드리다

한정석

NL 주사파는 모태신앙과도 같은 것

민족(volks)에 대한 개념은 독일에서 '민속학' 연구로 발전했다. 기독교 이전 북유럽과 하이저먼이라 불리는 독일어권 영역에서는 신화와 전승에 따른 페이건이라는 독특한 민중종교체제가 있었다. 주로 문화인류학에서 관심을 갖는 이 영역에서 '민족'이 이데올로기로 등장하게 된 것은 신성로마제국 이후 분열되고 후진적 독일 사회가 자본주의를 심화시키는 과정에서 민주적 법과 정치에 적용할 '가치이념'이 없었기 때문이었다.

독일에서는 19세기에 이를 때까지 시민 개념이 정착하지 못했다. 영국, 프랑스처럼 시민에 의한 자유주의 혁명을 경험하지 못했기에, 독일 근대화 이행에 필요한 '가치이념'을 수립해야 했던 것이다. 더구나 19세기에 독일은 여러 지역으로 분열되어 있었다. 그러한 통일에 대한 요구가 '게르만'에 대한 정체성 확인으로 요청되던 시점이었다. 가장 큰 어려움은 '정치적 통일과 법의 정당성'을 소구하는 문제였다. 독일 통일과 법이 사회를 통합하는 이념으로 작동하려면 민중들이 받아들일 만한 보편적인 가치관이 필요하게 된다. 이때 지식인들에 의해 등장한 것이 '게르만의 신화와 전통'이었다. 이들에게 만물의 어머니로서 '대지(grund)'는 정치와 법사상에 막대한 영향을 주었다. 사실 19세기 유럽에 자유주의가 몰락하는 배경에는 독일의 민족주의와 결합한 영토주의가 결정적이었다고 봐야 한다.

당연히 독일의 민족주의는 1차대전 이전, 국가주의와 결합해 영국, 프랑스, 러시아를 긴장으로 몰아넣었다. 군비 경쟁은 필연적이었다. 이 과정을 진보좌파 지식인들은 자본주의가 불러온 제국주의라고 말하지만, 사실 자본주의는 자유주의와 결합되는 체제이다. 유럽에서 이때 왜 자유주의가 자본주의로부터 유리되고 국가주의가 자본주의와 결합되었는지 진보 지식인들은 설명하지 않는다. 바로 '민족주의'가 그 동력이었다.

게르만의 영토주의, 즉 '대지와 피의 결합'이라는 이념은 오스트리아-헝가리제국을 중심으로 슬라브 민족주의와 충돌해 1차대전의 도화선이 됐다. 민족주의는 다른 민족과 공존하는 방법을 알지 못하기 때문이었다. 그 결과 독일은 민족주의 전쟁으로 오히려 재산과 영토를 잃었다. 그 원한이 히틀러의 나치를 낳고 키워서 세계를 다시 2차대전으로 몰아넣었다.

아이러니한 것은 이 민족주의로 인해 자유주의와 사회주의 양쪽 모두 몰락했다는 사실이다. 그 빈 공간을 전체주의와 파시즘이 채웠다. 한국의 진보는 계급적 사회주의를 철학적 바탕으로 하면서도 민족주의 노선을 걸어왔다. 지적 저열함과 무모함이 부른, 말 그대로 민족적 대참사이다. 문제는 이승만과 박정희의 한계도 사실 민족주의에 있었다는 점이다. 진보는 이념 중에 가장 후져빠진 '민족공산주의', 즉 NL(National Liberation, 민족해방) 노선을 취했던 것인데, 이는 그 원조로서 모택동과 북한 김일성 체제로부터 영도되려고 했던 까닭이다. 친일 증오는 그런 낡은 민족주의의 유산이다. 그러니 민족주의 보수가 이들에게 놀아나는 것은 당연하다.

한국 대부분의 386 진보들은 민족공산주의라는 낡은 이념이 낳은 자식들이다. 이들이 입으로 자유와 민주, 평등과 정의를 외친다지만 기실 그 내면에는 민족공산주의 가치관이 자리하고 있다. 이들이 지금 대한민국 사회의 중추가 되어 있다. 빤하지 않나? 대한민국의 미래가.

주사파에서 전향한 한 보수 인사에게 물었다.

"그래도 이제 합리적 진보는 종북과 결별하지 않았나?"

그 인사가 이렇게 말했다.

"모태신앙인 당신이 더 이상 교회도 안 나가고 신앙도 시들해졌다고 하자. 그런다고 해서 누가 너에게 아브라함이나 모세 이야기를 하면 안 끌리겠는가?"

맞는 이야기이다. NL 종북의 자궁에서 나온 이들이라면 사상적 전향을 하기 전에는 북한 체제의 실패와 모순에 대해 시들해졌다고 해도 북한 민족공산주의, 김일성 수령사상에 연민과 동질감을 버릴 수 없을 것이다. 그게 그들의 정신적 고향이니까. 문제는 여전히 보수 내 민족주의자들이다. 개념 말아먹은 인간들.

대한민국 불변의 질서, 천명을 건드린 자들

맹자는 타고난 반골기질의 야당 정치인 타입이었을 것 같다. 그에 관한 논문을 보면, 맹자는 하늘 아래 두려울 것이 없는 정치철학자였다.

"너 왕이야? 나 천명天命을 받은 민民이다. 꼽냐? 꼬우면 잘하라고. 엎어 메치기 전에."

도덕적 선善, 절대가치에 대한 의지를 가진 영원한 반골. 그런 것이 진정한 야당의 정신일 것이다. 그것은 국가를 해체하려는 정신이 아니라 하늘(天)이 부여한 명命에 대해 도전하지 말라는 도그마적 선언이다. 다시 말해서 세상에는 되는 것과 안 되는 것이 분명하게 있다는 이야기도 된다. 맹자가 현대에 태어났으면 동양의 카를 슈미트(Carl Schmitt, 1888. 7. 11~1985. 4. 7, 독일의 법학자·정치철학자)나 레오 스트라우스(1899. 9. 20~1973. 10. 18, 독일 태생의 미국 정치철학자) 같은 인물이 되었을 것이다. 초월성이란 것이 무슨 신을 찾는, 그런 것만이 아니다. '안 되는 것은 안 되는 것'이라는 믿음이 초월성이다. 이것을 가로질러서 '안 되는 것도 없고, 되는 것도 없는' 정치철학을 만든 장본인이 마키아벨리였다. 오늘날 모든 정치철학자는 사실 마키아벨리의 아들과 딸들이라고 평가해도 무방하다. Value Free(가치 판단의 영향을 받지 않는)의 입장이기 때문이다.

한국 야당, 구 민주당에는 맹자적인 면이 있었다. 장면 내각은 제2공화국 때 활동금지가 된 사회당을 '불폭력 제도권 정당 지향'의 약속을 받고 풀어주면서도, 교원노조와 공무원노조는 철저하게 탄압하고 파면시켰다. 김대중 대통령은 그런 점을 잘 알았던 듯하다. 그는 자민련과 DJP연합을 통해 민주당을 수권 정당으로 만들었고, 2000년 총선에서 대약진을 통해 전라도 당에서 전국 당으로 변신했다. DJP 공조 기간에는 야당이 정권을 잡았어도 안정기를 추구할 수 있었다. 사실 민주당 내 좌파 성향을 자민련이 견제했던 점이 컸다. 하지만 총선에서 종북 386들을 젊은 피로 수혈하고, 햇볕정책이라는 일탈로 말미암아 민주당은 '해서는 안 될 일'을 저질렀다. '대한민국의 천명'을 거스르기 시작한 것이다. 그 결과 노무현정권이라는 괴물이 탄생했다. 천명을 잃은 민주당과 노무현정권은 모두 비극적으로 종료됐다.

야당뿐만 아니라 모든 정치세력은 천명에 어긋나면 비참한 결과를 맞는다. 그 사이에 대한민국도 중병이 들었다. 이념적 회복이 안 되는 것이다. 소유에 1물1권이 원칙이라면, 정치에는 1국國1리理의 원칙이 필요하다. 갈등으로 인한 파국을 막기 위해서이다. 그 원칙이 헌정이다. 헌정이라는 개념의 Constitute(제헌)에는 '필수'와 '본질'이라는 개념이 내포되어 있다. 그래서 헌법을 고치더라도 고칠 수 있는 헌법률이 있고, 고칠 수 없는 헌법핵이 있다고 카를 슈미트는 고찰했다. 헌법률

이 아닌 헌법핵에 대한 논쟁은 법률 논쟁이 아니라 정치 논쟁이
며, 그것은 만장일치가 아니고서는 해결될 수 없는 가치문제이
기 때문이다. 그런 문제는 내전이 아니고서는 해결되지 못한다.
그래서 자유로 자유를 파괴하지 못하며, 민주로 민주를 무너뜨
릴 수 없다는 방어적 민주주의, 자유민주주의 이념이 나오는 것
이다.

　김대중·노무현 정권은 정치적으로 헌법핵을 건드렸다는 평가
를 받아야 한다. 그 결과는 파국이다. 히브리 인들이 언약궤에
함부로 손대는 격이다. 정치공동체에게는 1국1리의 초월적이
고 불변의 가치질서가 있어야 한다. 그것은 사회적 가치와는 다
른 것이다. 사회에는 자유가 필요하고 정치에는 '금칙'의 근본
규범이 필요하다. 근본 규범의 '금칙'으로부터 금지되지 아니
한 모든 자유의 열매들이 나온다. 우리는 그러한 점을 잊고 있
다. 그러니 모든 것이 다 가능해 보이고 정치적 일탈도 정치적
자유로 인식된다. 안 되는 것은 안 되어야 한다. 그리고 될 것
은 되어야 한다.

위기의 기저, 헌법 정신의 변질

　1997년, 김대중 대통령이 야당의 리더로서 대한민국 대통령
에 선출되었을 때, 많은 정치학자들이 DJ 정권의 정체성을 평
가하는 데 애를 먹었다. 김대중 대통령은 스스로 대한민국 헌법
을 준수하고, 자유민주주의와 시장경제를 추진하겠다는 보수적

스탠스를 취했다. 그는 과감하게 보수 성향의 야당인 자유민주 연합(자민련)과 정책과 인물 연대를 통해 소위 'DJP 연합'을 구축했고, 박정희의 통치 철학을 가진 포철 신화의 주인공 박태준 대표를 총리로 임명했다.

　그렇게 구축된 진보-보수의 정치적 연대는 IMF 체제를 돌파하면서 2000년 총선을 통해 '호남당'에 머물렀던 민주당을 전국 정당으로 격상시켰다. 하지만 거기까지였다. 김대중 대통령의 중도적 스탠스는 정권 재창출이라는 욕망으로 인해 당시 386 운동권 세력을 '젊은 피'로 제도권에 수혈하면서 변질되었던 것이다. 여기에 '햇볕정책'이라는 퍼주기 식의 대북 노선을 통해 '연방제'를 천명하며, 사실상 '고려연방제'를 수용하는 위험한 도박이 시작됐다. 이는 한국인의 정치적 성향을 급격하게 좌편향 시키는 효과를 가져왔고, 종북 이념의 단체들에게 합법적 활동 공간을 제공하는 계기를 만들었다. 이때부터 대한민국의 정치 공동체(Polity)에는 깊은 구조로부터 헌법 정신이 변질되는 양상을 맞게 된다. 정치 시스템에 근본적인 위기가 싹트기 시작한 것이다.

　이러한 문제를 잘 알고 있던 두 현대 정치 철학자가 있었다. 앞서 얘기한 대로 한 사람은 고전 정치철학의 태두라 불린 레오 스트라우스였고, 다른 한 사람은 법철학과 대의민주주의 정치철학에 뚜렷한 족적을 남긴 카를 슈미트였다. 이 두 사람의 정치철학의 공통점은 한 정치 공동체에는 '지켜내야 할 정치적 가치'가 있어야 한다는 것과, 그러한 최종 가치는 상대주의적일 수 없다는 주장으로 요약될 수 있다. 즉, 자연법적 소유권에는 갈등과 분쟁을 막기 위해 '1물1권'과 같은 소유권의 지배적 절대성이 요청되는 것처럼 한 정치 공동체에는 '1국1제'와 같은 단일한 가치의 정치 이념이 존재해야 한다는 것이다.

그것을 불변의 힘으로 정한 것이 헌정이라고 할 수 있다. 헌정이라는 말로 번역된 constitutional이란 단어는 '필연적' 또는 '필수적'이라는 의미를 내포하고 있다. 즉 헌법률이 아닌, 헌법의 핵심가치는 '변경 불가'가 원칙이라는 의미가 된다. 흔히 우리가 말하는 '자유는 자유를 파괴할 수 없다'라든지, '민주주의로 민주주의를 파괴할 수 없다'는 방어적 민주주의, 다른 말로 '자유민주주의'가 그러한 원리가 된다. 이러한 정치철학을 '보수주의적 정치 공동체의 철학'이라고 한다. 그런 점에서 플라톤의 저서 『Politeia』는 『국가론』으로 번역될 것이 아니었다. Polity(Politeia)는 국가(States)에 선행하는 자생적, 운명적 정치 공동체의 개념이며, 그런 정치 공동체의 일원들이 만장일치로 세운 정체政體가 곧 Polis였기 때문이다.

따라서 한 국가의 지배적 정치이념은 순수 단일해야 하며, 그것은 '선善을 지향하는' 이데아와 전체를 구성하는 파라데이그마(Paradeigma)라고 플라톤은 본 것이다. 그렇기에 정치공동체의 헌정적 가치는 상대화되거나 일원적一元的 규범에서 벗어날 수 없게 된다.

스탈린을 환생시킨 미국 리버럴과 주체사상의 사생아 강남좌파

결과를 빼고 실존적 대응의 정치력으로 말한다면, 근현대에 가장 탁월한 정치가는 스탈린과 링컨이었다는 생각이다. 이 둘의 공통점은 이전의 정치철학의 주류에 비추어 말도 안 되는 사이비성 정치 이념을 각자의 실존 상황에서 말이 되게끔 했던 점이다. 스탈린의 1국사회주의, 그리고 링컨의 대중민주주의가 그것이다.

스탈린은 소련 국민들의 피와 땀을 국가가 수탈하는 방식으로 경제개발 5개년 계획을 통해 강력한 공업사회 기반을 만들었다. 먼저 성공한 사회주의 조국이 있어야 국제 사회주의 운동도 가능하다는 것이었지만, 사실 이 정책은 스탈린의 권력 독점화의 수단이었다. 이 외형적 힘의 놀라움은 유럽은 물론, 전 세계에 공산주의에 대한 희망을 갖게 만들었다.

하지만 진정한 마르크스주의자들은 스탈린에게 고개를 흔들었다. "노동자에게는 국가란 없다"는 공산당 선언은 '위대한 소련 공산국가'가 결국 노동자를 착취함으로써만 가능하다는 것을 철의 장막이 없어도 알게 해주는 것이었기 때문이다. 이들은 미국에서 시장의 힘을 보았다. 비록 미국의 자본주의에 투항한 것은 아니지만, 이들은 소련식 강제동원 집산주의가 결코 공산주의 성공을 보장하지 못한다는 것쯤은 알았던 것이다. 그런 이들이 바로 나치를 피해 미국으로 망명한 호크하이머, 칼 폴라니, 에리히 프롬, 헤르베르트 마르쿠제와 같은 이들이었다. 실제로 스탈린은 강력한 독재력으로 소련의 농민들을 쥐어짰다. 집단농장을 통해 배급형 강제노동 식으로 생산을 늘린 다음, 그것을 소비하지 못하게 하고 강제 저축하게 하는 방식으로 국가 자본을 만들었다.

농업에 약했던 카자흐스탄에서만 200만이 집단농장에서 아사했다. 그들을 도와 쌀농사를 알려준 이들이 바로 한겨울 벌판에 버려진 강제 이주 고려인들이었다. 스탈린은 그렇게 수탈된 농민들의 생산물을 가지고, 공업 기반을 닦았다. 하지만 공업은 강제노동으로 달성될 수 없는 것이어서, 임금 차등을 두고 인센티브를 부여했다. 다시 말해 당근과 채찍 정책이었는데 가족 전체가 공장 노동에 동원될 경우, 딸만 있는 가정은 아들을 가진 가정에 비해 생산력이 낮았기에 철저하게 차별받았다. 당연히 불만이 없을 수 없었고, 그런 불만은 '자본주의 적들의 침투가 털구멍마다 피를 짜내며 이뤄지고 있다'며 반역 행위로 철저하게 탄압했다.

나치를 경험했던 독일 휴머니즘 마르크스주의자들은 정작 미국에 망명해서 그러한 소련을 냉정하게 평가했지만, 웃기는 것은 미국의 유복하고 리버럴한 지식인들이었다. 그들은 소련을 흠모했다. 공산주의도 자본주의처럼 미래가 있다고 봤다. 이들의 영향 하에서 대학생들은 리버럴 68세대로 컸다. 이들이 베트남 전쟁에 반대하면서 오히려 미군에게 승리하는 베트콩의 원시적 전술을 찬양하며 그들을 영웅시하는 분위기마저 일어났다. 이들 68세대가 이후 성년이 되어 대학에 교수나 직원이 되면서 대학을 더욱 더 좌파적으로 만들었다. 특히 출판, 문학,

예술 등의 문화예술과 인문학 분야가 두드러졌다.

미국 문화 좌파의 힘은 결국 스탈린의 1국 사회주의가 만든 것이다. 더 가관인 것은 스탈린이 사실상, 미국의 리버럴, 민주당을 키웠다는 사실이다. 감춰진 수탈의 소련 사회주의를 흠모한 68 개병신 세대들이 민주당을 사회주의 색깔로 만들었기 때문이다. 이 리버럴 병신들의 힘이 소련의 몰락에도 불구하고 여전히 미국의 정치, 문화와 역사, 미디어에 주류로 남아 있다. 그런 점에서 스탈린이 '사악한 영웅'이라는 것이다.

한국의 386들도 486을 지나 586에 들어서면서 그런 절차를 밟고 있다. 개병신적 리버럴 좌파와 종북에 물든 자들의 협잡이 대학을 좌파의 산실로 만들어서 유지해 오고 있다. 이들을 일소해 내지 않으면 대한민국은 계속 망조가 든 좌경화의 길을 가게 된다. 아마 그 정점이 10년 후면 오지 않을까 싶다. 이후에는 모르겠다. 어떻게 될지.

문재인과 한국당이 살려낸 죽어야 할 것들

김대호

선거법 패스트트랙 관련 국회에서 벌어지는 갈등을 보면, 이 나라는 우리의 자식 세대가 인간적 존엄과 자유를 지키면서 살아갈 수 있는 땅으로 계속 남을지 의심하게 된다. 장탄식을 참기 어렵다.

첫째는 이런 식이 한국사회에서 정치·경제·사회적 갈등 또는 기득권 문제를 해결하는(?) 수준이기 때문이다. 이런 수준의 갈등 해결 능력으로는 대한민국의 앞날을 가로막는 정치, 경제, 공공, 노동, 지방의 기득권 문제를 해결할 수 없고, 복잡 미묘한 규제, 예산, 기금, 세금, 정부 조직, 산업 구조 조정, 보건의료 문제 등을 해결할 수 없음은 불문가지이다. 나아가 4차산업혁명에 제대로 대응할 수 없기에 이 나라의 미래가 암울하기만 하다.

상충相衝하는 이해관계를 대화와 타협이 아닌 기득권과 기득권의 충돌, 협잡, 꼼수와 폭력으로 해결하려는 행태는 1945년 해방 무렵부터 1953년 6.25전쟁이 종전되던 무렵까지, 소위 해방공간이라 불리는 시기 동안 진저리치며 목도하였다. 그럼에도 우리는 역사에서 배운 것이 정말 없다.

둘째는 대립 갈등의 저변에 흐르는 담론 또는 정서 때문이다. 솔직히 적폐 청산 시비와 좌파(독재) 저지는 유전자가 완전히 같은 쌍둥이 기형아이다. 몸은 하나인데 머리는 둘인 기형아라고도 할 수 있겠다. 그야말로 박약한 근거를 가지고 펼치는 적폐 시비와 좌파 시비는 선악善惡, 정사正邪, 정의 대 불의 프레임으로 세상을 재단한다. 그러니 상대는 대화와 타협의 대상이 아니라 오직 청산과 척결, 박멸 또는 궤멸시켜야 할 대상으로 전락할 수밖에. 20% 내외의 과잉 편향된 열성 지지층의 감성에 호소하는 방식으로 설득하려니 견강부회나 침소봉대 같은 허위와 과장이 난무한다.

적폐 청산이 홀로 칼춤을 출 때는 보통 수준의 이성과 양심이 있는 사람들 대부분이 이 단순 무식 졸렬 사악한 편 가르기에 분노했다. 나부터도 수천 번도 더 이를 갈았다. 그런데 분노와 환멸의 저변이 넓어지고 뜨거워지자 드디어 공심公心도 콘텐츠도 없는 자칭 보수우파가 드디어 좌파(독재) 시비 칼춤을 추기 시작했다.

문재인과 문주당(문재인을 주인으로 받드는 당. 즉, 더불어민주당을 조롱조로 일컫는 말. 편집자 주)에 분노하는 사람들의 오래된 기억에서 과거 '좌익 척결' 칼춤 홀로 판을 치던 시절의 악몽을 되살려냈다. 그러자 문재인정부의 폭정과 실정에 대한 비난에 숨죽이고 있던 386 화석, 좀비들도 물 만난 물고기가 되었다.

좌파 시비는 죽어가는 이들에게 퍼붓는 생명의 폭포수이다. 그렇지 않아도 좌파는 역사(과거사) 정치, 도덕 정치, 정서적 혐오 정치를 부활시켜야 2020 총선이 그나마 게임이 되는 현실이다. 그러나 경제 자살, 고용 학살, 외교 자폐, 안보 자폭, 산업 자폭, 온갖 위선 정치로 인해 도저히 가능할 것 같지 않았다. 그런데, 말인즉슨 자유한국당이 그것을 가능케 하는 역설적 존재로 자리를 굳히고 있다는 얘기이다.

문재인정부와 여당 패거리의 가치(랄 것도 없지만)와 정책, 행태를 찬찬히 살펴보면 철부지 강단 좌파, 조선 10선비의 현신, 내로남불 망나니, 자주와 통일은 알아도 자유와 민주와 인권이 뭔지를 도통 모르는 1940~50년대 화석, 좀비, 조선노동당의 앵무새와 (자기가 하는 말이 무슨 의미인지도 모르고, 완전히 상반되는 말을 천연덕스럽게 늘어놓는) 정신분열증 환자 등 온갖 야만의 연합군이다.

그런데 이들을 좌파·독재로 싸잡으니 유럽식 사민주의를 좌파의 롤 모델로 생각하는 사람들이 뜨악해져 버렸다. 그것도 7, 80년대 좌파 시비로 자유와 민주와 인권을 짓밟는 짓을 방조하거나 적극적으로 비판하지 않는 자들이 좌파 시비를 하니!

선거법 관련해서 일종의 미득권자인 정의당, 평화당, 바른미래당의 태도는 비교적 일관성이 있었다. 적어도 표리부동하지는 않았다. 그런데 최대의 기득권자인 더불어민주당(이하 민주당)과 자유한국당(이하 한국당)은 철저히 표리부동이었다. 생산적 경쟁과 대승적 협력이 가능한 선거 제도에는 0.1도 관심이 없었다. 이번 국면에서도 다시금 확인한 것이다.

이번에 심상정이 발의한 연동형 비례제는 장담컨대 무기명 비밀투표로 처리하기에, 국회 본회의 통과는 불가능할 것이다. 당파를 초월하여 자신의 지역구가 없어지는 의원 수십 명이 찬성할 리가 없다. 국회의원 수를 기습적으로 늘리면 통과될 수 있을 것이다. 하지만 그럼에도 선거법의 취지는 제대로 살리지 못할 것이다.

그 어떤 경우에도 좌파 독재는 불가능하다. 바른미래당의 국민 계도, 심지어 평화당조차도 문주당보다는 한국당과 공유하는 가치, 정책이 훨씬 많다. 그런데 한국당은 자신만 보수우파이고, 나머지는 다 좌파이거나 문주당 2중대, 3중대, 4중대라는 논리를 펼친다. 바른미래당은 자신이 왜 존재해야 하는지를 국민들에게 설명하지 못하는 한, 선거법을 떠나 존속이 쉽지 않다. 바른미래당은 자신의 존재 자체가 문제이다.

대한민국은 갈기갈기 찢어졌다. 문재인 때문만은 아니다. 하지만 문재인은 이를 확실히 훨씬 심하게 찢어 놓았다. 분노와 증오와 복수의 정치를 확실히 되살려냈다. 내 가슴도 들끓는다. 수천 번도 더 이를 갈게 되었다.

문재인과 문주당은 한국당이 아무런 성찰도 혁신도 없이 부활하도록 생명수를 폭포수처럼 부어 주었고, 또 이들이 386 좀비, 화석들에게 같은 선행(?)을 하고 있다. 물론 이런 참담한 사태는 새로운 정치를 하겠다고 설쳤지만, 아무것도 보여 주지 못한 사람들에게서 연유하겠지만….

수치의 문화'로 본
'386 운동권'

김은희

미국에 이어 한국에도 불같이 일어나는 미투운동을 보면서 문화인류학자로서 한국과 미국의 미투운동에 중요한 차이가 있음에 주목하게 된다.

차이점 하나는 한국에서는 여러 사람 보는 데서 성추행이 다반사로 일어났다는 것이다. 이는 성추행이 일어나는 현장에서 함께 있었던 사람들이 성추행을 목격하면서도 전혀 제지하지 않았으며 후에도 쉬쉬 하며 침묵했다는 것을 뜻한다.

반면에 미국 여성들이 겪은 성추행은 대체로 호텔 방이나 사무실에서 가해자와 피해자 두 사람만 있었을 때 주로 일어났다. 미국 사회에서 여러 사람 있는 자리에서 드러내 놓고 성추행을 한다는 것은 상상하기 힘들다. 그것은 마치 여러 사람이 목격하는 장소에서 범죄를 저지르는 것과 같기 때문이다.

또 다른, 그리고 관련된 차이점 하나는 성추행 사실이 폭로된 직후의 사람들의 반응이다. 미국의 유명한 영화제작자 와인스타인의 성추행과 강간 등이 오랜 기간을 두고 지속되었음이 속속 밝혀졌을 때, 미국 영화계 사람들 그 누구도 미투운동에 뛰어드는 여성들을 성질 더럽다거나 혹은 미국 영화계를 망신시켰다고 비난하지 않았다. 영화제작자 모두를 성추행자로 보지 않을까 걱정하지도 않았다.

반대로 한국에서는 최영미 시인이 성추행하는 시인 고은을 빗대어 시를 쓴 것이 대중에게 알려졌을 때, 고은 측의 문인들은 최영미가 다수의 선량한 문인들이 성추행자인 것처럼 오해받게 만들고 있다고 오히려 최영미를 비난하였다.

그들은 혹시라도 원로 시인의 성추행 이력이 그의 노벨문학상 수상 가능성을 낮출 수 있다는 것에 더 짜증내고 걱정하였다. 그들은 고은이 대표하는 '민족문학'의 위상이 추락되는 것에 대해 더 걱정하였다. 그들은 누군가의 인권을 무참히 짓밟는 일에 동조하고 침묵했다는 사실에 죄의식을 갖기보다 남들이 어떻게 볼까 전전긍긍하였다.

이러한 차이점은 2차 세계대전 중에 일본을 연구한 루스 베네딕트(Ruth Fulton Benedict, 문화인류학자. 대표 저작물로 『국화와 칼』, 『문화의 유형』 등이 있음)가 구분한 수치의 문화(shame culture)와 죄의 문화(guilt culture)를 상기시킨다. 루스 베네딕트의 구분을 간략하게 소개하자면 죄의 문화에서는 도덕의 절대적 기준이 있고 양심에 따라 행동할 것을 강조한다. 물론 죄의 문화에서도 수치심을 느낄 수 있지만 어떤 행동을 제재하는 데 있어 죄의식이 더 중요한 역할을 한다.

사람들은 주로 죄의식 때문에 선행을 하게 되며 아무도 자신의 비행을 알지 못해도 죄의 고통, 즉 양심의 가책을 받는 고통을 느끼게 된다. 이 죄악감에서 벗어나기 위해서는 자신의 죄를 고백하는 고해성사를 한다. 양심이 마비되어 더 이상 죄의식을 느끼지 못하는 사람은 반사회적인 인간으로 규정된다. 아이들에게는 어릴 때부터 잘못할 때마다 일관되게 벌을 줌으로써 보편적인 도덕적 가치를 아이의 내면에 심어 준다.

반면에 수치의 문화에서는 내면화된 죄의 관념이 아니라 외부적 제재에 의해 주로 선행을 하게 된다. 외부적 제재는 바로 남들로부터 비난받거나 모욕당할 때 느끼는 수치심 혹은 부끄러움이다. 예컨대 일본 문화에서는 절대적으로 적용되는 도덕적 원칙과는 별 상관없는 '의무'와 '의리'를 실천할 것이 강조된다.

천황에 대한 충성과 부모에 대한 효는 각각 천황의 은혜, 부모의 은혜에 보답하는 것으로 무조건 수행해야 하는 '의무'이다. 이때 의무를 다하고 의리를 지키는 이유는 '이웃을 사랑하라' 혹은 '거짓 증언을 하지 마라'와 같은 도덕적 계명과 별상관이 없다. 부모가 악행이나 부정을 저질러도 자신은 부모의 은혜에 보답하기 위하여 필요하다면 아무 잘못 없는 아내와 이혼을 할 수도 있으며 극단적인 경우 부모가 진 빚을 갚기 위해 아내를 사창가에 팔 수도 있다.

국가를 상징하는 천황에 대한 충성 또한 맹목적이어서 제2차 세계대전 당시 일본인들은 그 전쟁의 목적이 정의로운가 아닌가에 관심이 없었다. 천황이 연합군에게 항복한다고 선언했을 때 일본인들은 아무런 도덕적 갈등 없이 천황의 명에 복종하고 연합군의 상륙을 진심으로 환영할 수 있었다.

천황에 충성하고 부모에게 효도하는 것 이외에 자신에게 은혜를 베푼 타인에게 의리를 지키는 이유 역시 보편적 윤리강령 때문이 아니다. 의리를 지키지 않으면 '의리를 모르는 인간'이라는 소리를 듣게 되기 때문이며 이는 아주 수치스러운 일이다. 따라서 의리를 지키는 일은 때로는 폭력이나 개인적 복수도 동반한다.

의무를 다하고 의리를 지키는 것이 삶의 가장 중요한 과제인 일본 문화에서 자신의 감정과 감각에 충실할 수 있는 쾌락의 영역이 존재한다. 미국의 '죄의 문화'와 달리 술에 취하는 것, 그리고 아내가 아닌 여자를 상대로 육신의 욕망을 추구하는 것이 죄악으로 간주되지 않는다. 단지 쾌락의 추구가 인생의 중대한 의무와 의리를 망각하게 하지 않는 한도 내에서 용인된다.

'수치의 문화'에서 이상적인 인간은 스스로 생각해서 올바른 일을 행하는 사람이 아니라 '자중하는' 사람이다. 일본 문화에서 '자중하는' 것은 남들의 비난을 사거나 성공할 기회를 상실하지 않도록 조심하는 것을 말한다. '자중하는' 사람은 적절하게 의무를 수행하고 의리를 지키며 다른 사람의 기대에 부응하며 살아간다.

한국의 미투운동에서 성추행이 일어난 문화적 맥락은 루스 베네딕트가 분석했던 70여 년 전 일본의 군국주의 혹은 전체주의적 문화와 어느 정도 닮아 있다. 단지 한국적 상황에서는 국가를 상징하는 천황이라는 지고지순의 존재에 대한 충성이 '민족', '민중', '공동체', '교회' 등에 대한 충성으로 바뀌었을 뿐이다.

고은의 측근 문인들에게는 성추행을 폭로하고 바로잡는 일은 민족문학을 대표하는 고은이라는 절대지존에 누가 되는 일이었다. 유신 때부터 반독재 투쟁을 하며 많은 고초를 겪었고 민족의 아픔에 대해 시를 썼다는 이유로 그의 성추행은 사소하고 사사로운 일탈로 묵인되었다.

일본에서처럼 한국의 '기생문화'에서도 남자의 음주와 성적 쾌락의 추구가 부도덕하게 생각되지 않았고 어느 정도 용인되었다. 루스 베네딕트의 분석이 예측할 수 있듯이 문단 사람들은 '자중하여' 민족문학을 대표한다는 '위대한' 시인의 성추행을 제지하지 않았고, 그 덕분에 그들은 문단 권력과 자산을 배분받고 승승장구할 수 있었을지도 모른다.

최영미가 '자중하지' 않고 용기 내어 대중에게 폭로했을 때 그들이 격렬히 최영미를 비난한 것은 전혀 놀라운 일이 아니다. 최영미는 '자중하라'는 수치의 문화의 규칙을 깨부수었기 때문이다.

작금의 미투운동은 그 동안 우리 사회에서 인권이 절대적인 도덕가치가 아니었음을 잘 보여 준다. 특히, 고은의 성추행은 진보적이라고 생각되었던 '운동권'의 인권의식이 오히려 일본의 70여 년 전 군국주의적 전체주의에 기반을 둔 '수치의 문화' 수준에서 별로 진전되지 못했다는 것을 드러낸다. '위대한 수령 동지'를 일본천황의 수준처럼 신격화한 북한 사회의 인권

의식 또한 일본의 군국주의 문화 수준보다 낮지 않으리라는 것
도 예상할 수 있다.

　나는 이제야 알 것 같다. 민주화의 첨병으로 나섰던 '(386)
운동권'이 왜 북한의 인권문제에 그 동안 침묵했는지. 그들의
'수치의 문화'에 내재된 허약한 인권의식이 '위대한 수령 동
지'를 신격화한 북한 사회의 인권의식보다 별로 나은 것이 없
었기 때문이 아닐까?

운동권의 실체 제대로 알고
부채의식 버려야

이윤성

80년대 소수의 운동권 학생들이 독재 체제에 맞서 싸우면서 결국 1987년 6월항쟁에서 민주화가 되었다고 생각하는 사람들이 많고, 그래서 그때 운동권들과 함께 싸우지 않은 많은 사람들이 그들에 대해 부채의식을 가지고 있는 경우가 많다. 이후에 태어난 사람들도 그들이 민주화를 이루어낸 것으로 생각하고 그들에게 감사하는 마음을 가지고 있다.

그런데 지금 정치권에서 스스로 민주화운동했다고 자처하는 사람들은 사실상 민주화운동을 한 것이 아니라 소련, 중국, 쿠바, 베네수엘라 같은 사회주의 독재 체제를 만들려던 사람과 북한과 같은 수령 독재주의 국가를 만들려는 사람들이었고 자유민주주의를 위한 직선제에 대해서는 별 관심이 없었다.

하나의 사례를 들어보자. 1986년 전방 입소 반대와 '양키고 홈'을 외치며 자살한 김세진의 유서에서는 직선제 개헌 논란에 대해 '민중의 혁명적 역량을 개량화 시키고 국민을 기만 우롱하는 것'이라고 규정하고, 당시 야당인 신민당에 대해서도 '보수세력의 하나이며 국민을 대표하지 못한다'고 했다. 지금 보통 시민들이 생각하는 '민주화 인사'의 이미지와는 매우 다른 인식을 갖고 있다는 것을 알 수 있다.

이처럼 1987년 6월 직선제로 대표되는 민주화 항쟁은 그들이 원하는 것은 아니었다. 그들은 애초에 직선제 개헌을 주장하지도 않았고 원하는 것도 그게 아니었다. 네이버 뉴스 라이브러리로 '직선제'를 검색하면 1987년 5월까지는 야당이 꾸준히 직선제 개헌을 주장했고, 그 외에는 계훈제 등 대학 운동권이 아닌 재야 세력들과 종교계에서 직선제 요구를 꾸준히 했을 뿐이다.

운동권들은 이런 분위기에 편승해서 막판에 직선제 개헌에 동조했다. 직선제를 위한 1987년 민주항쟁 때는 선량한 시민들과 운동권 아닌 대학생들도 많이 가담했지만 이후에는 그 동력이 많이 떨어졌고, 1990년대 초반 소련과 동구권의 몰락 이후에는 소수들만 참여했다.

이런 일반 국민과 운동권의 의도의 차이들은 2000년대의 시위에서도 잘 나타난다. 2002년 미군 장갑차에 의해 여중생 두 명이 사고사하자 이를 이유로 시위가 시작되었다. 이 시위는 운동권들에 의해 시작되었지만, 죽은 여중생들을 추모하는 뜻에서 일반 시민도 많이 참여했다. 그런데 미군 철수, 양키고홈, 퍼킹USA 등의 구호까지 나오자 일반 국민들과 갈등이 생기기도 했다.

2006년에는 맥아더 동상 철거운동을 운동권들이 주도했는데, 일반 국민의 지지를 전혀 받지 못하기도 했다. 작년에는 맥아더 동상에 불을 지른 반미실천단장 목사가 구속되기도 했다.

이처럼 일반 국민들이 공감할 수 있는 시위나 운동은 규모가 컸고, 건전한 국민들이 참여할 수 없는 극단적인 주장의 시위들은 대중의 관심을 끌지 못했다. 광우병 시위나 한미 FTA 반대 시위는 국민들의 관심을 끌었으나 시간이 지나 보니 사기에 가까운 선동이었다. 그들은 어떻게든 국민의 관심을 끌고 영향력을 미치기 위해 선동을 해 왔고 국민이 속은 경우가 많다. 탄핵 시위도 깨끗한 나라를 위하는 일반 국민들이 많이 참여했기에 영향력이 큰 것이었지, 이들만으로는 결과를 얻기 힘들었다.

혁명에 의한 노동자 계급의 독재를 하는 사회주의가 아니라 유럽의 사회주의 정당과 비슷한 건전한 사회민주주의를 원하는 이들도 있었다. 사회당이나 녹색당 등이 있는데 이들은 수가 많지 않았고, 우리나라 좌파 주도 세력인 운동권에게서 바보 취급을 받아 왔다.

2001년 사회당 신석준과 민주노동당 황광우가 논쟁을 했는데, 황광우는 "미국과 자본주의보다는 북한의 조선노동당이 더 좋다"고 했다. 황광우의 입장이 운동권의 다수 입장이었다. 녹색당이나 사회민주당 등 운동권과 다른 건전한 좌파가 우리나라 좌파를 대표해야 한다.

이런 중국과 북한식 사회주의를 좋아하고 미국과 자본주의를 싫어하는 사람들이기에 북한 인권에는 눈을 감고, 중국의 사드 배치에 대한 보복에는 비굴했고, 경제적으로 협력해야 할 일본에는 어떻게든 시비를 걸며 나라를 망하는 길로 이끌어 가고 있다. 중국과 북한과는 과거를 잊고 잘 지내자면서 왜 일본과는 그럴 수가 없는가.

대한민국을 선택한 좌파와
대한민국을 부정한 좌파

나연준

1959년 7월 31일 진보당 당수 조봉암은 교수대에 올라 죽음을 맞았다. 52년이 지난 2011년 1월 20일 대법원은 '진보당은 자유민주주의를 부정하거나 민주적 기본질서를 위배했다고 볼 수 없고 국가 변란을 목적으로 결성됐다고 볼 수 없다'며 '잘못된 판결로 사형이 집행됐다'고 사실상 사법살인을 인정했다.

진보당 사건에 대한 좌우의 시선은 대조적이다. 좌파는 진보당 사건을 이승만의 정치적 '얼룩'이라고 생각한다. 그래서 조봉암에 대한 법살法殺을 이승만 정권의 '악마성'을 폭로하는 도구로 활용한다.

반면 우파는 그 '얼룩'이 건국대통령 이승만의 위상에 손상을 주기 때문에 애써 침묵하거나 아직도 조봉암에게 용공 혐의를 덧씌우고자 한다. 하나의 사건을 바라보는 대조적 시선에도 불구하고 양자는 공통점이 있다. 좌우 모두 진보당이 내세웠던 이념과 노선에 대해 무관심했다.

진보당은 '대한민국을 선택한 좌파'였다. 당수였던 조봉암은 대한민국 국회부의장과 농림부 장관을 지냈고 농지개혁을 통해 근대화의 기틀을 놓았다. 강령을 기초한 이동화는 김일성대학 강사였다가 월남한 당대의 대표적 좌파 이론가였다. 해방 이후 많은 정치인들이 1948년 남북협상과 6.25전쟁 과정에서 월북한 것과 달리, 이들은 결국 대한민국을 택했다.

나중에 자세히 살펴보겠지만, 진보당은 인류의 역사적 진보와 보편적 해방을 신뢰했고, 북한과 소련의 공산주의를 단호하게 거부했으며, 스스로 자유진영의 일원임을 천명했고, 영국 노동당과 미국의 뉴딜을 국가의 발전 모델로 삼았다. 이것은 1956년 창당한 진보당을 필두로 1960년대 중반까지 이어졌던 한국 진보정당 1세대(민주혁신당, 통일사회당, 사회대중당)들의 일반적 입장이었다.

이와 같은 관점은 1990년 민중당에서 시작하여 민주노동당, 진보신당, 통합진보당, 민중당(경기동부연합)으로 이어지는 2세대 진보정당과는 상이한 것이었다. 2세대 진보정당은 1980년대 운동권의 NLPDR(민족해방민중민주주의혁명) 이념과 현실사회주의의 실패라는 시대적 상황이 결합한 기형적 산물이었다.

1990년대 동구권의 몰락을 목도한 일부 운동세력은 공식적으로 혁명을 포기하고 대중적 진보정당의 깃발을 올렸다. 그러나 당은 대중이 아닌 86세대 NLPDR의 사고방식을 극복하지 못한 이론가와 조직가들에 의해 채워지고 말았다.

12년을 이어간 민주노동당이 대표적 사례이다. 정당은 혁명을 공개적으로 내세우지도 않았지만, 그렇다고 폐기하지도 않았다. 진보정당은 혁명을 하자는 것도 아니고 말자는 것도 아닌, 사실상 갈 곳 잃은 '혁명난민'의 캠프가 되고 말았다.

80년대 지하운동 습관도 그대로 이어졌다. 소수의 활동가들이 당심黨心을 좌우했고, 정당은 이들 사이의 조직력 대결의 장이 되고 말았다. 그 결과 2세대 진보정당은 대중정당의 간판을 걸어 놓은 전위정당 혹은 80년대 운동권들의 정파연합체로 전락하였다. 이들 중 다수파(NL)는 정치적 목적지로 여전히 '평양'을 버리지 못했고, 소수파(PD)는 소비에트와 북유럽 사이에서 게걸음을 오갔다.

한국 진보정당의 1세대와 2세대의 가장 큰 차이점은 대한민국을 긍정하느냐 여부이다. 1세대들은 제2차세계대전 이후 공산주의의 확장과 1949년 거대한 중국 대륙의 공산화를 보면서도 결국 대한민국에 남아 자유민주주의 체제 내에서의 개혁을 택했다. 반면 2세대들은 대한민국의 급격한 경제성장과 동구권의 몰락을 겪으면서도 86세대 혁명이론의 사고와 정서, 역사관을 극복하지 못한 채 국가를 혁명의 대상으로 인식했다.

바로 여기서 한국의 좌파는 진보당을 다시 읽어야 할 필요가 있다. 좌파는 대한민국을 부정했던 86세대의 유산과 과감하게 결별해야 한다. 자신의 전통을 86세대의 혁명놀음이 아닌 조봉암과 진보당에서 찾아야 한다. 자신의 선배들이 건국과 근대화에 참여했었다는 사실을 자랑스럽게 여겨야 한다.

우파 역시 모든 좌파가 대한민국을 부정하지는 않았다는 사실을, 진보당을 통해 인정해야 한다. 이승만은 조봉암을 농림부 장관으로 발탁하여 농지개혁을 이룩했고, 김성수는 후배 정치인에게 조봉암과 연대할 것을 당부했다. 이념과 노선은 다르더라도 경쟁과 토론, 나아가 협력이 가능한 좌파도 있었다. 진보당이었다. 진보당은 자신의 이념을 '사회적 민주주의'라고 불렀다.

386에 의해 주입된 통일과 평화, 시각 교정 시급하다

최재기

지금 대한민국에서는, 몇 년 전 유행한 광고 문구처럼 '묻지도 따지지도 말고' 통일만 하면 경제적 어려움이 풀리고, 서민들의 먹고사는 문제가 해결되며, 청년들 일자리 문제도 풀린다는 프로파간다와 감성팔이가 난무하고 있다. 이런 주장을 유포시키는 사람들은 아무런 근거도 제시하지 않으며, 또 현 정권은 '공론화위원회'라도 열어 공개적으로 국민들의 의견을 수렴하려는 노력도 없이, 586 운동권들의 하부 조직들을 동원하여 국민들에게 일방적으로 자신들이 정의하는 이른바 '통일대박론'을 유포하고 있다.

또 언론기관들은 언론이 가져야 할 당연한 책무인 최소한의 팩트 체크(사실 확인) 절차도 없이 현 정권이 홍보하는 평화만이 진짜 평화라는 선동을 시간마다 지껄이고 있다. 부끄럽기 짝이 없는 '어용언론'의 모습이라 할 것이다.

한편 집권당은 이번(2018년) 추석에 뜬금없이 '평화가 경제다'는 플래카드로 전국 길거리 곳곳을 도배하였다. 내가 뜬금없다고 하는 것은 그들은 자신들이 주장하는 평화의 실체가 뭔지 아직 국민들에게 제대로 제시해 본 적이 없기 때문이다. 그냥 8,90년대 운동권 물 먹은 100만 명의 스피커만 믿고, 또 권력은 우리가 쥐고 있으니 국민들의 실질적 공론은 중요하지 않다고 생각하는 오만이 보인다.

전국민, 아니 한반도 내 온 민족(ethnic group)의 미래와 삶이 걸린 중대한 문제인데, 무책임한 선동과 감성팔이만 난무할 뿐, 통일과 평화체제에 대한 국가적 전략은 보이지 않는다. 이런 중대한 사안은 부화뇌동하는 부의浮議나 수시로 변하는 여론輿論(public opinion)이 아니라, 일부 세력에 의해 유포되는 선동과 감성팔이를 배제한 채 냉정히 사실관계를 파악하고, 현재의 결정에 따라 국민들 자신의 미래 삶이 어찌 변할지 가늠해 본 후 이성적으로 결단하는, 즉 '내심의 의사'를 결집한 공론公論(public judgement) 형성이 필요하다.

통일과 평화에 관한 국민들의 공론 형성에 반드시 따져봐야 할 쟁점들을 제시한다.

대한민국 젊은이들에게 통일이 왜 필요한가?

통일비용에 대해서는 국내외 여러 연구기관들에서 어림잡은 계산서를 이미 내놨다. 주로 외국의 연구기관들이 제시한 계산이지만, 지금 당장 통일되더라도 향후 20년간 최소 2100조 원이 들 것이라는 것에서부터, 그보다 훨씬 더 들 것이라는 전망도 나와 있다. 외국의 연구자들은 독일 통일의 과정을 유추하여 남북한 통일비용을 계산해 본 것인데, 북한의 사정은 과거 동독에 비해 인구는 상대적으로 많고 경제사정은 더 열악하고, 또 동서독의 경제력 격차에 비해 남북한의 경제력 격차가 더 심하므로, 실제로는 남북한 통일에는 훨씬 더 많은 돈이 들 것으로 보는 게 이성적인 판단이다.

한편, 대부분 50대 이상인 지금의 집권 586 세력들이 자신들의 낡은 관념 실현을 위해, 지금의 2,30대들에게 어마어마한 부담을 떠넘기는 결정을 함부로 해도 되는 것인지 그 정당성에 대해 묻지 않을 수 없다. 민족의 장래가 달린 그런 결정을 대통령 선거 한 번 이겼다고 집권자 마음대로 한다는 것은 국민들이 이 정권에 위임한 권한의 범위를 벗어난 결정이고, 특히 책임의 대부분을 짊어져야 할 세대인 2,30대의 적극적 공론 형성을 통한 결단의 뒷받침이 없다면, 지금의 결정은 장래에 언제든 취소될 수 있을 것이다.

이 대목에서 대한민국 젊은이들은 그 많은 세금을 물어가며 통일을 왜 해야 하는지 의문스러울 수밖에 없다.

통일을 왜 해야 하는지 물어보면 지금 집권세력인 586 운동권들은 대략 다음 두 가지 이유를 든다.

첫째, 같은 민족이므로 당연히 통일해야 한다고 주장한다.

둘째, 통일 비용보다는 분단 비용이 훨씬 더 들기 때문에 통일해야 한다고 주장한다.

첫째 근거로 든 같은 민족이기 때문에 통일해야 한다는 주장을 살펴보자.

남·북한이 과연 같은 민족인가? 북한 정권은 북한 민족을 '김일성 민족'이라 지칭하고, 백두혈통이 영도해야 한다고 주장한다. 한편, 남한 정권은 한반도에 거주하는 민족을 '한민족'이라 지칭하고, 공화정 체제로 나라를 운영해야 한다고 주장한다. 그런데 왜 같은 민족이라 주장하는가?

아무런 근거도 없고 시도 때도 없이 "우리민족끼리"만 외치면서 선동이나 할 게 아니라, 남북한이 실질적인 '우리민족'이 될 수 있도록, 현 정권은 북한 정권에 어떤 방식으로 민족 명칭부터 통일하자고 제안을 한 사실이 있는가? 북한 정권이 '김일성 민족'이라는 명칭을 포기하겠다고 확답을 했는가?

둘째 근거로 든 분단 비용에 대해서 따져보자.

남북한 정권들이 자신들의 법 규정이나 당 규약에 정의한 국

국가의 권리 의무에 관한 몬테비데오협약*

제1조 국제법의 인격자로서 국가는 다음의 자격을 보유하여야 한다.
(a) 항구적 인구(a permanent population)
(b) 한정된 영토(a defined territory)
(c) 정부(government)
(d) 다른 국가들과 관계를 맺을 수 있는 능력(capacity to enter into relations with other States)

가 개념이 아니라, 국가에 관한 국제법적 개념(몬테비데오 협약 제1조*, 84쪽 참조) 등에 의거하여 실질적으로 살피자면, 남북한은 1948년 이후 각각의 국가를 형성하고 운영해 오고 있다. 1991년에는 유엔에 동시 가입도 하였다. 따라서 각자 자신들이 옳다고 주장하는 체제로 국가를 잘 경영하여 국민들을 행복하게 해 주면 될 일이다. 그냥 서로 무관심하면 될 일이다.

그런데 분단비용이 왜 더 든다고 주장할까?

그것은 일방이 자신들의 체제운영 실패 때문에 타방을 겁박하여 통치에 필요한 자금을 받아내려 하고, 또 자신의 정권의 정당성을 강변하기 위해서는 타방의 번영을 방해하려 하는데, 그러기 위해서라면 전쟁도 불사하려 하기 때문에, 번영하는 측에서 방어에 필요한 비용이 들어 분단비용이 생긴다는 논리이다. 이 문제를 좀 더 살펴보자.

남한이 자신들의 체제운영에서 실패하여 국민들이 상대적으로 못 사는 것인가? 그리고 남한 정권과 국민들이 북한의 번영을 시기하여 침략하려는 의사를 가지고 있는가? 지금까지 남한은 체제운영과 먹고사는 데에 실패하지도 않았고, 북한의 번영을 시기하여 침략하려는 의지도 없었다.

그런데 북한은 자신들이 경제적으로나 군사적으로 우월하다고 생각한 시기인 1950년에 남침을 시도했다가 실패한 사실이 있다. 그래서 그들의 평화 주장은 믿을 수 없다.

그리고 1989~1990년 시기에 전 세계적으로 현실사회주의 국가들이 체제 전환을 하였고, 그 이후에는 북한과 쿠바 두 나라만이 사회주의 체제를 고수해 왔다. 그런데 그 쿠바마저

1994년 체제 전환을 한 이후, 세계에서 유일하게 북한만이 실패한 체제인 '현실사회주의'를 붙잡고 있는 바람에, 북한 인민들의 삶은 세계 최빈국 수준의 도탄에 빠져들었다. 북한의 지배세력들은 그럴수록 이데올로기 조작으로 인민들에 대한 사상통제를 강화하고, 불만을 토로하는 인민들을 수용소로 보내는 등 사실상 인민들을 독재 권력의 인질로 삼고 있다.

모든 나라가 각자 자신들의 나라 경영에 충실하면 국가 간 관계를 유지하는 데 따로 비용이 발생하지 않는다. 그것은 우리가 번영하는 일본국과의 관계에서 아무런 비용이 발생하지 않는 것처럼 자명한 이치이다. 그런데 실패한 체제를 고수하는 북한은 정권의 정당성이 떨어질수록 민족(ethnic group)으로 연계되어 있는 타방인 남한의 체제운영을 훼방하거나 위협 내지 침략하려는 적의를 드러내고 있다. 이처럼 분단 비용은 실패한 북한 체제와 북한 정권의 적의(hostility) 때문에 발생하는 것이다.

남한이 분단 비용을 야기하는 일체의 행위를 하지 않았음에도, 북한 정권이 실패한 체제를 고수하는 바람에 분단 비용이 발생하고 있다면, 분단 비용을 줄이는 가장 확실한 방법은 북한의 체제를 전환하는 것이다.

필자는 오래 전부터 북한 인민들의 먹고 사는 문제를 해결하기 위해서는 북한에 시장경제 체제를 정착시키고, 북한의 국내 경제를 세계시장에 개방해야 하고, 그런 시장경제 체제를 갖추기 위해서는 먼저 북한의 전체주의 전제정 정치 체제를 개혁해야 한다고 주장했다. 바로 이것이 분단 비용을 줄이는 확실한 방법이다.

어떤 통일을 해야 하나?

우리 민족이 쪽박 통일의 길이 아니라, 민족 구성원 전체의 살림살이가 나아지는 대박 통일의 길로 나아가려면 무엇보다 먼저 어떤 체제로 통일을 달성해야 하는지를 잘 가려야 한다. 그것은 앞으로 세계 정치경제 체제 변화의 흐름에 맞도록, 그 방향으로 남북한 모두의 체제를 맞추어가는 방향으로 통일을 달성하는 것이어야 한다.

앞으로 세계는 초세계화 시대, 초정보화 시대가 될 것이다.

초세계화란 지금보다 더 시장개방이 강화되고, 시장화의 범위가 확대될 것이라는 의미이다. 이런 흐름을 거슬러 가는 통제 경제나 폐쇄 경제는 도태되어 존립할 수 없을 것이다.

그리고 초정보화 시대가 될 것이다. 정보기술을 산업 체계에 전면적으로 적용하는 시대, 즉 IoT 산업, 스마트 제조업(3차 내지 4차 산업혁명)과 인공지능(AI) 관련 산업이 경제를 좌우하는 시대가 될 것이다. 이런 시대에 걸맞는 노동력 초정보화, 즉 스마트화가 뒷받침되어야 그 국민경제가 세계시장에서 존립할 수 있다.

초세계화는 시장경제 체제를, 초정보화는 자유주의 체제(좀 더 근원적으로 보자면 공화주의 체제)를 기반으로 성립된다. 국가주의적 구상이나 북한식의 전체주의적 사고로는 이루기 불가능한 혁명적 변화라 할 것이다.

통일은 이처럼 시장경제와 자유주의(내지 공화주의) 체제를 강화하는 방향으로 남북한 모두가 나아가야 쪽박 통일이 아닌 대박 통일을 이룰 수 있다. 특히 세계 유일의 좌파 전체주의 체제인 북한의 정치 체제를 개혁하는 것이 시급한데, 남한의 586 집권세력들은 북한의 체제 개혁에 대해 어떤 제안을 해봤는가? 북한 정권 담당자들은 이 점에 대해 뭐라고 했으며, 자신들의 통일 대안은 뭐라고 주장했는지 국민들에게 밝혀야 한다.

비용을 줄이는 통일 방법은 무엇인가?

어떻든 통일 비용은 지금의 대한민국 국민들이 부담할 수밖에 없고, 그 비용 대부분은 지금의 2,30대 대한민국 국민들이 부담할 수밖에 없을 것이다. 따라서 통일 방안에 대한 의사결정을 할 때 특히 젊은 층의 공론 형성을 촉구하고, 이를 통한 이성적 동의를 이끌어내는 과정이 무엇보다 중요하다.

현 집권층과 기성세대는 통일 비용을 줄이는 최선의 방안을 찾아내어 후배 세대에게 제시해야 할 의무가 있다. 어떻게 하면 통일의 비용을 줄일 것인가?

20세기 분단국 중 평화적으로 통일한 사례는 독일의 사례가 유일하다. 독일 통일 이후 지난 20여 년 동안 서독이 부담한 비용이 대략 2000조 원 이상이라는 연구 보고가 있다. 도이체방크 총재의 경고가 있었음에도 동서독 정치 지도자들의 대중영합(포퓰리즘)적 정책 때문에, 동서독의 화폐 통합을 일 대 일로 결정하는 바람에, 대부분 동독 지역 기업은 급격한 인건비 상승으로 수지를 맞추지 못해 파산하였고, 생산력에 비해 과도한 화폐 가치가 부여되어 인플레이션에 휩싸였다. 이후 서독은 20년 동안 2000조에 이르는 어마어마한 통일 비용 부담을 지게 되었다(『독일 통일과정에서 독일마르크화, 독일연방은행의 역할』 제3장 이하, 김영찬).

이런 독일식의 원샷 통일은 너무 많은 비용이 들 것으로 보인다. 통일 당시 동독 인구는 1600만 명이었고 서독은 그 네 배인 6100만 명이었으며, 동독의 경제 수준은 공산권 최고 수준이었다. 이에 비해 북한의 인구는 2400만으로 남한의 절반이고, 경제력 격차는 독일에 비할 바가 아니다. 이런 상태에서 독일 방식으로 통일을 하면 대한민국은 지금까지 서독이 들인 통일 비용의 3,4배 이상은 들 것이다. 한 방에 통일하자는 것은 남북한 경제가 모두 폭망하는 쪽박 통일이 될 것이다.

대한민국 젊은이들이 대부분 부담해야 할 통일 비용을 줄이기 위해서라도 통일의 과정을 단계별로 나누어야 한다.

북한처럼 전체주의 정권이던 중국의 체제 전환과 경제 발전 사례에 비춰 봤을 때, 중국이 1982년부터 개혁 개방하여 지금의 1인당 약 8200달러 소득 수준에 이르기까지 약 35년이 걸린 걸 감안하면, 남북한 간 완전한 통일은 지금 당장 통일 과정에 합의하더라도 최소 40년 이상은 북한의 체제 전환과 경제 발전에 매진한 후 통일의 일정을 짜는 것이 이성적 선택이다. 북한이 경제 발전의 기틀을 닦고 남북한 간 격차를 줄여야 통일 비용이 적게 든다.

분리하여 체제 전환을 하는 1단계와 사실상의 국경선을 없애고 하나의 정치경제 체제가 되는 2단계로 나누어야 한다. 1단계에서는 북한은 현재의 남북한 경계선을 국경선으로 삼고, 북한의 시장경제 체제 형성과 세계 경제에 편입을 통한 경제 성장을 도모하는 데 집중해야 한다. 이를 위해 먼저 북한의 전체주의 정치 체제를 개혁하고, 시장경제를 정착시키기 위해 새로운 리더십을 정립해야 한다.

우선 전체주의 정치체제부터 개혁을 해내야 한다. 여기에 북한은 다른 좌파 전체주의 정권이었던 '현실사회주의' 정권들과 달리 전제정 체제의 모순까지 겸하고 있다. 정치권력이 특정 가문에 사유화되어 있어 개혁이 더 어려울 수 있다. 그래서 필자는 일찍이 북한 최고 지도부의 결단을 촉구했던 것이다.

북한 지도부의 결단을 촉구하면서, 필자는 지난번에 일본 제15대 쇼군 도쿠가와 요시노부(德川慶喜)의 사례를 권고한 바 있다. 그는 군사력과 경제력을 충분히 가졌음에도 집권한 지 불과 1년 반 만인 1867년 말에 대정봉환大政奉還(천황에게 정권을 돌려줌)을 단행하여, 100개 번藩으로 나뉜 봉건체제를 중앙집권적 근대 군주국으로 바꾸는 계기를 마련하였다. 즉 통일된 시장경제 체제를 만들어 동아시아 3국 중 유일하게 일본만 자력으로 근대화를 이루는 기틀을 마련하였다. 세계의 변화에 맞춰 인민을 위해 자기 혁신하는 지배자의 모범으로서, 지금의 북한 지배자가 참고할 만한 모범이라고 본다.

마르크스의 여러 이론들은 현대에 와서는 크게 신뢰받지 못하지만, '생산력이 변화하면 생산관계는 그에 맞추어 변화할 수밖에 없다', '토대가 상부구조를 규정한다'는 마르크스의 통찰은 지금도 타당하다고 본다. 21세기 세계는 지식경제 시대이다. 생산력의 기반이 숙련 내지 반숙련 노동력에 기반한 상품 위주의 대량생산 체제에서 지식체계 자체가 생산력의 기반으로 작동하는 시대이다.

21세기는 자본주의 2.0시대

생산력을 배경으로 하는 사회주의라 이름 붙인 모든 정치 체제는 국민들로부터 버림받는 시대이다. 인간의 의식은 사물의 변화보다 늘 뒤처지기 마련이다. 구 소련권 '현실사회주의' 정치경제 체제는 관료주의 부패 구조와 비효율성 때문에 진즉에 망했고, 21세기 들어서는 지식경제라는 생산력 변화를 따라가지 못한 유럽의 사회민주주의 정당들까지 지금 몰락하고 있는 것이다.

이런 세계의 변화 추세를 살펴볼 때 북한에게는 지금이라도 체제 전환을 하여 이런 흐름에 따라가는 노력을 하여 인민들의 지지를 얻든지, 지금처럼 핵만 믿고 세월 보내다가 핵을 품고 정권이 고사하든지 양자택일의 길밖에 없다.

북한 핵은 파키스탄과 달라 국제적으로 용인받기 어렵다. 북한은 시리아와 이란, 예멘과 군사 협력 관계를 맺고 있고, 시리아 원자로 건설에 깊이 관여했다가 이스라엘의 폭격으로 공염불이 된 전례가 있다. 또 북한의 핵을 용인하는 순간, 일본을 비롯한 동북아 국가들의 연쇄 핵무장화를 피할 수 없는 반면, 파키스탄 핵은 그런 우려가 없었다.

진정으로 통일을 이루고 싶다면 대한민국 정권은 북한의 체제 전환을 적극 유도하고, 북한 스스로 체제 전환을 시도하면 적극 도울 수 있도록 국민적 합의를 이루어내는 노력을 경주해야 한다. 시대착오적인 586 세력의 선동과 감성팔이 능력만 믿고 북한 정권의 '경제 지원' 요구에만 응하다가는 대한민국 경제도 거덜날 것이다.

얼마 전 미국 재무부는 국내 은행 7곳 임원들에게 북한과 은행 거래는 안 된다고 공개 경고한 바 있다. 미국의 제재에 해당 은행이 걸리는 순간 달러 표시 거래가 막히고 예금이 순식간에 빠져나가(뱅크런 사태) 그 은행은 곧바로 파산할 것이다. 은행 시스템이 마비되면 우리 경제도 즉각 폭망할 것이다.

민주공화정과 전체주의 전제정은 양립할 수 없는 정치 경제 체제

20세기의 산물인 전체주의는 공화정을 부정하는 정치경제 체제이다. 전체주의는 시민들의 자유권과 시민 주권을 부정하고, 권력욕에 사롭잡힌 일부 세력이 국가권력을 독점하여 나머지 시민들을 노예로 부리기 위해 만든 체제이다. 이런 점에서 공화정과 전체주의는 양립할 수 없다.

독일은 2차 세계대전 이후 헌법재판소의 판결과 입법을 통해 나치즘 같은 우파 전체주의든 공산당 같은 좌파 전체주의든 불법으로 판결하고, 그 주요 가담자들은 모두 공직에서 추방하였고 입법으로 단체의 구성도 막고 있다. 나치즘과 공산주의 국가와 전쟁을 겪은 국민들이 공화정을 수호하기 위한 결단이다〈독일의 '위헌(반국가) 사회단체 규제법' 참조〉.

남북한 통일은 자유주의(포괄하여 공화주의)와 시장경제 체제로 통일되어야 세계 정치경제 체제의 변화에 순응하는 방향이라는 것은 앞에서 설명하였다. 그럼에도 현 정권 주도세력의 인적 구성과 정권 담당자들의 남북관계에 관한 언행과 태도 때문에 많은 국민들이 전체주의 체제로 나라를 넘기지 않는지 의구심을 갖고 있다.

인간이 사회에 들어가는 이유는 그들의 재산을 보존하기 위함이다. (…) 그러므로 입법부가 야심, 공포, 어리석음 또는 부패로 인해 인민의 생명, 자유 및 재산에 대한 절대적인 권력을 자신들의 수중에 장악하거나, 아니면 그 밖의 다른 자들의 수중에 넘겨줌으로써 사회의 기본적인 규칙을 침해하게 되면, 언제나 그들은 인민이 그것과 상반된 목적으로 그들의 수중에 맡긴 권력을 신탁위반으로 상실하게 된다. (…) 내가 여기서 입법부에 관해 말한 것은 일반적으로 최고 행정권자에 관해서도 적용된다."

— 『통치론』 제222절, 존 로크

로크는 이처럼 공화정의 권력 신탁의 원리를 배반하는 타락한 입법부나 최고 행정권자는 "문자 그대로 죄질이 가장 나쁜 의미에서 '전쟁 상태를 재개하는 반란자들(rebellantes)'이 되는 것이다"고 규정하였다(같은 책 제227절). 당연히 전쟁 상태에선 시민들은 그 정부를 해체시킬 권한이 있다.

평화에 대하여

역사를 살펴보면 동서양을 막론하고 국경을 맞댄 이웃 국가끼리는 비록 평소에 선의의 관계를 유지했다 하더라도 늘 분쟁에 휩싸일 경우가 많았다. 이웃 국가끼리의 영토 분쟁은 늘 있었기에 정상국가라면 이웃 국가의 선의가 적의로 변할 것에 항상 대비해야 한다. 그것이 평화를 지키는 확실한 방법이다.

우리 역사에는 침략당한 전쟁의 역사만 있다. 대부분의 전쟁은 우리 영토 내에서 치러졌다. 총 910여 회 전쟁 중 중국이 약 900차례 침략했었고, 일본이 몇 차례 있었다. 이처럼 중국과 일본은 아무리 좋은 이웃이라 하더라도 늘 실력으로 경계해야 평화가 보장된다.

이처럼 평화의 첫 번째 조건은 평소 선린의 관계를 맺고 있고 주변국이라 하더라도 선의가 악의로 바뀌는 순간, 상대방의 주요 목표에 한 방을 날릴 수 있는 실력을 갖추고 있어야 한다는 것이다. 그 실력 중 가장 중요한 것은 자신들의 자유를 스스로 지키기 위해서는 전쟁도 두려워하지 않고, 전쟁이 나면 언제든 나도 참여하겠다는 시민적 덕성(civic virtue)을 길러주고 권장하는 것이다. 전제정이 공포를 운영 원리로 삼는다면 공화정은 시민들의 덕성을 운영 원리로 삼는데, 몽테스키외는 이런 시민적 덕성을 기르기 위해 공화국은 늘 국민들을 교육해야 한다고 말했다.

북한 정권은 한 번 남침하였고 수시로 군사적 도발을 한 역사가 있다. 따라서 북한이 아무리 선의를 주장하더라도 늘 적의(hostility)로 변할 것에 대비하는 게 평화를 보장받는 길이다. 군사분계선 주변 정찰 금지나 NLL의 분쟁 지역화를 초래할 수도 있는 정권 차원의 군사적 협의와 합의는 잘못되어도 한참 잘못된 것이다.

흔히 핵무기는 절대 무기라 불린다. 재래식 무기체계로는 대응하지 못한다는 것이다. 그래서 과거 미국과 소련은 상대방의 핵무기에 대해 '공포의 균형' 전략으로 대처하였다. 북한의 핵무기에 대한 대비책으로는 우리나라도 핵무장을 하는 것이다. 현실적으로 그것이 어렵다면 동맹군의 전술핵을 도입하고, 상대방의 핵공격이나 위협에 대해 즉각 대응할 수 있는 체제를 구축해야 '공포의 균형'에 의해 평화가 보장된다.

상대방의 위력이나 공포에 어느 일방이 굴복하기 때문에 생기는 안정은 평화가 아니다. 어떤 경우에도 상대방의 위협을 수용한 평화는 없다. 평화는 상대방의 위협을 격퇴시킬 수 있거나, 최소한 위협의 주체에 심대한 타격을 줄 수 있는 능력을 보유할 때 비로소 생기는 것이다.

한편 집권당이 슬로건으로 내건 '평화가 경제다'는 논리가 성립하려면, 먼저 북한의 정치경제 체제를 바꿔야 가능하다. 북한에 완전한 시장경제가 도입하기까지 정치개혁에 많은 시간이 걸리고, 시장경제 체제가 도입되더라도 현재의 대한민국 국민들이 투자를 하여 이익을 얻기까지는 또 상당한 시간이 걸릴 것인데 지금 경제에 어떤 도움이 된다는 것인가? 자신들의 시대에 뒤떨어진 관념 때문에 국민경제를 거덜내고 있는 정권의 눈에 띄는 선동 문구에 불과하다.

집권당 의원들은 정치경제 체제 개혁을 하라고 북한 정권에 어떤 요구든 해봤는가? 북한 정권이 요구한다고 하여 단순히 북한에 돈을 퍼주는 것은 대한민국 경제를 망치는 지름길이다.

이슬람 난민 문제에
솔직해지자

최재기

고매한 인격

사람은 본성상 시기심이 많기 때문에, 곧 타인의 업적을 칭찬하기보다는 비난하는 경향이 더 강하기 때문에, 새로운 방법이나 방식을 발견하는 일 역시 미지의 바다나 대륙을 탐험하는 것 못지않게 늘 위험하기 마련이다.

니콜로 마키아벨리의 『로마사 논고』 첫 구절이다. 대개 사회적 명망이 높은 사람들은 말과 글을 통해 인간을 선하고 이타적이며 아름다운 존재로 묘사하기를 좋아한다. 사람의 본질적 실상이 어떠하든 상관없이, 그리해야 자신도 덩달아 고매한 인격의 소유자로 인정될 것이라는 계산이 깔려 있기 때문에 그리 한다고 본다. 그러나 기실 사람은 본성상 '시기심이 많은' 존재이다. 이처럼 타인으로부터 자신의 인격의 고매함을 인정받기 위해서 우리 자아는 서슴없이 객관적으로 존재하는 사실을 왜곡하기도 한다.

2018년 6월, 제주에 들어온 예멘 난민 문제에 대해 유명 배우가 나서서 받아들여야 한다고 주장하여 우리 국민들 사이에 많은 논란이 일어났다. 정치인으로는 드물게 박원순 서울시장이 한 마디 거들었다. "우리 국민도 한 때는 난민이었다"고. 그래서 어쩌라고?

우리나라 정치인들은 자신에게 책임이 돌아올 만한 일에 대해서는 한사코 개입하기를 거부한다. 권력은 행사하고 싶고 책임은 지지 않으려 한다. 그런 사람이 왜 선출직 공직을 맡으려 했는지 근본적 회의감이 들 때가 많다. 국민들이 대의자들에게 권력을 위임한 이유는 자기들 대신 어려운 일을 책임지고 대신 해 달라는 것이다. 그런데 대의자들이 책임지려 하지 않는다면 그 직무를 유기하는 것이다. 그러면서 듣기 좋은 말과 글을 인터넷 등에 표출하는 데는 수단과 방법을 가리지 않는다.

예멘 난민 문제는 우리 국민 정서상 반대가 상당히 많아 인권을 입에 달고 사는 정치인들도 선뜻 나서서 언급하기를 꺼려한다. 그나마 박원순이 한 마디라도 거든 것은 인정할 만하나 말을 하면 결론이 있어야지, 박원순의 말을 듣고 있자면 예멘 난민을 받자고 말하는 것인지 받지 말자고 하는 것인지 도통 알 수가 없다. 난민 문제에 관심을 가질 정도로 자신이 고매한 인격자라는 것을 알아 달라는 듯한데, 그래서 어쩌자는 말인가?

아주 무책임한 언급이다.

이슬람교도 종교개혁을 해야 한다

예멘 난민을 받아들여서는 안 된다고 주장하는 사람들은 다음 두 가지 이유를 주장하는 듯하다.

첫째, 우리 국민들은 난민 자체를 받아들이기 싫다고 생각하는 듯하다.

난민이 늘어나면 그들에게 내 일자리를 빼앗길 수도 있다는 경제적 이유도 있지만, 가치관과 출신 배경, 교육 등이 전혀 다른 난민들이 우리 사회에 적응 및 동화하지 못하고 그들만의 리그를 결성할 때 생기는 안전에 대한 우려와 이질감을 걱정하고 있는 것이다. 충분히 이유 있는 거부감이라 하겠다. 국민들은 이미 조선족 등의 사례를 보면서 그 위험을 체득해 나가고 있다. 고매한 인격을 가진 사람들은 같은 동포로 따뜻하게 맞이해주자고 주장하나, 그 고매한 분들은 대개 조선족과 일자리 경합을 하지 않아도 되는 지위에 있고, 또 조선족 집단 거주지에서 멀리 떨어진 곳에 거주하는 분들인 경우가 많다. 그렇지 못한 보통의 백성들은 고매한 분들이 이 문제는 자신의 삶과 무관하니까 말을 너무 쉽게 한다고 분개한다.

한편, 최근 20대들 사이에서는 우리나라에는 이미 상당히 많은 수의 조선족과 탈북자들이 들어와 있어 국제적 기준으로 보더라도 많은 난민을 받아들였고, 북한 체제의 앞날을 생각할 때

앞으로는 수백만 단위의 난민을 받아야 할 가능성이 높아, 더 이상 난민을 받아들이는 것은 곤란하다는 주장도 널리 퍼져 있다. 이 또한 타당성이 있는 주장이라 하겠다.

두 번째 이유는 그들이 이슬람 난민이라서 받아들일 수 없다는 주장일 것이다.

인간의 자유를 크게 신장시킨 근대 사회는 크게 두 가지 역사적 계기가 작용하여 출현했다. 먼저 신의 영역인 종교의 세계와 세속적인 정치의 세계를 분리한 종교개혁(정교분리政敎分離의 원칙)과, 정치권력이 경제생활을 좌지우지하지 못하도록 절대 권력을 제한하고 상대화한 시민혁명(정경분리政經分離의 원칙)이 계기가 되어 근대 공화주의 국가와 시민사회가 성립한 것이다. 대한민국은 인류의 이런 성취를 다른 나라의 헌법을 계수하는 방식으로 도입하여 큰 대가도 치르지 않고 공짜로 현재 수준의 자유를 보장받고 사회경제 발전을 이룩한 것이다.

그러나 이슬람교 역사에는 종교개혁의 역사가 없었다.

마호메트는 종교적인 교리뿐만 아니라 정치적인 강령, 민법과 형법 및 과학 이론까지 하느님으로부터 끌어내서 코란으로 주입하려 했다. 이와는 반대로 기독교의 복음서는 신과 인간 및 인간 상호 간의 일반적인 관계에 관해서만 이야기하고 있을 뿐, 그 이외의 문제에 대해서는 신앙 문제로 다루지 않았다. 다른 수천 가지 이유 이외에 오직 이 이유만으로도 종교 가운데 전자는 개화되고 민주화된 시대에는 결코 오래 살아남지 못할 것이며, 반대로 후자는 이 시대에는 물론 다른 모든 시대에도 그 영향력을 계속 미칠 수 있도록 운명지어져 있다는 것이 충분히 증명된다.
　　　　　　　　　　－『미국의 민주주의』 585쪽, 알렉시스 드 토크빌

　불행히도 현대 이슬람교 성직자들은 인민들에게 '개화되고 민주화된' 시대를 열어 주는 노력을 하기보다는 신앙만을 강조하는 분위기가 강하다. 정치와 종교의 분리가 되지 않아, 이슬람교를 기반으로 하는 여러 국가들과 이슬람교를 배경으로 한 다양한 유사 국가 조직들은 자신들의 세력권 내에서 신정일치의 지배 구조를 구축하려는 경향이 있다. 실제로 IS(이슬람국가)와 같은 유사 국가 조직들은 자신들 지배 지역에서 정교일체 국가인 칼리프 국가를 선언하기도 하였다. 종교가 전체주의적 지배의 한 원인이 될 수도 있는 경우라 할 것이다.
　이와 대조적으로 1830년대 뉴욕 주 헌법 제4부 제7항은 다음과 같이 규정하고 있다.

　　또한 복음 전도자들은 그 직책상 하느님에 대한 봉사와 영혼의 보살핌에 몸 바치고 있고 또 그들의 신성한 직무에서 이탈해서는 안 되기 때문에 복음전도자나 어느 교파의 성직자이건 간에 아무도 이 시간 이후 언제까지나, 어떤 구실이나 명분으로도, 이 주 안에서는 문무관의 어떤 직위도 담임할 수 없다.

이것은 북 캐롤라이나, 버지니아, 남 캐롤라이나, 캔터키 및 테네시 주 등도 마찬가지이다.

> 교육계를 제외한다면 놀랍게도 성직자들은 공직을 전혀 맡지 않고 있다는 사실을 알게 되었다. 그들은 입법부에도 행정부에도 전혀 참여하고 있지 않았다.
> － 『미국의 민주주의』 585쪽, 알렉시스 드 토크빌

이슬람 성직자들은 이슬람 신도들을 보호하고 세속에서도 그 인격을 완성시키는 길을 열어 주기 위해서 현재와 같은 정교일치, 성속일치의 주장만 고집할 게 아니라 현대 생활에 걸맞은 종교개혁을 주창해야 한다. 그러면서 세속 권력자를 해임하는 것 같은, 성직자들의 세속적 권력은 이제 내려놓아야 한다. 신도들의 세속의 세계를 신의 세계의 속박에서 해방시켜 줘야 한다. 그렇지 않고 신정일체의 칼리프주의를 고집하는 한 이슬람교 신도들은 전세계 다른 종교의 인민들과 지구촌 사회에서 함께 살아가기 어렵다. 바로 이런 이유 때문에 유럽이 이슬람 난민을 더 이상 받지 않으려는 것이다.

난민은 전체주의의 산물

전체주의 체제는 일단 구축되고 나면 인민들의 삶의 모든 영역을 통제하기 때문에 내부에서 저항하여 그 체제를 바꾸기가 대단히 어렵다. 전체주의 이데올로기와 다른 생각을 가진 인민

들은 부득이 그 지배체제를 탈출할 수밖에 없어 대규모의 난민이 발생하는 것이다. 자기 나라에서는 개선의 희망이 안 보이기 때문에 나라를 등지는 것이다.

유럽으로 가는 난민 대부분은 중동과 북아프리카 지역 이슬람권 출신이다. 신정일치의 교리 자체가 전체주의의 원인이 되어 자기 조국에서 전체주의 지배체제가 상대적으로 쉽게 만들어지기 때문에 견디지 못하고 탈출하는 것이다. 이처럼 그 기원이 어떠하든 전체주의 정치 체제가 난민 발생의 가장 큰 원인이 되고 있다.

이런 상황에서 제주도에 무비자로 들어온 예멘 난민들은 현재의 우리나라 형편에서는 받아들이기 어렵다. 공화정 체제는 시민의 자유를 보장하기 위해 인류가 오랜 투쟁을 거쳐 성취한 체제이다. 따라서 공화정이 성취한 모든 자유권의 행사에는 내재적 한계가 있다. 자유의 권리를 남용하여 타인의 자유권을 침해해서는 안 되고, 그런 자유를 보장한 체제를 부정할 자유를 보장해 줄 수는 없다.

대한민국은 민주공화국이라 종교의 자유를 보장하고, 또 종교들도 민주공화정 체제를 부정하지 않는 한 정치 체제와 종교들이 평화롭게 양립할 수 있다. 그러나 이슬람 난민들은 종교의 자유는 보장받으면서 공화정 대신 신정일체의 칼리프 정체를 추구할 것이기 때문에, 현재의 교리대로라면 사실상 공화정 체제와 양립하기 어렵다.

이런 이유로 민주공화정을 지키기 위해서 대한민국 정부는 예멘 난민들을 추방해야 한다. 제주도는 즉각 무비자 입국 제도를 폐기해야 한다.

우리 솔직해지자.

최근 서울시에서 시의 공공부지에 청년 전용 임대주택을 공급하려고 하자 그 부지 주변 주민들의 반발로 공사 진행이 막혔다는 보도가 있었다. 같은 민족, 같은 정체성을 가진 청년에게도 그러한데, 하물며 이슬람 난민과 이웃하라면 서울시민들 중 받아들일 사람이 몇이나 되겠는가?

그럼에도 인류애를 주장하면서 난민을 받아들여야 한다고 주장하는 고매한 분들에게 권하고 싶다. 자기 집이나 주변 자기 동네에 백여 명 정도씩 이슬람 난민들을 받아들일 수 있도록 주변 시민들을 설득하여 모셔 가시라고. 그럴 의지도 없으면서 언론 앞에서만 고매한 인격을 드러내는 말을 하는 분들에게는 모든 종교의 황금률인 말씀으로 되돌려 주고 싶다. 그 황금률 중에서도 공자님의 『논어』〈위령공〉편에 나오는 표현이 더 마음에 들어 그 경구를 들려드린다.

기소불욕己所不欲이면 물시어인勿施於人하라.
자기가 하고 싶지 않은 것을 다른 사람에게 하라고 하지 마라.

3부

386, 반동과 퇴행,
위선과 막장의
다른 이름

인촌 김성수,
2018년의 부끄러운 부관참시

Adrien Kim

관제 동계체전 뉴스가 떠들썩하던 무렵인 2월 13일. 한국의 20세기를 장식했던 위대한 정치인이자 언론인, 교육인이었던 인촌 김성수의 건국공로훈장이 조용히, 56년 만에 박탈됐다.

사실 2018년 한국사회를 말초적으로 지배하고 있는 피아구분의 흑백논리식 정서로는 이런 인물의 공을 정당하게 평가할 수 없다. 아무리 공이 많아도 사소한 흠결들을 트집 잡아 친일파로 몰고, 부역자, 배신자로 낙인찍으려 한다.

전북 고창 만석꾼 집안 출신인 그는 와세다대학 정치경제학부에서 신학문을 공부하고 집안의 재력으로 교육(중앙학원 인수, 고려대학교 설립), 언론(동아일보 창립), 산업(경성방직 설립) 전반에 걸쳐 조선인들의 역량을 강화하려 했다. 한 세대를 넘는 36년의 시간이었다.

당연히 당시 국가는 일본이었고, 정부는 총독부였으며, 그 시스템 안에서 체제 자체를 부정하는 학교, 언론사, 기업이 존재할 수 없었다. 그는 고려대학교를 설립해 반도인 고급 인력을 키워냈고, 정간과 폐간의 위험 속에서 적절한 수위조절을 통해 줄타기를 하면서도 필요할 때에는 손기정 가슴의 일장기를 지워내는 결기까지 보이며 동아일보를 운영해 반도인들의 목소리를 냈다. 반도인 스스로가 자본과 기술, 경제적 역량을 가져야 한다는 철학으로 운영한 경성방직과 그의 동생 김연수의 '삼수사'는 오늘날 영등포 타임스퀘어와 삼양그룹으로 이어진다.

인촌은 그런 자신의 명망 뒤에서 재력을 활용해 독립운동에 물질적으로 기여했다. 자신의 행보에 학교, 언론, 기업과 거기속한 사람들의 생사가 걸린 만큼 겉으로 대놓고 활동은 못했고, 일본의 통치가 비이성적으로 변한 태평양전쟁 말기에는 그 존속을 위해 어느 정도 협력하는 척을 하지 않을 수가 없었다. 하지만 그의 생애 전반에 걸쳐 많은 독립운동가들이 그에게서 경제적 지원을 받았음이 사실이고, 금고 문을 열어두고 독립운동가를 그 방에 남겨둔 채 나가는, 백지수표식 후원을 하기도 했다는 증언이 있다.

굳이 독립운동 노선을 나누어 보자면 무장·폭력투쟁, 실력양성, 외교노선 등이 있다.

△무장·폭력투쟁가들은 반도인들의 역량과 자원을 침식하고 일제 통치의 치밀함을 강화시키는 역할만을 했을 뿐, 독립에 큰 기여를 하지 못했다. 심지어 그들 중에서는 만주 정착 교포들에

게서 정기적으로 돈이나 뜯어내는 마적단도 많았다.

△사실상 실력 양성 노선의 인촌 김성수처럼 학교를 세워 반도인을 교육하고, 기업을 통해 반도인의 자본과 기술을 축적하며, 언론을 통해 반도인의 목소리를 정책에 반영하게 한 사람들의 노력이 실질적 독립 역량인 인적자원과 자금력을 키웠고, 독립 후 일본의 자본과 고급 인력들이 철수한 한국의 자립과 경제 발전에 기여한 것이다.

△외교노선의 이승만 대통령이 한국의 해방에 미친 영향은 결정적이다. 친미 서방 외교노선을 통해 한국을 일본과 같은 추축국 가담국이 아닌 상대국으로 미국에 인지시켰으며, 결국 일본의 진주만 기습을 누구보다도 정확히 예측해 미국 내에서부터 인정받았던 그런 사람이 대통령이 되고 한미상호방위조약을 이끌어냈기에 해방과 한국전쟁 승리, 그리고 오늘날까지의 번영이 있을 수 있었던 것이다.

그러니까 모두가 신학문을 거부하고 일본이 세운 학교는 싫으니 산 속에 들어가 조선 전통을 지킨답시고 서당에서 글이나 읊으며 독립독립 외치고 폭탄이나 가져다가 허구한 날 어디서 터뜨리고, 아무런 생산 활동과 부가가치 창출에 기여도 하지 않으면서 조폭처럼 동포들 돈 뜯어다가 총기와 폭탄 사서 게릴라전 하는 수준의 투쟁은 그냥 아프가니스탄에서 탈레반 양성해 폭탄 테러나 시키는 것이라든가, ISIL(이슬람 근본주의를 내세운 이라크레반트이슬람국가) 같은 짓과 다를 바가 없다는 거다. 스스로 반도인들의 자본을 갉아먹고 인적자원을 못 키우는 그런 자기 파괴적 행동으로는 독립을 얻을 수도 없고, 요행으로 그런 자들이 나라를 세우는 경우라도 100% 실패 국가의 나락으로 떨어진다.

반도인 전체의 인재와 기술, 자산 스톡 총량을 늘려가며 언젠가 올 독립을 대비하며, 현실적으로 자력 쟁취는 불가능한 독립을 외교적으로 풀어나가는 사람들의 협력으로 한국의 독립과 선진국 진입이 가능했다는 뜻이다.

대지주 출신이면서도 누구보다 이승만정부 주도의 농지개혁(유상매수 유상분배)에 협조했다는 점 또한 탁월한 부분이었다. 북조선이 남침을 하면서 무상몰수 무상분배를 내세워 인민의 마음을 사려 했지만, 이미 농지개혁의 결과 자영농이 된 한국인들은 자신의 재산을 침탈하러 온 북조선군에 맞서 싸우겠다는 의지를 불태우게 됐으며, 이는 한국이 라틴아메리카와 같은 실패의 길로 가는 것을 막은 '신의 한 수'였다.

인촌은 정치적으로는 현재 바른미래당과 더불어민주당의 뿌리가 됐던 민주국민당을 창당했고, 한국전쟁 중 부통령으로 선출되어 1952년까지 활동하며 이승만 대통령을 견제하다가 스스로 남은 부통령 임기를 박차고 나갔던 사람이다. 그런 점에서 문재인정권의 이번 인촌 서훈 박탈은 적폐 청산이란 이름으로 정적들을 때려잡다가 이제 스스로의 뿌리마저 들어내는 셈이다.

하긴 그런 인촌의 노선을 마지막으로 가졌던 사람은 김대중 대통령이었고, 그로부터 15년 후의 바른미래당 정도가 그 뜻을 이어가고 있다고 보는 게 맞을지도 모르겠다.

노무현 이후 민주당은 김대중 때까지의 '제3의 길'을 걷는 신자유주의 우익 정당이 아닌, 종북 모화 주사파로 한국이라는 나라의 건국 자체를 부정하는 586들이 장악한 끔찍한 변종 극좌익 정당으로 변질된 지 오래인지라 아마 이들은 김대중 대통령부터를 자신들의 뿌리로 여기고 있지 않을 것으로 본다. 그래서 안철수를 중심으로 한 국민의당이 독립했고, 이 당의 김대중 이념 계승자들이 바른정당과 합당해 바른미래당으로 이어진다.

1998년 금융위기를 극복한 김대중 대통령의 성공적 경제개혁(민영화, 구조조정, 신자유주의, 선별적 기초복지, 친미·친일·친서방)과는 정반대의 거대 정부, 관영화, 원칙 없고 방만한 퍼주기 복지로 나라를 들어먹으려 드는 이들이 김대중 대통령의 유일한 실패작이었던 대북 유화책 하나만을, 그것도 종북 모화·반미 반일이라는 왜곡되고 선동적인 형태로 계승하면서 김대중팔이를 하고 있다. 지하에서 김 대통령이 지금의 한국을 본다면 바른미래당의 손을 들어주면 들어줬지 자신의 정당에 침투해 감염된 테란처럼 만들어 버린 노무현-문재인계 주사파 586 운동권 저 그들의 정당인 민주당의 손을 들어주진 않으리라. 심지어 한국당도 정책 철학적으로 민주당보다는 김대중 대통령에 더 가깝다. 이 부관참시는 문재인 독재에 부역하지 않는 언론사에 대한 일종의 경고장이다.

영웅을 트집 잡아 끌어내리고 폄훼하기는 쉽다. 마오쩌둥의 홍위병들이 중국을 30년 후퇴시킨 것처럼, 종북 모화 주사파 586과 문재인의 문위병들이 한국을 얼마나 후퇴시킬지 모르겠다. 마오쩌둥은 정적들을 사소한 흠을 잡아 모두 척결했고, 과거의 공을 지워 버렸다. 마치 인촌 김성수에게 침을 뱉는 저 문위병들처럼.

　세상에 그런 극단주의자들의 게임이 보상받는 일은 없다. 중국도 그렇게 긴 암흑의 시기를 보냈고, 역설적으로 중국이 30년 후퇴한 덕에 한국은 선진국 막차를 탈 수 있었다. 문제는 이제 한국이 그 중국과 같은 후퇴와 야만의 길을 가지 않을지 걱정된다는 점일 뿐.

김성수의 건국훈장 취소를
취소하라

강영모

2018년 2월 13일에 정부는 국무회의를 열어 인촌 김성수 선생이 1962년 받은 건국공로훈장 복장複章(지금의 대통령장)의 취소를 의결했다. 그 이유는 대법원이 작년 4월 인촌 선생의 친일 행위를 확정판결로 인정했기 때문이라고 한다. 이른바 친일반민족행위진상규명위원회는 인촌 선생이 일제시대 때 전국 일간지에 징병과 학병을 찬양하며 선전 선동하는 글을 기고하는 등 친일 반민족 행위를 했다고 2009년에 주장했다.

인촌 선생에게 수여되었던 훈장을 취소한 결정은 잘못된 것이다. 공적은 보지 않고 과오만 보고 내린 결정이다. 일제시대를 겪은 사람들은 살기 위해, 고문의 위협을 피하기 위해 일제 식민 통치에 협력했다. 그러나 학교를 세우고 신문을 창간하면서 우리 민족에 현실을 알려주었다. 간접적으로 저항했다. 또한 독립운동가들에게 자금을 대주었다. 소위 친일파라고 하는 사람들 대부분이 그러했다.

앞에서는 일제와 협력하면서 뒤로는 독립운동가들을 도와주었다. 대표적인 인물이 인촌 선생이다. 인촌 선생은 보성전문학교(고려대의 전신)와 동아일보를 세워서 민족교육을 하셨다. 또한 독립운동가들에게 운동 자금을 대주었다. 독립운동가 이강훈은 "동아일보 사장이던 고하(송진우)는 김좌진 장군에게 300~400명 규모였던 독립군의 무기 구매와 훈련 등에 쓰도록 비밀리에 1만 원 가량씩 네 차례나 군자금을 보내주었다. 동아일보 설립자인 인촌 김성수가 고하를 통해 보낸 것이다. 1만 원이라면 그때 황소 1백 마리를 사고도 남을 돈이었으니 요즘 돈으로 수억 대의 큰돈이지"라고 증언했다.

3.1운동 때 인촌 선생은 고하 송진우, 만해 한용운, 육당 최남선, 고우 최린 등 애국지사들이 자신의 자택에서 준비할 수 있도록 도와주었다. 그리고 3.1운동 이후 상해에 세워진 대한민국 임시정부에 익명으로 돈을 송금하였다. 그 후 임시정부가 사람을 보내 인촌의 자택으로 가서 자금을 요구했다. 그러자 인촌 선생은 아무 말 없이 돈이 있는 곳간의 문을 열어 주었다. 그러면서 자신은 화장실에 간다면서 한참 동안 돌아오지 않았다고 한다.

이때 인촌의 자택을 찾아갔던 사람이 광복 후 제헌의회 의원을 지내면서 반민특위 특별검찰관으로 일한 장홍염張洪琰 의원이었다. 장 의원은 반민특위 활동 때 이러한 사실을 털어놓았고, 특위위원들은 감히 인촌 선생을 조사하자는 말을 하지 못했다. 1925년 11월에는 김구 선생의 어머니 곽낙원 여사와 두 아들이 국내에 들어왔을 때, 일제의 감시를 피해 안정적으로 생활할 수 있도록 도와주었고 생활비도 대주었다.

1929년에는 인촌 선생이 유럽과 미국 여행 이후 상해에 들러서 임시정부가 운영하는 한인 학교에 자금을 대주었다. 그리고 임시정부 요인들에 대해 깊은 경의를 표하였다. 이에 대해 임시정부는 인촌 선생에 대해 깊은 고마움을 표현했다고 한다. 1937년에는 수양동우회를 조직하여 '실력양성운동'을 전개하던 도산 안창호 선생이 일제에 의해 투옥되었다. 안창호 선생은 감옥에서 병으로 고생하고 있었다. 이때도 인촌은 보석금을 내주면서 도산이 석방될 수 있도록 도와주었다. 또한 석방 이후 도산이 병원에 입원하자 병원비도 대주었다.

대한민국 초대 부통령을 지낸 성재 이시영 선생의 아들인 이규봉이 귀국하였을 때, 인촌 선생은 그가 동아일보에서 일할 수 있도록 해주었다. 그리고 이승만 박사가 미국에서 독립운동을 하기 위해 만든 단체인 동지회와 자매결연을 맺고 있던 흥업구락부에서 활동하였다. 흥업구락부는 동지회에 독립자금을 지원해 주었다. 인촌 선생은 일제시대에 국내에서 활동하면서 겉으로는 일제와 타협했지만, 뒤로는 수많은 독립운동가와 그 가족들을 도와주었다.

역사는 단편적으로 보아서는 안 된다. 그 시대의 상황과 인물의 공과功過를 모두 살펴봐야 한다. 현 정부에 묻고 싶다. 과연 앞서 언급한 인촌 선생의 공적을 찾아보았는지 말이다. 인촌 선생이 비록 일제시대 말에 친일 행적이 있다지만 과연 그것이 그 어른의 공적을 덮을 만큼 큰 과오인지, 그래서 건국훈장을 박탈할 정도인지 묻는다. 독립운동가를 고문한 노덕술처럼 악질적인 친일 행적이 있다면 훈장을 박탈하는 것에 동의한다.

그러나 인촌 선생의 행동은 일제시대에 국내에서 활동하면서 몰래 독립운동가들을 도와주기 위해 불가피하게 했던 행동이다. 또한 인촌 선생은 현 대통령의 소속 정당인 민주당의 기반을 마련한 분이다. 민주당이 주장하는 60년 전통 야당이라는 말을 그대로 해석하자면 말이다. 이들은 잘못된 역사 인식으로 인해 자신들의 선조를 부관참시하는 어리석은 행동을 하고 있다. 자기 얼굴에 침을 뱉고 있는 것이다. 부디 합리적이고 올바른 역사인식을 가지고 행동하면서 더 이상의 불효를 하지 않기를 바란다.

한 586의
'반일'과 '친일'의 변주

김영선

반일을 외치는 목소리가 가득 찬 사회의 일상은 물집이 잡힌 발바닥으로 걷는 느낌이다. 먹고사는 문제가 절박한 사람들은 국가의 지배층이 잘못하는 것을 알아도 할 수 있는 일이 많지 않다. 자신의 가난이 권력 때문이라는 것을 안다 해도 분노에 서러울 뿐 싸워 이길 수 있는 방법을 알지 못한다. 언제나 그들을 리드하는 것은 배운 자들이었다.

조선은 누구나 배울 수 없는 나라였다. 일본제국의 식민지가 된 뒤에도 나라의 주권이 사라지면 미래가 어떤 모습이고, 개인이 치러야 할 대가에까지 사고를 확장시킬 수 있는 사람은 식자층이었다. 그러기에 일본에 저항을 하기 위해서 누군가 무지렁이 백성을 의식화하고 조직화했다면 바로 그 사람은 아이러니하게 조선을 망하게 한 지배층 출신 자손이었을 가능성이 많다는 말이다.

삶은 어마무시하게 복잡한 것이다. 나는 식민지 역사를 말할 때마다 혼란스럽다. 서로 얽히고설켜 총부리를 겨누고 다 죽여야 끝나는 게임처럼 느껴질 때도 있다. 멀리서 바라보며 무덤덤하고 냉정한 것도 가까이 보면 아홉 개의 구멍으로 피를 쏟을 만큼 고통스러운 것들이 많다.

세익스피어의 소설 로미오와 줄리엣이 비극일까? 원수 집안의 싸움이란 어느 한쪽의 후손이라는 이유로 상대를 미워하며 자자손손 분노를 재생산해 내는 것이다. 로미오와 줄리엣은 그런 구조의 희생자들이다. 그들을 끝으로 두 집안에 평화가 시작되어 다른 희생을 막을 수 있었다면 희극이라 말할 수도 있지 않을까? 희극이라 말하면 사이코패스 또는 소시오패스라는 말 듣기 딱 좋지만 관점에 따라서는 달리 볼 수도 있는 것이다.

나는 가족사가 이 나라의 역사와 닮은 복잡한 유전자 덩어리이다. 외조부와 외조모는 식민지에서 태어났으나 대학 교육을 받으셨다. 두 분 다 일제를 지독하게 미워한, 일본 와세다 대학 유학파 엘리트들이다. 일본말을 잘하고 일본을 잘 아는, 일본인 친구가 많은 조선인이다. 일본 제국주의에 분노하지만 일본의 문화와 그들의 기술을 인정한 조선인이다. 조선에 돌아와서 식민지 정부에서 중책을 맡은 조선인이다. 지금 우리가 말하는 친일파이다.

외조모는 전라관찰사 종2품 참판댁 따님이었고 외조부는 전라도에서 손가락 안에 드는 거상의 독자셨다. 나의 증조부들께서는 사대부 출신이고 부자였지만, 직원과 소작농에게까지도 일제에 대한 저항과 반일을 교육했다고 한다. 양쪽 집안 어른들은 일본과 싸워서 이기려면 일본을 배워야 한다며 미련 없이 자식들을 유학시켰다고 한다. 지금 조선의 실력으로는 죽었다 깨어나도 독립하기 어렵다는 말을 하고는 했다고 한다.

외조부모는 유학중에도 독립운동을 했으며 물론 집안에서도 어마어마한 돈을 독립 자금으로 지원하고 있었다고 한다. 자금책이었으므로 비밀리에 이루어진 것들이 많아 흔적이 없다. 이승만이나 다른 사람들의 감사 편지나 원조를 요구하는 편지는 한국전쟁의 참화로 독자를 잃은 외증조부께서 세상 허무하다며 모두 소각했다고 한다. 누구의 아버지에 대한 독립 유공자 수훈을 두고 말이 많았는데, 적어도 나에게는 독립운동을 한 공산주의자를 칭송하라고 하지 않기를 바란다. 매우 복잡한 생각이 일어난다. 독립운동을 하고 빨치산에게 처형을 당한 조상을 둔 자손이 어디 나 하나뿐일까?

나의 나머지 반쪽은 정말 스펙터클한 흙수저, 아니 수저도 없는 집안이다. 나의 아버지 집안에는 굶어죽은 며느리 귀신이 있다. 나의 할머니 중 한 분이 아이를 낳고 굶다가 돌아가셨다고 한다. 시집살이로 그랬다는 분도 계시는데 알 수 없는 일이다. 그 당시 많은 백성들은 잔인하고 모질었다는 생각이다. 우리가 상상하는 없는 자들끼리의 훈훈함과는 거리가 멀었을 것이다. 곳간에서 인심 나온다고 자신의 딸까지 팔아먹는 사람까지 있는 사회였으니 팍팍했을 것이다.

할아버지 형제가 열댓이고 내 아버지 형제가 열이다. 식민지 시절 무엇을 하셨냐고 여쭈어 봐야 돌아오는 대답은 늘 초간단 이었다. 생존이 숙제인 사람들이었다. 일본 놈이건 조선 놈이건 뭐든지 빼앗아 가는 그 삶 속에서 많은 자식들과 살아남는 것이 제일 중요했다.

일본인들이 들어와 땅을 간척하게도 하고 공장이 생겨나니 돈이 돌아다니기 시작해서 굶어죽지는 않겠구나 희망을 가지게 되었다고 하셨다. 빈농의 자손이나 할아버지부터는 학교도 다니고 새 옷을 입고 사진도 찍고 그러셨다. 나는 그 분들이 일본 놈들이라며 욕을 하실 때는 주로 더럽다고 비하했다는 것, 마을 위생 때문에 동원되어 강제 노동한 것, 학교 선생님이 무지하게 무서워 벌을 받았다는 생활형 불만이다. 반면 일본인들은 깨끗하고 신용이 있어 참 좋았다는 말씀도 하셨다.

그 금수저 외가가 한국전쟁 때 도륙을 당했다. 빨치산들이 지역의 우두머리라는 이유로 외갓집 앞마당에서 외할아버지와 외할머니를 가족과 마을 사람들이 보는 앞에서 총살했다. 나의 어머니는 고아가 되었고 말할 수 없는 고통 속에 살게 되셨다.

흙수저 나의 아버지의 가장 큰 매형이 빨치산이었다. 그리고 고모 가족은 한국전쟁 때 월북을 했다. 아버지의 나머지 형제들은 한국전쟁 때 전선에서 싸웠고 전사하신 분은 안 계시다.

나처럼 복잡한 유전자는 우울증에 시달린다. 식민지였던 나라의 국민으로서 미래세대를 위해 일본과 어떤 관계를 유지해야 하는가?

유치하다 못해 망국으로 가는 으뜸에는 '반일 민족주의'가 있다. 그것으로 이 사회 구성원을 반으로 갈라치기하고 친일파, 토착왜구 몰이를 한다. 내 어머니의 슬픔을 알면서도 북한과 종전과 화해를 이야기하는 나는 무엇을 생각해야 하는가? 적어도 분노로 접근하면 안 된다는 것쯤은 알고 있다.

대한민국 '뿌리', 이승만과 김성수 어디에

황선우

조선의 신분제는 언제 폐지됐을까? 1894년 갑오개혁? 형식적으로는 그렇다. 하지만 백성들의 실질적인 변화는 없었다. 양반 출신들이 여전히 한반도의 땅을 착취하고 있는 상태였기에 노비 출신들은 여전히 노예일 수밖에 없었다.

일제시대와 미군정이 지나고 1948년 7월 17일, 대한민국이라는 나라의 헌법이 제정된다. 이 제헌헌법의 제86조에는 '농지는 농민에게 분배하며 그 분배의 방법, 소유의 한도, 소유권의 내용과 한계는 법률로써 정한다'라는 농지개혁 조항이 명시된다. 이제 '땅'이라는 것이 양반들만의 것이 아니게 되었다. 농지개혁은 노비 출신들에게 일할 땅, 그리고 자유를 줬다. 그리고 대한민국은 시장경제와 법치주의 국가가 되었다.

농지개혁은 노비 출신들에게 결과적으로 '신분제 폐지'라는 평등을 가져다준다. 하지만 그 시작은 노예 상태의 노비 출신들에게 자유를 주는 것이었다. 노비 출신들에게 당장 필요한 것은 평등이 아닌 자유였다. 이 자유가 조선을 대한민국으로 거듭나게 했고, 앞으로 북한도 해방할 것이다. 북한에 줘야 할 것은 돈과 쌀이 아닌 자유이다.

6.25전쟁 중 북한은 남한 주민들에게 무상으로 땅을 주겠다고 선동한다. 하지만 남한에서는 이미 1948년에 농지개혁이 완성되었기에 농민들은 공산주의자들의 선동에 휘둘리지 않았다. 농지개혁은 이처럼 대한민국에서 안보의 의미도 갖는다.

제헌헌법 제85조와 제87조, 제88조는 국가의 무역 개입, 기업 국유화 등 사회주의적인 요소를 가진 조항이다. 제헌헌법의 초안을 작성한 현민 유진오 박사는 독일 좌익의 영향을 받은 법학자였기 때문이다. 이 조항들은 사사오입 개헌 때 지워진다.

1948년 5월 10일, 최초의 총선거로 출범한 대한민국 최초의 국회에는 양반 출신의 의원들이 많았다. 때문에 제헌헌법에 농지개혁을 명시하기가 쉽지 않았다. 하지만 양반 출신으로서 가장 많은 땅을 가지고 있던 인촌 김성수 의원이 농지개혁을 반대하지 않았다. 농지개혁은 이처럼 대한민국에서 '기적'의 의미도 갖는다.

김성수는 대한민국 건국 세력이자 민주당 창당 인물이다. 하지만 김대중의 운동권 출신 영입으로 현재 민주당은 반反대한민국 정당이 되었다.

대한민국 최초의 헌법이 만들어진 지 71년 된 올해, 대한민국에서 '이승만'과 '김성수'라는 뿌리는 온 데 간 데 없다.

유시민,
역사적 진실을 예능으로 왜곡

심재철

  2019년 4월 20일, 유시민 '노무현재단' 이사장은 KBS2TV 〈대화의 희열〉에 출연해 1980년 서울의 봄 민주화운동의 진실을 왜곡했다.

  유시민 이사장은 TV에서 "누구를 붙잡는 데 필요한 정보 이런 것은 노출 안 시키고 우리 학생회 말고 다른 비밀조직은 노출 안 시키면서 모든 일이 학생회 차원에서 이루어진 걸로" 진술했다고 합리화했지만, 1980년 합수부에서 쓴 A4 용지 90쪽 분량에 이르는 그의 상세한 운동권 내부 동향 자백진술서는 사실상 그가 진술서에서 언급한 77명의 민주화운동 인사를 겨눈 칼이 되었고, 그 중 3명은 '김대중내란음모사건'의 공동피의자 24인에 포함되는 등 검찰이 재판부에 제출한 핵심 증거로 활용되었다.

유시민은 군검찰에 임의진술 형식으로 참고인 진술조서를 작성한 뒤 불기소로 풀려났지만, 검찰관이 작성한 그의 참고인 진술조서는 공소유지를 위한 검찰의 핵심 증거로 재판부에 제출되었고, 유시민의 진술은 김대중내란음모사건 판결문에서 '증거의 요지' 로 판시되었다.

본 의원이 체포되기 3주 전인 1980년 6월 11일과 12일자로 최종 정리된 유시민의 합수부 제출 자필 진술서(001168-001257쪽)에는 77명의 이름이 구체적인 행동과 함께 적시되었다. 곧 서울대를 중심으로 한 서울지역 학생회장단 22명, 총장 등 서울대 보직교수 6명, 서울대 학생운동권 40명의 행적, 민청협(신군부가 김대중 산하단체로 기소함) 회장 이해찬 등 복학생 8명, 해직 언론인 1명의 이름이 혐의 내용과 함께 상세하게 기술되었고, 결국 당사자에게는 또 다른 칼로 겨눠지게 되었다.

유시민의 진술서는 1980년 2월부터 5월까지 서울대 핵심 운동권의 동향, '김대중과 관계한다는 이해찬' 을 중심으로 한 복학생들의 시위 교사敎唆 정황, 서울시 22개 학생회장단, 사북탄광 실태조사, 외부 해직기자들과의 연대까지 일지처럼 상세하게 90쪽에 이르는 방대한 분량이다. 유시민은 자신의 자백 진술서에 77명의 이름과 행적을 적시함으로써 계엄당국은 사태 처음부터 서울대 등 당시 학원 상황과 학원 관련 외부 움직임을 한 눈에 파악할 수 있는 카드를 쥐게 되었다.

이처럼 상세한 진술서에 대해 유시민은 방송에서 "진술서 용지에 하루에 100장 쓴 적이 있어요. 편지지처럼 줄 쭉쭉 그어져 있는 진술서 있죠. 거기에 볼펜으로 100장을 쓴 적이 있어요. 안 맞으려고. 어떻게든 늘여야 되잖아 분량을"이라고 아무 것도 아닌 우스개마냥 이야기했다. 그러나 그의 지나치게 상세한 진술은 그런 사실을 모르고 가급적 숨기려했던 다른 관련자들에게는 무시무시한 공포가 되었다. 수사당국이 이미 알고 있는데도 이를 알 리 없는 피체자被逮者들은 하나라도 숨기려 했다가 곧바로 폭력의 세례 앞에 발가벗겨져야 했다.

실제 그의 진술서에는 '4월 11일 시국성토대회를 한다고 마이크를 접수하려던 복학생이 민청협 회장이자 김대중 씨와 관계한다고 소문이 돌던 이해찬(001180쪽), 복학생들이 5월 2일부터는 교내 시위를 벌이면서 비상계엄 문제를 이슈화하라고 지시했고(001196쪽), 사북사태 보고서는 복학생 황광우가 조사반으로 현지에 다녀왔으며(001249쪽)' 등을 비롯해, '5월 14일 심재철이 광화문으로 가두시위할 것을 결정 발표하고 저는(유시민은) 목이 쉬어 학생들 지휘할 생각을 포기하고 학생들 틈에 섞여 있었으며(001230쪽)', '5월 15일 12시 심재철의 지시에 따라 5천 명이 모인 아크로폴리스광장에서 저는 사회를 보았는데, 강경론과 온건론이 대립하여 서로 양보할 기미가 없었으므로 저는 중립을 지켰고(001232쪽)' 등의 내용이 상술되었다.

검찰과 경찰에게는 상세 지도나 다름없는 유시민의 진술서는 본 의원을 기소할 때도 공소사실을 입증하는 핵심 증거물로 재판부에 제출되었고(검찰 증거목록 정수 1582~1583), 유시민이 '심재철에 대한 내란음모 등 피의사건에 관하여 임의로 진술하겠다'고 작성한 8월 12일자 검찰관 작성의 참고인 진술조서는 본 의원의 유죄 선고 증거로 채택되었고(정수 1354~1364), 검찰의 공소 사실이 전부 유죄로 인정된 김대중내란음모사건 판결문에도 유시민의 진술은 '증거의 요지'로 판시되었다.(1심 판결문 160쪽 내지 162쪽)

1980년 서울역 시위대 해산 과정도 유시민의 행동이 미화되는 소재로 왜곡되어서는 안 된다. 예능 화법으로 역사적 진실이 뒤바뀔 수 있다고 생각한다면 그것은 시대에 대한 폄훼이다. 1980년 5월 15일, 서울역 광장 시위에 대해서도 유시민은 자신이 진술서에서 언급한 사실과 다르게 진실을 왜곡하고 자신의 행적을 대중의 입맛에 맞게 왜곡 미화했다.

유시민은 TV에서 "버스 위에 올라가서 해산하면 안 된다고 얘기를 하래요. 그래서 내가 올라가서 그 얘기를 했어요"라며 자신이 해산이 아닌 진군을 주장한 것처럼 했다는데 이것은 진실을 왜곡한 것이다. 실제 유시민은 진술서에서 5월 15일 서울역으로 진출하기 직전인 낮 12시 교내 시위 때 '강경론(교외 진출 주장)과 온건론(당분간 교내 투쟁 주장)이 대립'하는 가운데 자신은 '중립을 지켰다'고 진술한 바 있다. 이후 학생회장단의 서울역 해산 결정이 내려지자 자신은 안도했다고도 말한 바 있다. 그랬던 유시민이 학생들에게 '해산 불가'를 선동했다는 것은 사실이 아니다.

당시 서울역 광장에 마이크 시설이라고는 이수성 서울대 학생처장의 주선으로 확보한 마이크로버스 한 대에 달린 소형 확성기뿐으로 당시 마이크를 쥔 사람은 서울대 총학생회장이던 본 의원뿐이었다. 그 마이크로 버스 안에서 서울지역 대학 총학생회장들이 모여 해산과 진군 여부를 결정했던 것이다. 유시민 역시 진술서에 '심재철은 다음 단계의 행동은 오늘(5월 15일) 22:00시 고대에서 총학생회장단 회의를 열어 결정하겠다고 발표하였습니다. 학생들에게 발표할 때 발판으로 이용된 것은 서울대학교의 마이크로버스였으며, 이 마이크로버스에 방송기재를 싣고 갔습니다.'(001235쪽)라고 썼다.

역사는 예능이 아니다. 1980년 서울의 봄에서 39년의 세월이 지났지만 역사적 진실은 은폐되지 않는다. 본 의원은 1997년 5.18광주민주화유공자보상위원회 결정으로 유공자 무상 의료보험증이 발급되었지만 곧바로 반납했고 보훈처에 유공자 등록도 하지 않았다. 당시 민주화투쟁은 학생의 당연한 행동이었기에 국가에 공을 세웠다고 대우해달라고 할 것은 아니라고 생각했기 때문이다.

본 의원은 유시민이 이해찬 국회의원의 보좌관으로 있던 1988년의 국회 5.18민주화운동 청문회 때는 80년 유시민 진술서의 내용을 알지 못했다. 하지만 1995년 전두환내란음모사건 고발인 진술서를 작성할 때 비로소 80년 유시민 진술서의 내용을 알 수 있었고 적지 않은 충격을 받았다.

2016년 총선 때는 유시민이 본 의원의 지역구에까지 와서 정의당 후보를 지원하기 위해 본 의원을 허위 사실로 비방하고 유튜브로 낙선 운동을 했을 때도 침묵했지만, 국민의 세금으로 운영되는 공영방송에서마저 거짓을 역사적 사실로 왜곡하는 모습을 보고 진실을 공개하기로 했다.

유시민 이사장이 TV 연예 프로그램을 통해 80년 상황을 왜곡하고 자신의 행동을 일방적으로 미화시키는 것은 명백한 역사 왜곡이다. 역사는 후세에 전하는 현 시대의 기록이다. 개인적인 유불리 잣대로 진실을 거짓으로 왜곡하고 거짓을 진실로 위장하는 것은 역사 앞에 누를 범하는 것이다. 시대의 흐름에 따라 어떤 입장이 각광을 받는다고 당시 있었던 사실 자체가 달라질 수는 없다.

21살 재기 넘치는 청년의 90쪽 자필 진술서가 다른 민주화 인사 77명의 목을 겨누는 칼이 되었고, 이 중 3명은 김대중내란음모사건 24인 피의자가 된 진실을 감추고 자신의 문재文才를 확인하는 집필 계기가 되었다며 자랑스러워하는 유시민 씨는 자신의 왜곡 발언에 대해 해명해야 한다.

39년 전 자신의 자백 진술서가 검찰이 본 의원을 기소한 핵심 증거였고, 자신의 검찰관 작성의 참고인 진술조서로 운동권 선후배들이 고통당하게 된 신군부의 촘촘한 포획망이 되었음을 유시민 이사장은 지금이라도 반성해야 할 것이다.

〈참조〉

김대중내란음모사건 판결문에 증거의 요지로 판시된 유시민

공소사실이 100% 유죄로 인용된 김대중 내란음모사건 1, 2심 판결문의 증거의 요지로 유시민의 이름이 판시되었다.

> 증거의 요지
>
> (중략)
>
> 검찰관 작성의 한**, 김**, 홍**, 함**, 강**, 김**, 채**, 조**, 조**, 박**, 최**, 금**, 이**, 유시민, 박**, 이**, 조**, 이**에 대한 각 진술조서 중 판시 사실에 부합하는 각 진술 기재부분.(중략) 등을 종합하면 인정할 수 있고, 피고인 김대중, 문**, 이**, 조**, 설*, 서** 및 김**에 대한 판시 각 전과 외 점은 위 피고인들의 이 법정에서의 각 해당판시 전과에 부합하는 진술에 의하여 인정할 수 있으므로 피고인들에 대한 이건 판시 사실은 증명이 충분하다.
>
> (1심 판결문 160쪽 내지 162쪽)

검찰 참고인 진술조서를 작성하고 불기소로 풀려난 유시민

유시민은 1980년 8월 12일 심재철에 대한 내란음모 피의사건에 대해 검찰관 참고인자격으로 수도군단계엄보통군법회의 검찰부에 임의로 진술한 참고인 진술조서 작성 후 불기소로 석방되었다.

본 의원은 김대중내란음모사건 피의자 중 유일하게 김대중 씨나 김대중 씨 측근에게 금품을 수수했다는 법정 진술을 한 적이 없었으며 이는 공판조서에서도 확인된다.

본인이 수배 중 계엄사 합수부에서 발표한 중간 수사 결과에서 언급된 100만 원 수수는 김대중 씨 최측근의 허위자백(김xx 씨 검찰 참고인 진술조서)(김xx 씨 합수부 진술조서)임이 확인되어 공소 사실에서 빠졌지만, 유시민은 추가로 김대중 씨가 본인에게 20만 원을 교부했다는 검찰 작성의 참고인 진술조서를 작성하고 불기소로 풀려났다.

> 유시민: 저는 앞에서 진술한 바와 같이 19시경 청원 중국음식점에 가기 위하여 먼저 출발하였기 때문에 잘 모르겠으나 나중에 들으니 김대중이 함석헌과 함께 참석하여 조의금 20만 원을 심재철에 교부하고 조사를 하였으며 학생들이 '김대중 만세' 등의 구호를 외치며 상당히 과열된 분위기가 조성되었다고 하였습니다.(유시민 검찰 작성의 참고인 진술조서, 1980. 8. 12)

1980년 4월 11일 고 김상진 열사 추모식에서 본인이 김대중 씨에게 받은 조위금 20만 원 자기앞수표는 다음날 학생회 총무가 은행에 입금 후 인출해 농대 학생회를 통해 김상진 열사 유족에게 전달되었던 사실이 확인되었다. 이는 본인과 김대중 씨의 공판조서에도 명백히 명시되어 있다. 본인은 공판중 추도식에서 '김상진 열사 어머니가 소개되었다', '장례금으로 수령했다'고 진술했고 김대중 씨 역시 '유족이 있어서 20만 원을 조의금으로' 줬다고 법정진술을 한다.(심재철 1심 6차 공판조서 001601~1602쪽)(김대중 1심 14차 공판조서 002364~002365쪽)

서울역 시위 해산과 진군에 대한 유시민 진술의 허구성

유시민의 진술서에는 유시민은 진군을 주장하는 학생회 운영위원회 회의에서 본인이 중립이었고, 교문 밖 시위를 주장하는 강경파와 복학생들에게 휘말리지 않으려 노력한 온건파 중립이

저는(유시민은) 학생들 지휘할 생각을 포기하고 학생들 틈에 섞여 있었고(001230쪽) 21시 30분이 다가오자 초조해졌고 학생들을 해산시킬 일이 걱정되었던 참에 경찰 저지선에서 지휘하시는 분이 서울대 정문에 오시던 분이어서 제가 손을 흔들며 달려가서 인사를 드리고 22:00까지 해산시킬 테니까 페퍼포그를 쏘지 말아 달라고 부탁드리자 응낙해 주셨고 저는 정확히 22시 05분에 학생들을 해산시켰습니다.(001232쪽) 5월 15일 12시 심재철의 지시에 따라 5천 명이 모인 아크로폴리스광장에서 저는 사회를 보았는데 강경론과 온건론이 대립하여 서로 양보할 기미가 없었으므로 저는 중립을 지켰습니다.(001232쪽)

학생처장 이수성 교수는 저에게 '자꾸 강경파에게 밀리지 말고 소신껏 학생들의 피를 흘리지 말고 활동하라'고 말하였습니다.(001238쪽)

5월 17일 복학생 김병곤이 저를 찾아와 가두시위를 말해 저는 제가 결정할 일도 아니고 심재철에게 이야기해 보겠다고 대답하였습니다.(001240쪽)

었다고 기술했다.

5월 17일 수배중인 본 의원의 행선지를 합수부에 밝힌 유시민

5월 17일 18시 25분경 이대 쪽에서 익명의 학생이 총학생회
장단 검거 소식을 알리고 19시 10분경에 학생활동위원장이 전
화해 자신은 이대에서 도망쳐 왔는데 심재철의 검거 소식은 알
수 없다고 말하고(001243쪽), 19시 30분경 심재철로부터 무사히
빠져나와 노량진에 있다는 전화가 왔습니다.(001244쪽)

중2병 정부가
말아먹는 나라

우원재

대한민국 정부가 중국 정부에 '3불三不'을 약속했다. 3불이란 세 가지를 하지 않겠다는 것, 즉 △한미일 군사 동맹 포기 △사드(THAAD) 추가 배치 불가 △MD(미국 미사일방어체제) 불참을 뜻한다. 중국은 즉각 한국의 언행일치를 기대한다는 입장을 발표했다.

한미일 안보 협력을 군사동맹으로 발전시키지 않겠다는 선언은 한미일 자유민주주의 진영과 북·중 사이비 공산주의 진영이 형성한 동북아 전선의 지형 변화를 의미한다. 미국, 일본과 거리를 두고 중국, 북한과 더 잘해 보겠다는 의지를 노골적으로 드러낸 제스처이다.

사드 추가 배치 포기와 MD 불참 선언은 당장 언제 날아올지 모르는 미사일로부터 국가를 지킬 수 있는 가장 효율적인 방패를 버린다는 선언이다. 물론 미국의 핵우산도 물 건너갔다. 치명적인 안보 전력의 손실이다.

조선이 청에 그러했듯, 굴종적인 자세로 공물 갖다 바치듯 중국에게 내놓은 '3불'. 그런데 도대체 그 대가로 얻은 것이 뭔가? 중국의 부당한 경제 보복 중단?

작년 7월부터 시작된 중국의 경제 보복으로 국내 기업들이 약 10조 원의 피해를 봤다고 추정되고 있다. 경제성장률도 영향을 받아 약 0.4% 감소한 것으로 파악되고 있다. 근본적으로 이는 중국의 횡포에 의한 피해이다. 정당한 자위권 행사를 하는 대한민국에 중국이 갑질을 해서 발생한 비극이란 말이다.

북한의 핵실험과 도발에 미온적인 반응을 보여 오고, 원조를 해왔던 게 중국 정부이다. 그런 중국이 북한의 위협으로부터 우리를 지키고자 행사하는 정당한 자위권 조치에 보복을 한다? 정상적인 대한민국 정부라면 이 얼토당토않은 사드 경제 보복에 분노하며 중국에 사과를 요구하는 게 정상이다. 또 다각적인 한미일 공조를 통해 극복해 나가야 할 문제이기도 하다. 그런데 우리 정부는 '3불'이라는, 중국의 경제 보복보다 훨씬 더 큰 비용을 기꺼이 지불하겠다고 약속했다.

다시 물어보자. '3불'로 얻은 게 뭔가? 경제 보복 중단? 또 중국의 비위에 거슬리면 다시 우리를 향해 그런 횡포를 부리지 않는다는 보장은 어디에 있나? 경제 보복 때문에 한미일 동맹이 제공하는 엄청난 혜택과 잠재적 기회, 나아가 우리의 안보 전력까지 싹 다 걷어차는 게 어떻게 합리적인 거래인가?

이렇게 갖다 바쳐서 중국이랑 손잡고 새로운 활로를 연다?

북한을 도와 우리를 침략하고, 지난 수십 년 간 북한을 먹여 살렸던 게 중국이다. 지금이라도 전쟁이 나면 중국은 조중상호방위조약에 의해 북한을 돕는다. 이게 엄연한 현실이다. 그런데 반미, 반일, 친중 노선을 탄다? 이건 단순히 유화정책 같은 게 아니다. 가지고 있는 전력은 말아먹고 적들을 도와주는, 말 그대로 매국 행위이다. 지금 정부가 무능해서, 이전 정부 욕하는 거 말고는 제대로 하는 게 없다지만, 이걸 정말 몰라서 이러는 걸까?

문재인정부를 보고 있노라면 철없는 10대를 보는 기분이다. 부모의 방식, 가치관, 가르침 따위에 무작정 반항하려고 발버둥치는 사춘기 청소년 말이다. 그저 부모에게 맞서기 위해 정반대로 하다 보니 어처구니없는 잘못들을 저지르는데, 자존심 때문에 인정하기는 싫어 끝까지 밀어붙이는 게 이들의 특징이다.

문재인정부가 딱 그 모양이다. 386 운동권 시대정신을 주축으로 자신들이 그토록 혐오하는 산업화 세대의 방식을 철저히 거부하고 정반대로 하려 든다. 보수정권에 대한 문제의식과 비판은 좋다. 그런데 최소한 보수정권들이 잘한 것과 못 한 것은 구분해야 하지 않겠는가. 모든 걸 정반대로 하려 드니 나라 말아먹는다는 말이 나올 수밖에 없다.

친미 또는 숭미주의를 반대해서, 또 일본과의 협력에 거부감이 생겨서, 도저히 친중 친북을 해서는 안 되는 이 상황에서 그런 노선을 고집한다? 외교만 이 모양인가? 경제 정책부터 에너지 사업에 이르기까지 싸그리 부정하며 반대를 외쳐 댄다.

어린아이가 반항심과 아집으로 저지른 실수들이야 나이가 들면서 바로잡을 수 있다지만 국가 경영은 그렇지 않다. 아이가 사고 치면 속 끓는 건 부모이다. 바로잡을 때까지 시간도 있다. 그러나 정부가 이 따위로 하면 그 피해는 고스란히 민생의 몫이 된다. 망하는 건 한순간이다. 차라리 이 정부가 너무나 멍청해서, 친북·친중이 잘못됐다는 걸 정말 몰라서 저러는 거라면 화가 덜 날 것 같다. 이건 아닌데 싶으면서도 자신들의 노선을 지키겠다고 아집을 피우며 그 대가로 국가와 국민을 희생시키니 화가 나는 것이다. 문재인 대통령이 문제이다.

좌파 설계주의 집권세력의
시대 역행

Adrien Kim

한계생산성 낮은 공공부문이 한정된 자원을 민간으로부터 더 가져다가 쓸수록, 그렇게 하지 않았다면 더 높은 한계생산성을 가진 민간에서 일어났을 혁신과 생산성 향상, 신규 고용은 줄어들 수밖에 없다. 이것이 공공의 생산성 구축(crowding-out) 효과이다. 민간이 100을 투자해 150을 만들어 냈을 것을, 공공이 100을 징수해 쓰면서 50을 만들어 내는 것이다. 그래서 한국의 현 집권세력을 제외한 세계의 상식 있는 국가들은 자국 기업을 지원하고, 외국 기업에 갖가지 혜택을 줘서 자국에 끌어들이려 노력한다. 이런 법인세 인하와 상속세 무력화라는 신자유주의의 가치는 미국과 유럽의 성공적 선진국들이 공유하는 세계적 추세이다.

공공 부채로 조달하면 된다고? 이것은 더 질이 나쁘다. 당장의 정파적 이익을 위해 미래세대의 부를 현재 세대의 주류인 586이 끌어다 쓰는 행위에 불과하기 때문이다. 공공부문 종사자들은 파킨슨 법칙에 의거해서 필요 없는 규제와 절차, 보고서를 양산하고 자기 자신들의 조직 확대를 최우선의 가치로 삼는다. 차라리 가만히 앉아만 있으면 방해라도 하지 않는데, 관료제하에서 각자의 출세욕과 조직, 인원·예산 확대욕이 더 나쁜 결과를 낳고 생산성을 후퇴시킨다. 그래서 공공부문은 주도자가 아닌 서포터의 역할로 최소화되어야 한다는 것 또한 세계적 추세이다.

이 간명한 원칙대로 미국의 트럼프 대통령은 법인세를 감세했고, 기업들이 이렇게 확보한 재원이 민간투자와 고용으로 연결되면서 사실상의 완전고용에 해당하는 4.1%라는 최저의 실업률, 월 20만 개의 신규 일자리 창출, 1분기 5.4%라는 9년래 최고의 성장률 예상치를 끌어내고 있다.

과거에는 마거릿 대처가 그렇게 영국병을 고쳤고, 비대한 공공과 저생산성의 위기에 빠졌던 영국은 다시 그 위상을 되찾았다. 프랑스의 77년생 대통령, 오스트리아의 86년생 총리도 이 간단한 이치를 그대로 실행에 옮기고 있다.

오직 한국의 좌파 국가 설계주의 집권세력만이 이미 공공부문 밥그릇과 조직을 거머쥔 586의 이해에만 복무하면서 지금의 젊은 세대와 미래세대의 성장 동력을 앞당겨 탕진하는 모습이다. 그 결과물은 통계 집계 이래 최악의 청년실업률 9.9%, 최대의 실업자 수 103만 명, 한국 홀로 4분기 마이너스 성장인 -0.2%로 벌써부터 나타나고 있다.

당장 몇 년 간 과거의 유산과 민간의 여력을 파먹으면서 생색을 낼 수는 있겠지만, 언젠가는 바닥을 드러낼 수밖에 없다. 한국이라는 나라의 경제 체력이, 도그마에 빠진 집권세력의 어리석음을 언제까지 감당할 수 있을지 모를 일이지만, 모쪼록 그 후에라도 깨닫고 전세계가 알고 있는 경제의 상식으로 돌아오기라도 한다면 다행일까.

현명한 자는 타인의 경험에서 깨닫고, 평범한 자는 겪고서야 깨달으며, 어리석은 자는 겪고 나서도 깨닫지 못한다. 미국은 현명했고, 유럽은 평범했으며, 베네수엘라와 그리스는 어리석었다. 한국은 어느 길을 갈 것인가.

막말에 대한 분노도
진영 따라 달라지나

우원재

    일베를 비롯한 각종 커뮤니티 사이트를 싫어하는 이유가 있다. 그 특유의 위악적인 놀이 문화 때문이다. 익명 뒤에 숨어 패륜적 막말을 유머랍시고 함부로 배설하며 낄낄대는 사람들을 보노라면 인간에 대한 불신이 생길 지경이다.

    한때 큰 논란이었던 '세월호 어묵 비하'도 마찬가지이다. 세월호 사고로 숨진 학생들이 '어묵'이 되었다며 농지거리를 한 이들이 있다. 천인공노할 막말놀이에 동참한 이들 스스로도 금도를 넘는 발언임을 분명 자각했을 거다. 그걸 알면서도 익명성 뒤에서 짐짓 위악을 떨며 웃자고 패륜적 막말을 했다. 그게 일베 놀이문화이고, 커뮤니티 사이트 놀이문화이다.

    막말도 자유로운 발언이라 착각하고, 금도를 깨는 언행으로 배설감을 느끼는 변태적 문화. 문제의식을 제기하는 이들을 선비라 조롱하고 헐뜯으며 자정 작용조차 용납하지 않으려는 파쇼적 분위기. 유명 인물들의 과거 커뮤니티 글이 공개될 때마다 큰 파장이 이는 것도 결국 이런 측면들 때문이다. '어묵' 발언에 분노했던 그 수많은 사람들이 왜 이 '통구이' 발언에 대해서는 입을 닫고 있는가?

그런데 커뮤니티 사이트에 대한 이런 비판의식을 깨 버린 사건이 발생했다. 바로 더불어민주당 소병훈 의원의 비서 이 아무개 씨의 '통구이' 발언이다. 그는 국회 잔디밭에서 분신을 한 60대 남성의 사진을 본인 인스타그램에 올리며 '통구이 됐어ㅋㅋ'라는 댓글을 남겼다. 분신자살, 혐오, 쥐불놀이라는 해시태그와 함께.

그는 본인 인적 사항이 다 드러난 개인 소셜미디어 계정에, 그것도 친지인들을 향해 이런 게시물을 공개적으로 올렸다. 위악 차원을 뛰어넘는 행위다. 그냥 지독하게 악한 거다! 절박한 심정으로 국회 앞에서 분신자살을 시도한 사람에게 "통구이 됐어 ㅋㅋ"라며 개인 SNS에 공개적으로 빈정댄다? 맙소사, 그것도 공직에 있는 자가! 본인의 행동 자체에 아무런 문제를 못 느꼈다면 정말 심각한 도덕과 윤리의 실종이다.

평소에 커뮤니티 사이트 문화가 위악을 부추긴다고 생각해 왔는데, 그냥 이렇게 악한 사람도 있다는 사실을 새삼스레 깨닫는다. 온라인상에서 나도는 막말, 비하, 혐오 발언이야 최소한 발화자 스스로도 도가 지나친 발언이라는 걸 안다. 그래서 익명성 뒤에 숨는 것이다. 그런데 이 아무개 씨는 자신의 발언에 대한 그런 최소한의 꺼리낌조차 느끼지 못한 듯하다.

더욱 기막힌 것은 이 아무개 씨가 변명이랍시고 한 말이다. "극우 세력인 줄 알고 그랬다"는 것이다. 분신한 시민의 정치 성향이 '극우'였다면 '통구이'라고 비하해도 괜찮다는 말인가. 이런 뒤틀린 사고방식은 그가 평소 그런 문화 속에 젖어 있다는 말로 읽힌다.

그래서일까. 민주당 국회의원의 최측근 비서가 아무렇지 않게 내뱉은 통구이 발언은 과거 민주당 진영에서 나온 수많은 막말들과 퍽 닮아 있다. 천안함 전사자부터 발목지뢰 목발 비하에 이르기까지, 나라를 위해 목숨 바친 군인들조차 자신들 정치에 방해된다면 적대시하고 비하하고 빈정대던 정치인들과 지지자들이 떠오른다.

무엇보다도 진영논리를 바탕으로 적개심에서 나온 막말들을 비판해야 한다. 세월호 희생자를 비하했던 '어묵' 발언도, 천안함이나 발목지뢰 비하 발언도, 최근의 '통구이' 발언도 모두 공분을 사기에 마땅하다. 그럼에도 불구하고 너무나 많은 사람들이 선택적으로 분노하는 것은 무슨 이유인가?

보수 성향 정치인에게 막말 프레임으로 맹공을 퍼부으면서, 좌익 성향에 호소하는 막말들에 대해서는 너무나 조용하다. 적어도 지금 이 통구이 발언은 익명에 숨어 어묵 비하 발언을 했던 온라인 유저와는 달리 너무나 당당하게 내뱉어진 말이라는 점에서 더욱 거세게 비판받아 마땅하다. 그런데 어묵 발언에 분노했던 그 수많은 사람들이 왜 이 통구이 발언에 대해서는 입을 닫고 있는가?

이 아무개 씨가 변명이라고 한 '극우 세력인 줄 알고 그랬다' 라는 말을 곱씹어 보면, 어쩌면 그는 막말을 향한 한국사회 공분의 실체를 나보다 더 정확히 알고 있었는지 모르겠다. 사실 사람들은 도덕, 윤리, 정의 따위는 관심 밖이다. 그들의 비난이나 비판의 잣대는 진영논리에 따라 귀에 걸면 귀걸이 코에 걸면 코걸이이다.

온라인상 익명들의 위악은 큰 사회적 문제로 비판하던 이들이 자기 진영에서 얼굴 드러내놓고 꺼리낌 없이 내뱉는 패륜적 막말에는 침묵한다. 그 위선적인 모습을 바라보자니 어쩌면 커뮤니티 사이트가 아니라 그냥 이 병든 대한민국 사회가 문제라는 생각이 절로 든다. 이런 사회에서 양심을 가지고 살아가기란 참 어려운 일이다.

사노맹과 조국
그리고 은수미

주동식

사노맹(남한사회주의노동자동맹)이 추구한 가치는 결코 자유민주주의가 아니었다. 그들은 말 그대로 철저한 사회주의 혁명을 추구했고, 그들이 지향하는 민주주의도 자유민주주의가 아닌 인민민주주의라는 사실이 그들이 숱하게 발표했던 각종 발언과 자료 등에 분명하게 드러나 있다. 그렇게 선명한 공산주의의 가치를 적절하게 포장하거나 감추지 않고 노골적으로 드러낸다는 게 당시 사노맹이 내세웠던, 다른 운동권 세력과의 가장 결정적인 차별성이었다.

은수미의 조국 옹호와 사노맹 옹호는 그런 실체적 진실을 은근슬쩍 덮고, 자신들과 가장 적대적인 가치라고 할 수 있는 자유민주주의를 위한 투쟁의 성과에 슬쩍 묻어가려는, 혁명가답지 못한 얄팍한 계산(?)을 드러내 보여 준다.

은수미 본인의 말처럼 그 동안 사노맹 관계자들은 때가 되면 터지는 빨갱이 사냥의 무례함(?)에도 눈을 감았다. 그리고 묻지도 않았다. 그 이유가 무엇인가? 말 그대로 유구무언, 자신들의 실천에 대해 일말의 변명조차 불가능하다는 것을 스스로 자인한 결과 아니었나?

그렇게 담담하게 대가를 치른다던 사노맹 관계자들이 이제 와서 마치 역사의 승리자인 것처럼 당당하게, 아니, 뻔뻔하게 자신들을 반대하는 사람들에게 삿대질하고 나서는 이유는 무엇인가?

사노맹이 했던 투쟁과 실천의 본질은 변할 수 없다. 지나간 역사의 기억 속에 뚜렷하게 박제되어 있기 때문이다. 사노맹의 리더이던 이정로(백태웅), 박노해(박기평) 등이 숱하게 발표했던 글과 작품들, 그리고 《노동해방문학》 등 사노맹의 영향력 아래에서 발행되던 문건들의 주장이 여전히 사노맹의 정체를 보여주고 있다.

변한 것이라면, 조국을 비롯한 사노맹 일당의 반대한민국, 반자유민주주의 주장조차 이념적 정당성을 전면에 내세울 수 있을 정도로 이 나라의 정체성이 흔들리고 이념적 저항력이 취약해졌고, 그것을 부추기고 지원하는 세력이 청와대를 장악했다는 사실뿐이다.

은수미는 조국 법무장관을 거부하는 야당 정치인들을 향해 "왜 당신은 그때 독재와 인권 유린, 다시 떠올리기 힘든 죽음과 같은 고통에 저항하지 않았느냐. 왜 사람들의 아픔을 외면했냐?"고 항의했다.

은수미에게 묻는다. 조국 법무장관을 반대하는 사람들이 자유민주주의를 향한 투쟁을 외면하고 독재와 인권 유린에 모두 순응한 사람들뿐인가?

조국 법무장관과 사노맹을 반대하는 사람들 가운데 극히 일부의 자격을 흠결삼아 자신들을 반대하는 모든 사람들의 목소리를 부인하는 것이 당신들이 내세웠던 그 당당한 사회주의자의 자세인가?

당신들을 반대하는 사람들 가운데에는 독재와 인권 유린, 죽음과 같은 고통에 저항했던 사람들도 다수 포함돼 있다. 그 점에서는 당신들보다 훨씬 더 발언할 자격을 갖춘 사람들이 당신들 소수 사노맹 출신보다는 몇 배, 몇 십 배, 몇 백 배 더 많다.

엄밀하게 말해 당신들은 독재와 인권 유린에 대한 투쟁의 지분을 말할 자격이 없다. 당신들이 추구했던 사회주의 혁명, 공산주의 체제야말로 바로 독재와 인권 유린, 죽음과 같은 고통을 절대 다수 민중들에게 안겨 주는 원흉이라는 것이 전세계 인류사의 경험을 통해 선명하게 드러났기 때문이다.

조국과 은수미는 그 뻔뻔한 왜곡과 포장을 멈춰라. 사노맹이 추구했던 명분과 가치는 대한민국의 정체성, 위대한 민주화와 경제 개발의 성과, 근대화, 인권 등의 인류 보편의 가치와 철저하게 대척점에 서 있다.

당신들의 그 적반하장이 보여 주는 진실은 분명하다. 대한민국의 정체성을 부인하고 타도하려는 적대 세력조차 뻔뻔하게 자신들의 수치스러운 행적을 미화할 정도로 이 나라의 리더십과 근본 가치가 무너지고 있다는 사실이다.

나아가, 당신들은 어리석었지만 그나마 때 묻지 않았던 그 혁명가적 순수성마저 버리고 권력과 이권 앞에 완전히 눈이 멀어 버렸다는 사실, 당신들의 치기 어리고 치졸했던 망상의 최종적인 귀결이 바로 당신들이 추구했던 가치의 본질을 보여 준다는 사실이다.

한국 좌파의
'만신전萬神殿' 둘러보기

나연준

한국형 '노멘클라투라(nomenklatura)'

　노멘클라투라는 소련공산당 관료를 뜻하는 말이다. 스탈린 집권 이후 왕년의 혁명가들은 공산당과 국가 요직을 차지하면서 지배층으로 변신했다. 이들은 인민에게 해방, 혁명, 평등을 외치면서도, 정작 프랑스제 명품을 두르고 호의호식했다. 주둥이는 공산주의이지만 몸뚱이는 봉건 귀족, 공산주의 내로남불의 원조쯤 되시겠다. 조지 오웰의 『동물농장』에 나온 돼지들과 다를 바 없는 존재이다.

　1980년대 운동 경력을 팔아 출세에 성공한 86세대 좌파들이 한국형 노멘클라투라의 핵심이다. 문재인정부와 민주당, 민주노총, 전교조, 각종 시민단체와 좌파 언론사 간부, 자칭 진보적 학계 중견들이 여기에 해당한다.

일부는 2000년 전후 김대중의 업둥이로 민주당에 들어가서, 20대부터 캠퍼스에서 갈고 닦은 정치공학 기술로 마침내 적자인 동교동계를 쫓아내고 민주당 등기권리증을 접수했다. 다른 일부는 노동조합, 시민단체, 언론, 학계에서 성장했는데 선거와 이슈가 있을 때마다 민주당을 위해 기꺼이 몸과 혀를 빌려준다. 언제라도 청와대와 민주당으로 뛰어갈 준비가 되어 있는 사실상 한 패이다.

한때 대한민국을 엎어버리자는 혁명론의 신봉자들이었지만 이제는 아니다. 나이가 오십 줄을 훌쩍 넘다 보니 가진 게 많다. 이미 한국사회의 기득권이다. 그런데 정작 본인들은 이걸 인정하지 않는다. 스스로를 약자의 대변자이자 악마 같은 우파와 싸우는 성자쯤으로 알고 있다.

이처럼 허위의식에 빠져 있기 때문에 세상 아름답고 정의로운 가치로 본인 치장에 열중한다. SNS에서 싸구려 공감과 거짓된 결기를 동냥 주머니처럼 흔들며 지지와 후원을 구걸하고 있다. 문제는 SNS와 실제 삶 사이의 간극이다. 언행불일치를 넘어 '언행배치'가 일상이다.

자사고 논란에서 보듯이 '니 새끼는 평준화, 내 새끼는 자율화'가 이들의 기본 태도이다. 어디 그뿐인가? 한국형 노멘클라투라야말로 부동산 규제하는 투기꾼이자 자식을 미국 유학 보낸 반미주의자며, 성추행하는 여성주의자, 도요타 타는 반일주의자, 도쿄에 아파트가 있는 독립군, 예타 면제하는 환경론자, 갑질하는 을의 대변인, 부패한 도덕가 아닌가? 소련의 원조 노멘클라투라마저 이 꼬라지를 봤다면 코를 막고 고개를 돌렸을 것이다.

한국형 노멘클라투라들이 NLPDR 따위의 혁명이론을 아직도 붙잡고 있지는 않다. 80년대처럼 아침에 모여서 '전사의 맹세'를 암송하거나, 『항일무장투쟁사』나 『레닌전집』이 집구석에 꽂혀 있는 것은 아닐 것이다. 그러나 이념은 증발해도 정서는 남았다. 운동권 노래 중에 〈복수가〉의 가사를 보자.

> 예속과 억압에서 깨어난 젊은 그대는 무엇을 배웠는가?
> 거리에 흩뿌려진 친구의 선혈 그대는 무얼 생각하는가?
> 투쟁의 거리에 가슴 찢는 아픔으로
> 잃어버린 동지를 되찾기 위해 피끓는 청춘으로 다짐하노라
> 조국의 아들은 열사로 다시 태어나 나의 심장을 전진케 하니
> 동지들아 굳게 뭉쳐 승리의 대열로 적들의 심장에 피의 불벼락을 내리자

한 마디로 '우리가 먼저 맞았으니 반드시 복수하자'는 뜻이다. 이분법과 피해의식, 그리고 복수심. 나는 이것이 86세대의 기본 정서라고 본다. 그리고 이 정서는 역사의식으로 전이된다. 자신이 경험한 군사정권과 학생운동의 가해/피해 관계를 한국 근현대사 전체로 비약시켜 버린다.

친일, 독재, 기업은 항상 가해자이고 항일, 민주화, 노동은

언제나 피해자라는 이분법적 역사관에 기반해서 피해자 정체성의 담지자로 자신을 위치시키고, 피해자의 한풀이를 자신의 역사적 소명으로 삼는다. 이게 한국형 노멘클라투라가 갖고 있는 역사의식의 골자이다.

이들이 부끄러움을 모르는 이유가 여기에 있다. 자신들이 너무나 위대한 역사적 과업을 수행하는 중이기 때문에, 개인의 내로남불은 아무 문제도 안 되는 것이다. 그래서 개인에 대한 비판은 위대한 과업을 방해하는 음모쯤으로 취급한다.

이들이 무식한 이유도 여기에 있다. 가해/피해의 편견에서 벗어난 어떠한 역사적 사실도 받아들이지 않는다. 최근 문제되는 식민지 말기 징용 문제와 한일협정 및 청구권에 대한 문제가 대표적이다. 오히려 '사실'에게 '친일'이라는 낙인을 찍어 도덕적 징벌을 가하고 있다. 지구가 돈다는 사실에 분노한 중세 성직자와 같다.

중세의 통치자처럼 한국형 노멘클라투라들은 곳곳에 금기를 만든다. 친일파, 노무현, 세월호, 위안부, 징용, 독도 등등. 이 금기의 토템 앞에서 이성은 멈추어야 한다. 질문하면 짐승 취급을 한다. 그래서 우리는 짐승처럼 맞기를 두려워하다 짐승처럼 묵종하는 것이다.

임마누엘 칸트는 "과감히 알려고 하라! 너 자신의 지성을 사용할 용기를 가져라!"고 외치며 계몽을 역설했다. 한국형 노멘클라투라는 정반대로 간다. "여전히 모르려고 하라! 너 자신의 지성에 재갈을 물려라!"

한국형 노멘클라투라들이 부도덕하고 무능하며 무식함에도

불구하고 잘 나가는 이유는 딱 하나이다. 기술자이기 때문이다. 20대 시절 총학생회 선거를 시작으로 30년을 연마한 정치공학, 선전선동의 장인들이다. 이것만큼은 대한민국 최고이다.

이슈를 발굴하고 이슈를 전파하고 이슈를 전환하고 이슈를 타이밍 맞추어 때리는 능력은 타의 추종을 불허한다. 이 유능함을 오직 자신들의 이익만을 위해서만 사용한다. 한일 무역 갈등이 고조되었던 시기, 이들은 국익과 정파의 이익을 바꿔치기 하려고 한다. 이 정치공학의 도박판에서 친일 낙인이야말로 전형적인 필승의 밑장빼기가 아닌가!

그리고 승리는 밥줄을 보장한다. 정치권력을 장악한 다음 20대 시절 만들어진 운동권 네트워크로 이권과 자리를 배분한다. 국책사업, 시민단체와 연계된 각종 정부 지원, 국가기관의 자리, 공단 이사진 등등을 독식한다. 80년대 투쟁의 스크럼이 지금은 보신의 카르텔이 되었다. 아무짝에도 쓸모없지만, 생존능력만 발달한 이들이 바로 한국형 노멘클라투라이다. 존재 자체가 사회 해악이다.

혁명의 화석

한국형 노멘클라투라들이 86세대 중심부라면, 이들은 주변부이다. 지역의 시민단체와 마이너 정당에서 서식한다. 원래 사상은 권력의 중심부로 가면 변질되기 쉽고, 주변부에 오래 있으면 교조적으로 변한다. 주변은 춥고 배고프다. 자원이 부족하기 때문에 사람을 모으려면 이념적 선명성과 과격함이라도 있어야한다. 여기서는 80년대 학생운동권의 정서뿐만 아니라 이념마저도 살아 있다.

이석기와 경기동부연합이 대표적이다. 2012년 국회의원 당선 이전에 이석기가 경영했던 선거홍보업체 이름이 'CNP전략그룹'이다. 1984~85년 학생운동 진영에서 소위 'CNP논쟁'이 있었다. 혁명운동의 주체가 '시민(civil)', '민족(nation)', '민중(people)' 중에 누구냐는 것인데, 여하튼 결론은 혁명으로 대한민국을 뒤집어 버리자는 것이다. 여기서 중요한 것은 이석기가 굳이 상호에 'CNP'를 넣을 만큼 신실한 '단심丹心'의 소유자라는 점이다. 그는 살아 있는 80년대 화석인 것이다.

2000년대 민주노동당에서 당원 정보를 북한에 넘긴 주사파들도 있었다. 당적은 민주노동당, 마음은 조선노동당, 투표는 민주당에 하면서 86세대 주류 정치인들과 전략적 동맹관계를 맺고 있었다. 그러다 2012년 이른바 '통진당 사건'이 터지면서 민주당으로부터 '팽'을 당했다. 이들 입장에서는 억울할 것이다. 1980년대 수많은 주사파들은 지금 청와대와 민주당에서 떵떵거리며 사는데, 2010년대 어떤 주사파는 여전히 배가 고프니 말이다.

이런 부류는 아직도 시민사회에 잔존하고 있다. 2019년 10월, 한국대학생진보연합 소속 학생들이 미국대사관저로 담을 넘어 기습 점거를 하는 사건이 벌어졌다. 80년대 미문화원 방화사건을 떠올리게 한다. 한국사회에서 집회와 시위의 자유가 상당히 보장되어 있음에도 불구하고, 대사관저 난입과 극단적 행동을 일삼는 이유는 운동의 전망이 어둡기 때문이다.

현실적 성취가 불투명하니 과격한 언어와 행동으로 자기존재를 증명하고자 한다. 30년 전 본인들의 선배처럼 똑같은 소아병적 태도이다. 저 학생들이 담을 넘었을지는 몰라도 지난 30년의 변화는 넘지 못했다. 2019년의 20대가 80년대의 20대처럼 사고하고 행동한다. 화석으로 살고 있는 것이다.

정치 팬덤

노빠, 문빠, 깨시민, 어용시민, 문슬람, 대깨문, 달레반, 달창, 똥파리, 문꿀오소리 등등으로 자칭 타칭 불려 온 집단이다. 사실 정치적 의미에서 '좌파'라고 보기 힘들다. 이들의 문제는 이념의 과잉이 아니라 이념의 부재에 있다. 이념이 확고한 사람은 애초에 정치 팬질을 할 수 없다. 이념은 정치인을 지지하는 동력이 되기도 하지만 반대로 정치인으로부터 비판적 거리를 확보하는 안전판이기 때문이다.

반면, 정치 팬덤은 이념과 노선을 중시하기보다 정서와 서사로 뭉친 집단이다. 정치 아이돌과 본인을 일체화시킨 미분화된 인간들이다. 우파에 대한 혐오 정서를 기반으로 자기의 아이돌이 어떻게 우파와 싸우는지, 그 '서사'에 집착한다. 그러다 보니 이념적, 정책적 일관성에 신경 쓰지 않는다.

노무현 때 한미FTA에 찬성하다가 이명박 때는 반대했다. 대통령 후보 문재인의 사드 반대는 지지했지만, 당선 이후 사드 배치는 침묵한다. 2004년 탄핵 정국 때 한나라당을 격렬하게 비토하다가, 2007년 노무현이 대연정을 제안하니 '역시 노짱의 심모원려'라며 감탄했다.

정치 팬덤은 2010년 언저리에 '나꼼수'를 비롯한 팟캐스트 등장 이후 더욱 노골적이고 반지성적 성격을 보여 주고 있다. 김어준류 스피커가 사회에 끼친 해악은 언론으로서 윤리를 박살내 버렸다는 것이다. 팩트에 대한 치밀한 분석, 균형 잡힌 시각, 해석에 대한 일관성, 보도에 대한 자기 책임! 김어준은 이 모든 것을 하찮게 여긴다. 팩트는 선택적 사실과 비약적 추론으로, 균형은 진영논리로, 일관성은 상황논리로, 책임은 철면피스러운 뭉개기로 대체한다.

지금 김어준은 그 자체로 거대한 언론권력이다. 어떤 사람은 요즘 한겨레를 조선일보에 비유하는데, 나는 동의하지 않는다. 90년대 우스갯소리로 조선일보가 사설을 쓰면 나라가 뒤집어진다고 했다. 그 우스갯소리를 현실에서 누리고 있는 자가 김어준이다.

지극히 진영논리에 편향된, 그리고 자극적인 뉴스를 꼭두새벽부터 살포하고 포털 메인을 차지한다. 정치 팬덤은 뉴스 기사 댓글창에 몰려다니며 김어준의 망상을 사회적 '사실'로, 게으른 기자들은 이걸 기사화해서 중요한 '사실'로 만들어 준다. 진보 정치인은 물론 보수 정치인까지 그가 진행하는 방송에 출연하여 스스로 '소스'가 되기를 주저하지 않는다. 이들의 행동은 모두 김어준을 언론권력으로 옹립하고 있다.

이제 한국사회의 언론 환경은 '읽고 논쟁하는 시대'가 '듣고 믿는 시대'로 바뀌었다. 정치 팬덤들은 오직 자기 진영을 위한 치어리딩만을 '언론다운 언론'으로 대접한다. 수틀리면 언론을 향해 '기레기'라는 낙인을 서슴지 않는다. 적극적으로 앎을 거부하고 유리한 사실만 편취하는 반지성주의야말로 정치 팬덤의 유일한 '교양'이다. 정치 팬덤과 김어준을 비롯한 진보 스피커들은 이 광기 시대를 열었다.

지금 대깨문을 보자. 이들이 보기에 문재인이 좌클릭하면 용기 있다고 칭찬하고 우클릭하면 지혜롭다고 기꺼워 한다. 문재인이 무슨 결정을 해도 '역시 우리 달님'이라고 떠받든다. 누가 지었는지 몰라도 '대깨문'은 적확한 네이밍이다. 말 그대로 '대가리가 깨져야만' 저렇게 할 수 있다.

대가리가 깨졌으니 생각이 없다. 더 정확히 말하면 생각을 의탁한다. 86세대 운동권을 대변하는 김어준류의 스피커가 몇 마디 떠들어 주면 바로 사상통일이다. 북한이 '수령은 뇌수腦髓고 인민은 손발'이라고 미친 소리를 했는데, 86세대 좌파와 대깨문의 관계에서만큼은 맞는 표현이다. 86세대 좌파가 뇌수이고 대깨문은 손발이다.

생각에 에너지를 쓰지 않으니 행동력이 좋다. 자기 아이돌 비판하는 사람들을 찾아다니며 악플 달고, '싫어요' 누르고, 문자폭탄 보내고, 18원 후원금 내고, 신상을 털며 낄낄댄다. 이게 대깨문들 스스로 자랑스러워하는 '참여'의 거의 전부이다. 이 따위 팬질을 날밤 지새면서 조직적으로 하는 행태야말로 '깨어 있는 시민의 조직된 힘'의 민낯이다. 드루킹은 대깨문의 행동력을 86세대 운동권 출신 정치인에게 팔아먹은 유통업자에 불과했다.

정치 팬덤은 생각이 없으니 등쳐먹기도 좋다. 자칭 진보라는 86세대 셀럽들이 유튜브, 팟캐, 페북에 음모론이나 감상에 젖은 몇 마디 해주면 후원금과 '좋아요'를 아낌없이 준다. 이때마다 딴에는 스스로 개념 찬 시민이라도 되는 양 어깨에 힘이 들어갈 테지만, 사실은 86세대의 가장 든든한 호구일 뿐이다.

정치 팬덤은 서사를 통해 강화된다. 이들에게 서사란 여지없이 선과 악의 투쟁이다. 세상은 오직 우리 편과 반대편, 단 둘밖에 없다. 본인 머리보다 훨씬 복잡한 세상을 달랑 둘로 나누어 놓았으니, 정치 현상이 이해가 안 되기 시작한다. 그래서 음모론에 집착한다. 자기편과 아이돌이 힘든 건 어떤 악마들의 음모 때문이라고 믿는다.

이때 김어준이 등장한다. '합리적 추론'이라는 핑계로 썰을 풀며 음모론을 완성시킨다. 대개 여기서 악마 역할은 이명박, 박근혜, 아베, 자유한국당, 삼성, 기무사, 국정원이 맡는다. 김어준에게 홀린 대깨문들은 악마들의 간악함에 몸서리를 치며 전의를 불태우고, 주머니가 두둑해진 김어준은 유유히 사라진다. 이슈가 있을 때마다 정치 팬덤은 김어준류의 진보 스피커에게 시간과 돈, 정신을 농락당한다. 그리고 이걸 무한 반복한다.

PC주의자

좌파 진영 내에서 여성주의, 성소수자 운동 등을 하는 사람들로 상대적으로 2,30대 젊은 층 혹은 포스트모더니즘 세례를 받은 강단 지식인이 많다. 이들이 주장한 '정치적 올바름(political correctness)'은 처음에는 '소수자'에 대한 차별적 언어를 사용하지 말자는 수준에서 출발했으나, 이제는 각종 이권과 지위, 결과적 평등까지를 당당하게 요구하고 있다.

한국사회에는 미투운동 이후 본격적으로 대중화되었으나, 좌파 진영에서는 늦어도 2000년대에 정착했다. 진영 내부에서는 마치 새로운 운동의 조류인 양 대접받고 있으며 본인들도 그렇게 생각하지만, 실상은 86세대의 충실한 계승자이다.

무엇보다 이분법과 복수심, 피해의식으로 세계관을 구성한다. 넷페미들이 전략이랍시고 애용하는 '미러링'이 이것을 압축적으로 보여 준다. 미러링이 작동하는 매커니즘은 '세상은 남녀 둘밖에 없고(이분법) 한남충들이 우리를 괴롭혔으니(피해의식) 이제는 당한 만큼 갚아 주자(복수심)'는 것이다.

이것은 '세상을 친일과 반일로 나누고(이분법) 저 친일의 후예들이 우리를 괴롭혔으니(피해의식) 이제는 당한 만큼 갚아 주자(복수심)'는 86세대 세계관과 판박이다. 그뿐이 아니다. 진보 진영이 '친일' 공수표를 남발하며 반대파를 모욕하듯이, PC주의자들 역시 비판자들에게 '여성 혐오', '한남충', '호모포비아', '인종주의자' 낙인을 여지없이 찍어 버린다.

나아가 PC주의자는 자기 존재 자체를 금기로 만들어 버린다. 예를 들어 '나는 보수주의를 반대한다'라는 말에 우리 사회는 별 반응이 없다. 다들 그러려니 한다. 그런데 '나는 페미니즘을 반대한다'고 하면 지적·도덕적 야만인 취급을 받는다. 비판을 거부하는 이념, 우리는 이것을 도그마라고 부른다.

성폭력에 대한 '폭로'는 도그마의 가장 극단적 표출이다. 폭로가 되자마자 피해자와 가해자가 정해진다. PC주의자들은 범죄의 진위를 가려 보려는 모든 시도에 대하여 '성인지 감수성', '피해자 중심주의'를 들먹이며 입에 재갈을 물리고자 한다. 폭로는 그대로 사실이 되고 아무도 토를 달 수 없다.

그러나 언제나 그렇듯이 저따위 원칙은 정파적으로 적용된다. 올해 4월 문희상 국회의장이 자유한국당 임이자 의원의 얼굴을 두 손으로 감싸며 희롱한 일이 있었다. 자유한국당 여성위원회가 즉각 문 의장을 규탄하고 나서자, 여성단체들은 도리어 "미투운동의 정신을 훼손하고 여성에 대한 성폭력을 정쟁의 도구로 삼는 자유한국당 규탄한다!"고 응수했다. PC주의란 무엇인가? 소수자에 대한 차별과 편견을 반대하는 것이다. 한국 좌파에게 PC주의는 무엇인가? 우파를 찌르는 칼이다.

이처럼 PC주의자들은 상황에 따라 당파적 이익에 따라 자신의 입장을 뒤집기 일쑤이다. 나아가 이들은 자기의 정치적 상징을 내세우기 위해 엄연한 '사실'을, 심지어 타인의 '죽음'마저 제멋대로 비틀어 버린다.

최근 설리의 죽음에 대한 일부 페미니스트의 인식이 대표적이다. 악플은 살아 있던 그녀를 괴롭혔다. 그 중에 상당수는 여성의 손에서 나온 것이다. 그리고 넷페미들도 여기에 가세했다. 이들은 과거에 대한 일말의 성찰도 없다. 오히려 설리의 죽음을 기회로 이용했다.

'가해자로서 남성과 피해자로서 여성'이라는 도식에 그녀를 가두고자 한다. 살아 있던 그녀를 가해했던 수많은 여성들은 이제 자신이 '그녀와 같은' 피해자라고 소리치고 있다. 그녀를 가장 비통하게 추모함으로서, 그리고 '그녀와 같은' 피해자라고 스스로에게 정체성을 부여함으로서, 가해자였던 자들은 '죄 사함'을 받고자 한다.

나아가 이들은 설리를 페미니즘 운동의 상징으로 '박제'하고자 한다. 설리가 떠나자마자 페미니스트를 자처한 이들은 SNS를 통해 그녀를 '핍박받는 투사'로 묘사했다. 하루가 지나고 이틀이 지나자 언론과 시민단체가 가세했다. "우리가 설리다", "페미니스트 전사", "용기 있는 여성, 설리님" 등등, 평소 그녀의 아픔에 무관심했던 자들이 그녀를 페미니즘의 상징으로 전유하기 시작했다.

한 사람의 삶과 죽음에 맘대로 주석을 달아가며 자기 죄 사함의 제물로, 정치운동의 우상으로, 거짓된 피해의식의 재료로, 마땅히 자신에게 돌아가야 하는 비판을 상쇄하는 금기로 활용하고 있다. 한국에서 PC주의란 무엇인가? 당파적 이익을 선점하기 위해 우상과 금기를 생산하는 말장난의 야바위이다.

급기야 PC주의자들의 당파성은 타인이 아닌 자신을 논박하기에 이르렀다. 평소 PC주의자들은 '목소리 없는 자', '두꺼운 역사' 등등 포스트모던 용어를 쉴 새 없이 떠들며 민족주의를 비판했다. 그런데 한일 무역 갈등 이후 대중의 반일주의 정서가 고양되자, 이들 중 상당수가 민족주의에 편승했다. 자신들이 비판해 마지않았던 거대 담론 앞에 스스로 고개를 숙인 것이다. 이런 자들에게 포스트모던은 이념도 뭣도 아니다. 자신을 돋보

이게 하는 장신구였다. 한국에서 PC주의자란 누구인가? 결국 민족주의의 시중을 드는 재담꾼이다.

한국 좌파는 중세로 퇴행 중

한국의 좌파는 사회를 중세로 퇴행시키고 있다. 사회 곳곳에 금기의 토템을 박아 놓았다. 친일파, 노무현, 세월호, 촛불, 위안부, 징용, 독도, 정치적 올바름 등등 이 모든 것이 우리 사회 곳곳에 있는 금기의 토템이다. 지금 한국사회는 거대한 만신전 萬神殿이다. 그리고 만신전 맨 윗자리에 민족주의가 있다.

86세대 운동권 정치인과 지식인, 스피커들은 민족주의의 제사장이다. 2019년 여름 한일 무역 갈등 국면에서 보여 준 언사를 보자. 이순신의 12척, 의병운동, 국채보상, 독립전쟁, 죽창가 등등. 이건 이성의 언어가 아니다. 민족주의라는 마물魔物에 접신接神하여 방언이 터지고 있다. 이제 정치 팬덤은 민족주의의 광신도가 된다. 제사장의 방언에 신심信心이 끓어오르고 '친일'이라는 이교도 사냥에 여념이 없다.

하지만 모든 사이비 종교의 교주가 그러하듯 이들도 정작 신앙심이 없다. 10월 22일 이낙연 총리는 나루히토(德仁) 천황의 즉위식 한국 대표로 참석했다. 그는 천황 즉위를 축하하는 친서를 전달했고, "50년이 채 되지 않는 불행한 역사 때문에 1500년의 우호·협력 역사를 훼손해서야 되겠느냐"며 일본과 관계 회복의 필요성을 언급했다.

만약 3개월 전에 이런 입장을 밝힌 정치인이 있었다면 어떻게 되었을까? 대깨문에게 문자폭탄과 18원 후원금 받고, 토착왜구 소리나 들었을 것이다. 그뿐인가? 조국에게 '이적' 소리를 듣고, 전우용에게 '토왜'라는 낙인이 찍히고, 온갖 페미니스트와 시민단체로부터 '성노예 옹호자'라고 손가락질을 받았을 것이다. 아마 그 정치인은 견디다 못해 SNS에 사과문 올리고 소녀상, 징용상 앞에서 머리를 조아리는 퍼포먼스까지 했을지도 모르겠다.

한국 좌파가 내뱉어대는 제3세계 수준의 민족주의 레토릭은 그 자체로도 위험하다. 그러나 중요한 점은 이마저도 일관된 입장이 아니라는 것이다. 이들이 진짜 민족주의자였다면 애초에 감상적인 극한대결을 지양했을 것이다. 결국 이들에게 민족주의란 내수용이자 선거용이고 정적 타격용, 대중 동원용 이데올로기였다.

86세대 운동권 정치인을 정점으로 하는 한국의 좌파세력은 가치를 일관되게 추구하거나 내세울 수 있는 집단이 아니다. 그저 그럴싸한 구호를 겹쳐 가면서 대중을 동원하고자 한다. 적폐청산은 반일 선동으로, 반일 선동은 다시 검찰 때리기로 표변했다. 사실 이들에게는 구호를 외칠 자격이 없다. 적폐는 86세대 주류의 또 다른 이름이고, 반일 선동은 3개월 만에 입장이 뒤집혔으며, 윤석열 검찰총장은 자기 진영이 상찬해 마지않았던 인물이기 때문이다.

그럼에도 한국의 좌파세력은 자기 진영에 대한 대중의 지지를 붙잡아 놓기 위해 끊임없이 열정과 광기를 자극한다. 이때 만신전의 수많은 토템은 유용한 도구이다. 친일파 사냥에는 소녀상과 강제징용노동자상이, 검찰 수사에는 노무현 트라우마가, 서초동 조국수호시위에는 촛불이 동원되었다. 비판하기 어려운 금기의 토템을 전시하고, 뒤로는 당파적 이익을 챙겨가는 86세대 운동권 정치인들이야말로 우리 시대의 사이비 교주이자 탐욕 가득한 제사장이다.

'진보'라 쓰고
'퇴보'라 읽는 좌파들

김태호

    자신들이 진보라고 주장하지만 실제로는 퇴보인 좌파가 이념적으로 성공할 수 없는 이유는 무엇일까?

    간단하다. 온갖 미사여구를 들이밀고 감정적으로 얘기해도, 처음에는 그럴 듯하게 받아들여질지 몰라도 결국 현실에 그런 것은 없고, 현실은 아름답지 않기 때문이다. 결국 현실의 문제라는 얘기이다.

    난민, 불법 이민자를 인류애적 관점으로 포용하고 받아들여야 한다는 말은 그럴 듯해 보인다. 같은 인간이라면 지켜야 할 당연한 도리인 것 같기도 하다. 그런데 반대하는 사람이 많고 그런 의견이 정책적으로 지지를 받는다. 왜? 극우라서? 자기밖에 모르는 이기주의라서? 아니다. 그냥 현실에서 난민이나 불법 이민자들에 의해 피해를 입는 국민들, 거주자들이 있기 때문이다.

모든 분야에서 다 똑같이 살아야 한다는 평등. 평등이란 건 사실 실체가 없다. 옳고 그름을 따지는 게 아니라 평등은 가능하지 않고, 불평등은 자연스러운 현상이다. 평등이 옳지 않다는 게 아니라 현실에 있을 수 없는 절대적 평등을 주장하며 선동하는 게 옳지 않다는 것이다.

수렵이 생활의 기본인, 시스템이 생기기 전의 선사시대에는 무력이 강한 자가 위에 있었다. 당연하다. 먹고 살아야 하는데 그 먹을 걸 잘 가져오기 때문이다. 상대적으로 힘이 약해 사냥을 잘 하지 못하는 사람은 사냥의 위험에서 벗어나기 위해 자연스럽게 사냥을 잘하는 사람에게 복종하거나 자신이 더 잘할 수 있는 다른 일을 하면서 생존의 방법을 찾았다.

힘의 관계에 의해 지배하고 지배당하는 것이 너무 무식하지 않냐? 불평등하지 않냐? 이런 말은 필요가 없다. 현실이 아니기 때문이다. 국가 간의 전쟁에서 상대방 국가를 도덕적으로 비난하는 쪽에 무게를 두는 것만큼 자신들에게 카드가 없음을 보여 주는 것도 없다. 국제법이 만들어진 배경이 강대국의 힘의 논리와 그들에 의한 질서 재편이기 때문이다. 어떻게 법이 그러냐고 해봤자 영양가가 없다. 그냥 그게 현실일 뿐이다.

나이가 들면서 보수적으로 변해 간다며 비판하고 파이팅이 없다고들 하는데 사람들이 단순히 가정이 생겨서, 살기 힘들다는 이유만으로 변하는 게 아니다. 살아 보니 현실을 알아서 그렇게 되는 것이다. 어릴 때부터 들어오던 그 미사여구들과 외침이 현실과는 동떨어져 있고, 역사적으로 그런 것은 없었거나 실패했음을 알기 때문이다. 대학 시절 운동권이 나중에 운동권을 비판하는 경우는 있지만, 대학 시절 운동권이 아니었던 사람이 나이 들어 운동권이 되는 경우가 없는 이유도 마찬가지이다. 가끔 있는 경우는 직업이 정치인인 사람들이다. 그게 어필하기 쉬우니까.

사회주의, 공산주의가 왜 실패했는지는 너무나 잘 알지 않는가? 정말 모두가 똑같이 평등하게 살았다면, 모두가 평등하지만 가난하게 사는 게 무슨 의미가 있냐고 논리적인 비판만 가능했겠지만 현실은 어땠는가? 국가를 운영하는 윗대가리들은 배때기에 기름칠하면서 국민들만 아주 평등하게 가난하게 살지 않았는가? 평등은 각 국민들이 상대적으로 다 똑같다는 평등이었을 뿐, 절대적인 수준은 굶어 죽는다는 결과였다. 그게 현실이었고 그게 인간인 거다.

인간의 이기심과 본능을 인정하고 그 이기심과 본능이 전체에 긍정적인 영향을 끼치도록 하는 게 자유주의이고 자본주의이다. 이것이 우익의 가치이다. 인간의 이기심이 최악의 시스템으로 만들어진 것이 바로 사회주의, 공산주의 국가들이다. 결국 모두 실패했지만 아직도 그것이 먹히니 진보를 가장한 퇴보들이 판치는 것이다.

저들의 하는 말들을 자세히 들여다보라. 번지르르한 저들의 말 어느 구석에 국가와 사회의 진보를 위한 비전을 담고 있는가? 현실과 동떨어진 이념에 어떻게 진보라는 게 있을 수 있나? 저들의 진보란 그저 대중을 선동, 앞장세워 쟁취하려는 권력욕일 뿐이다.

경향신문과 한겨레신문, 오마이뉴스 등 진보지를 자처하는 언론을 보면 안 되는 이유가 바로 그래서이다. 늘 현실과 맞지 않는 말을, 없는 일을 생각의 차이인 것처럼, 가능한 것처럼 얘기하기 때문이다.

2017년 세계 D램 시장 규모가 722억 달러였다. SK하이닉스의 2017년 매출이 30조 1094억 원이었고, 2018년 삼성전자의 매출이 243조 5100억 원이었다.

이 시장이 김치 시장 따위와 비교조차 안 되는 이유는 아주 간단하다. 시장 규모 차이가 비교가 안 되기 때문이다. 모든 전자 제품에 반도체가 들어가는 수준인데, 반도체가 안 되면 K-Food라니! 부가가치를 만들어 내는 규모에서 비교조차 할 필요도 없는 두 산업을 대체 관계처럼 얘기하다니 황당할 따름이다.

2018년 김치 수출액은 9750만 달러였다. 약 1100억 원 정도의 규모이다. 전체 농림수산식품 수출액수는 77억 달러라고 하는데 재미있는 것은 최대 수입국이 일본이란 사실이다.

반도체 대신 K-Food라는 제목을 단 기사 그 어디에도 반도체 산업의 매출과 K-Food의 매출을 알려주는 내용은 없다. 어디에 수출을 늘리기로 했다는 둥 쓸데없는 말들만 가득하다. 객관적인 시장 규모와 수출 규모를 썼다면 그 누구도 반도체 산업과 K-Food가 비교 또는 대체 대상이 될 수 없다는 것을 다 알 것이기 때문이다. 관심을 조금만 가진다면 헛소리라는 걸 알 수 있겠지만 말이다.

그렇게 시끄럽게 떠들어도 기사의 기본적인 내용들이 늘 왜곡과 선동을 표방하기 때문에 보다 보면 피로감이 쌓인다. 몇 년을 구독하다 도저히 안 되겠어서 끊은 이유이다. 생각의 차이로 인한 다른 논리들을 볼 수 있다고 생각하면 큰 오산이다. 이런 유類의 기사들이 주를 이루고 있어 정신만 피폐해진다.

경향신문, 한겨레신문 구독자 수가 적은 것은 다 이유가 있다. 2017년 일간 신문 163개사 가운데 유료 부수 순위 Top10을 보면 다음과 같다.

1. 조선일보 / 1,254,297부
2. 동아일보 / 729,414부
3. 중앙일보 / 719,931부
4. 매일경제 / 550,536부
5. 한국경제 / 352,999부
6. 농민신문(주3회) / 287,884부
7. 한겨레 / 202,484부
8. 경향신문 / 165,133부
9. 문화일보 / 163,090부
10. 한국일보 / 159,859부

드루킹 파문이 보여 주는
좌파 승리의 허구와 진실

주동식

　김경수, 드루킹, 매크로, 댓글 조작, 경인선, 느릅나무출판사, 경제적공진화모임(경공모)…. 2018년 대한민국을 떠들썩하게 뒤집어놓은 키워드들입니다. 정의로운 촛불 민심의 대변자인 것처럼 행세해 왔던 더불어민주당 친노친문 문재인정권이 느닷없이 음모와 부정 비리의 주역으로 몰리는 분위기입니다.

　표면적으로 보자면 이번 사건은 별다른 조짐이 없이 갑자기 터져 나온 평지돌출형 사건처럼 느껴집니다. 하지만, 현재의 집권세력이 걸어온 행보를 꾸준히 지켜봐 온 분들이라면 이번 사건이 오래 전부터 물밑에서 진행되었던 거대한 움직임의 연장이라는 것을 이해하실 것입니다. 그러한 흐름이 더 이상 감춰지지 못하고 수면 위로 떠오른 것이 이번 드루킹 파문이라는 것을 이해하실 것이라고 봅니다.

이 사건이 터져 나오자 많은 사람들이 기다렸다는 듯이, 마치 이런 일을 예감이라도 하고 있었다는 듯이 이 사건을 권력형 선거 부정, 조직적 여론 조작 등으로 규정하고 있습니다. 이것은 사람들이 비록 뚜렷하게 의식하지는 못했을지라도 막연하게나마 우리 사회의 저변에 이런 거대하고 음험한 흐름이 존재한다는 것을 인지하고 있었다는 증거라고 봅니다.

저는 2008년 광우병 파동을 기억합니다. 지금으로부터 딱 10년 전입니다. 그때 저 역시 광우병의 위험을 강조하는 선동에 많이 현혹당했다는 것을 고백합니다. 광우병에 관한 정보가 많이 알려지지 않았던 때였고, 메이저 언론들마저 광우병 공포를 부추기는 기사를 싣고는 했기 때문에 그것은 당연한 반응이었는지도 모릅니다.

다행히 저는 이런저런 과학적인 근거를 받아들이면서 제 인식을 바꿀 수 있었습니다. 일부러 진실을 외면하려는 사람만 아니라면 누구나 그런 인식의 변화가 자연스럽게 이루어졌을 것이라고 봅니다. 중요한 것은 광우병에 대한 무지 그 자체가 아니었습니다. 진실을 받아들일 생각이 없는 기본적인 마음가짐과 정서가 더욱 심각한 문제였다고 봅니다.

저는 당시 시위대가 점령한 광화문 일대를 돌아다니면서 과거 반체제 운동하던 시절에 봤던, 낯익은 얼굴들과 자주 마주쳤습니다. 그 중 한 친구와는 같이 식사하면서 이런저런 얘기를 나누기도 했습니다. 그때 저는 광우병의 공포를 조장하는 시위대의 주장과 행동에 대해서 제가 품고 있던 의문을 그 친구에게 털어놓았습니다.

"과학적 근거를 살펴보면 지금 광우병 공포는 매우 과장돼 있다. 지금 시위대가 퍼뜨리는 정보와 주장은 비과학적 근거에 의지하고 있다. 이것은 장기적으로 진보 운동권과 시민사회단체 등의 신뢰가 걸린 문제이다. 가령 10년 20년 뒤에 우리나라에 광우병 환자가 발생하지 않는다면 그때 가서 뭐라고 변명할 거냐? 그럴 경우 당신들은 모두 사기꾼이 되고 만다. 그런 일은 피해야 하지 않겠느냐?"

내 의문에 대한 그 친구의 대답은 충격적이었습니다.

"도대체 과학 따위가 뭐가 중요하냐? 중요한 것은 대중의 분노를 이끌어내는 것이고, 그들을 행동하게 만드는 것이다."

한 마디로 진실은 중요하지 않다, 무슨 수단을 써서라도, 더 노골적으로 말하자면 대중에게 사기를 쳐서라도 자신들의 정치적 목표를 달성하기만 하면 된다는 얘기였습니다.

과연 저 사람이 박정희·전두환 군사독재정권의 폭압에 맞서 치열하게 싸웠던 그 열혈 청년이 맞는지 의심스러웠습니다. 민주주의와 진실을 위해 싸웠던 그 순수와 열정은 어디로 사라진 것일까요?

광우병 사태 당시 그 친구가 보여 줬던 태도가 우리나라의 소위 좌파 진영의 기본적인 자세라고 저는 판단합니다. 단순히 광우병 사태 당시 한 사람의 모습만 보고 그런 판단을 내리는 것은 아닙니다. 광우병 사태 이후에도 여러 가지 사건이 있었습니다.

천안함 폭침 사건이 북한의 어뢰 공격이 아니라는 주장, 2012년 대선이 부정투표였다는 주장 그리고 2018년 현재까지

4년째 끝없이 이어지는 세월호 등이 있습니다. 여기에는 모두 좌파 운동권의 거대한 루머와 여론조작이 개입하고 있습니다.

천안함 사건이 이스라엘 잠수함에 의해 좌초했다는 등 북한의 어뢰 공격을 부인하는 주장은 모두 권위 있는 과학자들에 의해 반박당했습니다. 2012년 대선이 부정 개표였다는 주장을 담은 영화가 개봉되기도 했지만, 그 내용 역시 어이없을 정도로 황당한 논리에 근거했다는 것이 기본적인 상식을 갖춘 대부분 시민들의 판단입니다.

하지만, 과학적 근거보다 대중의 분노를 이끌어내고 대중이 행동하도록 만드는 게 훨씬 중요하다고 믿는 사람들에게는 그런 진실 따위는 중요하지 않습니다.

왜 그럴까요? 그들의 목표는 과학이나 진실이 아니라 사회적 혼란과 무질서 그리고 기존 국가 질서의 전복과 레짐체인지 그 자체이기 때문입니다. 좌파 진영의 이런 루머와 유언비어가 절정에 이른 것이 바로 세월호 침몰 사고입니다. 300여 명의 꽃다운 십대 학생들이 희생된 이 사건은 이 사회의 근간을 뒤흔들고 무질서와 혼란을 부추겨 레짐체인지를 달성하려는 좌파 진영에게는 최고의 호재였습니다. 그들은 이 사건을 이용해 온갖 악의적인 루머와 유언비어를 만들었습니다.

이 사건은 4년 동안 어마어마한 국가 예산을 가져다 쓰고 몇 차례에 걸쳐 특별위원회 등의 조사가 이루어졌습니다. 하지만 언론에 보도된 것 이상의 특별한 사실이 밝혀진 것은 전혀 없습니다. 그런데도 뭔가 더 캐내야 할 진실이 있다며 다시 또 이 사건으로 사람들의 분노에 불을 지피려는 시도가 끊이지 않고 있습니다.

지금 세월호 사건은 거대한 종교가 되었습니다. 부모상보다 더 엄숙한 추모 분위기를 강요합니다. 옛날 임금의 국상도 이렇게 오랫동안 사람들에게 추모의 정서와 의전을 요구하지는 않았습니다. 루머와 유언비어가 세월호 사건을 이렇게 오랫동안 끌고 온 결정적인 불쏘시개 역할을 했습니다.

박근혜 대통령이 그날 그 시간 누군가와 불륜을 즐기느라 사건에 대처하지 못했다느니, 계획적으로 학생들을 인신공양 제의에 희생시켰다느니, 국정원이 음모를 꾸며서 일부러 침몰시켰다느니, 지금 일일이 다 기억하기조차 힘든 온갖 루머가 이 사건에 대한 온 국민의 슬픔과 분노, 의문을 이용해 독버섯처럼 퍼져나갔습니다.

좌파의 그러한 시도는 대성공을 거두었습니다. 촛불 시위와 박근혜 대통령의 탄핵 그리고 문재인정권의 탄생이 그 정점이었습니다. 하지만 헌법재판소의 탄핵 심판에서도 박근혜 전 대통령과 세월호 사건과의 관련은 인정받지 못했습니다. 아울러 이 나라를 뒤흔들었던 유언비어, 루머 가운데 사실로 밝혀진 것은 단 하나도 없습니다.

지금 좌파세력의 승리는 기만과 거대한 여론 조작에 의해 이루어진 것입니다. 문재인정권이 집권 이후 높은 지지율을 보이는 것은 바로 그들의 유언비어와 여론 조작의 위력이 아직 살아 있다는 증거입니다.

하지만 어떤 정치세력의 승리는 그들의 집권으로 완성되는 것이 아닙니다. 그들이 국가의 발전과 국민의 복리에 얼마나 기여했느냐를 두고 그 성공 여부를 판단할 수밖에 없습니다.

문재인 집권 이후 갈수록 추락하는 경제와 고용, 불안해지는 대외 관계 등은 그들의 집권이 궁극적인 정치적 성공으로 이어질 수 없다는 것을 보여 줍니다. 그러한 실패를 루머와 여론 조작으로 덮을 수는 없습니다.

인터넷 표현을 빌리자면 '인실좆', 즉 '인생은 실전이야 좆만아!' 이것이 그들에게 들려줘야 할 교훈입니다. 그들의 기만과 조작은 앞으로 현실 속에서, 구체적인 국정 결과에 의해서 검증되는 절차가 남아 있습니다. 드루킹 사건은 그 출발점이 될 것이라고 봅니다.

유언비어는 정보가 통제되고 그 유통이 원활하지 않던 시대에 생겨나는 경우가 많습니다. 과거 권위주의 정권 시절, 언론 자유가 억압당하던 시대에는 미처 언론이 다루지 못했던 진실이 '유비통신' 등의 이름으로 입에서 입으로 유통되는 일이 많았습니다. 그리고 그 유비통신의 상당수가 진실에 가까웠습니다. 감추어진 진실을 알고자 하는 대중들의 욕구가 그런 유비통신의 유통을 요구했고, 도왔던 것입니다.

하지만 지금 시대의 유언비어는 성격이 결정적으로 다릅니다. 정보의 부족에서 나오는 것이 아니라, 정보의 과잉 특히 악의적으로 조작된 정보의 과잉에서 만들어집니다. 진실을 알기를 원하는 게 아니라 오히려 왜곡된 정보를 원하는 정서가 유언비어를 만들어냅니다.

진실 따위는 상관없고 어떻게든 사회가 어지러워지고 기존 질서를 깨뜨리고 싶다는 심리가 왜곡된 정보의 생산과 유통을 돕고 있습니다. 그들의 진짜 목표는 진실을 통해서 이 사회의 부정과 모순이 바로잡히는 것이 아닙니다. 사람들을 기만해 체제를 뒤집고 자신들이 권력을 쥐는 것이 그들의 목표입니다. 그리고 그들은 그렇게 쥔 권력으로 무슨 일을 하려고 하는지에 대해서는 입을 다물고 있습니다. 국민들을 속이고 있습니다.

어느 사회, 어느 시대에나 유언비어는 존재합니다. 왜곡된 정보를 통해서나마 자신들의 억눌린 정의감과 분노를 해방시키고 싶어하는 소수 대중의 욕구가 존재하기 때문입니다. 그런 소수의 정서가 사회 저변에서 그 나름의 긍정적인 기능을 하기도 합니다. 이른바 B급 문화가 그런 정서의 표출로 만들어진 결과입니다. 하지만, 그런 왜곡된 정의감은 어디까지나 사회의 변방이고 소수여야 합니다.

그런 왜곡된 정서가 사회의 주류가 되고, 다수가 되고, 공식적인 담론의 위치를 차지하면 어떻게 될까요? 그 사회는 이미 본격적인 와해의 단계에 와 있다고 해석해야 합니다. 세월호 유언비어를 퍼뜨리는 자들이 청와대를 차지하고, 루머 전문가가 공중파 방송에 등장한 것이 모두 그 와해의 시그널입니다.

노무현의 측근이자 문재인정권의 핵심이라는 김경수가 댓글 공작 논란의 한가운데 선 것이 바로 현재 집권세력의 본질과 한국사회가 처한 상황을 잘 보여 줍니다. 사기와 기만과 억지와 땡깡과 떼법 등 온갖 수단을 동원해서 멀쩡한 나라, OECD 회원국에 전세계 10위권 경제 규모를 가진 나라의 권력을 네다바이할 수도 있다는 생생한 사례를 보여 줍니다. 이것이 이번 드루킹 사건에서 우리가 읽어내야 할 메시지 아닌가 하는 생각을 하게 됩니다.

우리 사회는 지금 거꾸로 서 있습니다. 평형수를 빼버려 벌렁 뒤집힌 세월호의 모습이 바로 상식이 뒤집혀 버린 대한민국의 지적 정신적 상태에 대한 가장 적나라한 묘사라는 생각을 하게 됩니다. 국민들이 이렇게 유언비어와 여론 조작에 취약해진 것에는 그 동안 정권을 잡고 국정을 운영해 왔던 보수세력의 책임도 큽니다. 그들이 결국 국민들의 신뢰를 얻는 데 실패했고, 그 결과가 좌파의 허접한 여론 조작이 먹혀 드는 분위기로 이어졌기 때문입니다. 하지만 보수세력이 실패했다 해서 좌파의 기만이 정당화될 수는 없습니다.

그래도 저는 아직 희망을 봅니다. 드루킹 사건에 대한 국민들의 광범위한 분노와 반발은 이 나라에 진실을 알기를 원하는 시민들의 정상적인 판단이 살아 있다는 것을 보여 줍니다. 왜곡과 기만, 루머와 유언비어가 언제까지나 우리 국민을 지배할 수는 없습니다. 아무리 여론을 조작하고 소통이 아닌 '쇼통'으로 대중을 기만해도 진실의 힘 앞에서 그러한 꼼수는 폭로되고 무너질 수밖에 없습니다.

이제 대한민국과 국민들은 방향 전환을 해야 합니다. 거대한 흐름이 바뀌고 있습니다. 문재인정권은 자신들을 그 자리에 올려 줬던 그 무기에 의해 그 자리에서 쫓겨나게 될 것이라고 저는 예상합니다. 우리 눈을 부릅뜨고 지켜보면서 함께 나아갔으면 합니다.

4부

전교조 선생님들께
드리는 글

이순철

전교조 선생님들께1
– 네덜란드와 핀란드의 독립

네덜란드, 핀란드, 한국, 스웨덴은 지정 전략에서 유사점이 많습니다. 국가 주권을 침해하는 국가들이 국경에 인접하여 있거나 있었다는 점이 그렇습니다. 네덜란드에게는 프랑스, 핀란드에게는 소련, 한국에게는 중국과 일본, 스웨덴에게는 러시아 등이 그런 침략 국가였습니다. 즉, 근공近攻의 대상이었던 것입니다.

반면 원교遠交의 대상이 되는 국가들도 있었습니다. 네덜란드에게는 영국, 핀란드에게는 독일, 한국에게는 미국, 스웨덴에게는 프랑스나 영국이었습니다. 약소국으로서 대륙의 강대국에게 침공을 당하는 경향은 이렇게 멀리 떨어진 강대국과 동맹을 이루어 제어하면서 주권을 유지한 점에서 네덜란드와 핀란드, 스웨덴이 매우 유사합니다. 이것은 마치 철의 법칙과도 같아서 이 구도에 대한 냉철한 인식 위에서 전략을 구사하는 정치 세력이 반드시 국가 주권을 바르게 확립하고 번영을 가져왔습니다.

핀란드는 1917년 러시아혁명이 일어난 시점에서 독립전쟁을 일으켰습니다. 러시아혁명의 영향으로 인해, 핀란드에서의 독립전쟁을 적백내전으로 설명하지만 잘못된 해석입니다. 한국전쟁을 적백내전으로 해석하지 않는 것이나 마찬가지입니다. 그 전쟁은 핀란드 독립전쟁이었습니다. 러시아로부터의 오랜 독립 열망이 그 전쟁을 통해서 성취되었기 때문입니다.

제정 러시아뿐 아니라 레닌의 혁명 정권도 핀란드를 자신의 영토로 여겼습니다. 스탈린이 히틀러와 폴란드 영토를 분할하는 비밀 협정을 맺고 난 직후인 1940년에, 발트3국을 합병하고 핀란드를 침공한 이유가 여기에 있었습니다. 독일의 침공으로 소련이 동유럽에서 밀려나면서 핀란드와 발트3국은 잠시 독일의 영향권으로 진입했습니다. 이 시기에 핀란드는 레닌그라드 포위에 독일군과 함께 참여하면서 주권을 지켜보고자 했습니다. 하지만 소련이 스탈린그라드 전투에서 승리하고 나서 상황이 또 급변한 것입니다. 동유럽을 재점령한 스탈린은 1944년에 다시 핀란드를 침공하여 '계속전쟁'을 벌였던 것입니다. 이유는 핀란드를 자신의 고유한 영토로 여겼기 때문이었습니다. 요컨대 러시아제국이나 소련이나 모두 대륙 국가의 제국적 본성은 마찬가지였다는 것입니다. 장제스와 마오쩌둥, 시진핑이 모두 한반도를 자국의 제후국처럼 여기는 것과 아주 유사했던 것입니다.

이런 점을 고려했을 때 한국을 포함한 네덜란드, 핀란드, 스웨덴 등 대륙 강대국과 인접해 있는 나라들이 대륙 강대국과 동일한 사상 이념을 보유하고 대륙 세력의 관점에서 정치활동을 하면 어떤 결과가 초래되는지 아주 명백합니다. 국가 주권의 상실과 종속적 지위로의 전락입니다. 이른바 위성국가로의 지위하락인 것입니다. 이에 대한 대처는 '원교' 외에 다른 방법이 없습니다. 네덜란드, 핀란드, 스웨덴 모두 영국이나 독일, 미국, 프랑스 등의 다른 강대국들과 원교遠交하면서 국가 주권을 유지할 수 있었고, 심지어 지금도 그러하다는 점을 분명하게 인식해야 합니다.

국경이 인접한 대륙의 강대국과 연동되는 약소국의 정치세력은 결국 나라를 약체로 이끌어 가거나 병합으로 끌고 가게 됩니다. 대표적인 사례로 프랑스 혁명정부에 잠시 점령되었다가 나폴레옹에 의해 아예 프랑스 영토로 편입된 네덜란드의 사례가 있습니다. 나폴레옹에게 네덜란드는 병력과 물자의 보급처 정도로 인식되었습니다. 이는 나폴레옹보다 100년 전에 네덜란드를 반복해서 침공했던 루이14세에게도 마찬가지였습니다. 군사적 정복을 통해서 인력과 물자를 쥐어짜 내는 대상으로 여겼던 것입니다.

한국은 일본과 중국 중 어느 나라에 의해서이건 만일 점령될 경우 네덜란드와 마찬가지 운명을 겪을 수밖에 없습니다. 그나마 해양 세력인 일본의 식민 치하에서는 근대적 법제도가 이식되면서 착취가 덜했던 측면이 있습니다. 하지만 일본과 마냥 친교만 한다고 해서 주권을 온전하게 유지하기는 어렵습니다. 어느 정도 거리두기는 필요합니다. 일본과 적대하지 않되 바다 건너 미국과 친교하는 방식이 가장 훌륭한 지정 전략인 것입니다. 이것은 아데나워의 서독에서도 사용했고 심지어 중국의 덩샤오핑도 구사했으며 한국에서 이승만 초대 대통령이 개척해 놓은 국가 책략이었습니다. 이 점에서 한미상호방위조약이 한반도의 국가 주권 확립에 얼마나 중요했는지 아무리 강조해도 지나치지 않을 지경입니다. 이렇게 약소국의 주권 확립과 보존은 원교·근교 정책과 밀접히 관련되어 있는 것입니다.

전교조 선생님들께2
– 환경 파괴 복마전 태양광

전교조 운동의 3대 세력에서 가장 약하지만 가장 근본적이면서 순수한 흐름이 환경생태주의입니다. 나는 과학과 환경을 모두 공부했지만, 그 '비판주의 패러다임'의 환경론이 얼마나 문제가 많은지 알게 됐습니다. 서양사를 포괄적으로 공부하면서 확인하게 된 것입니다.

환경 근본주의와 사회 근본주의가 융합되면 무슨 일이 벌어지는지 86세대가 벌이는 태양광발전소에서 확인됩니다. 특히 호남 지역의 산이란 산은 모조리 깎아 내고 삼림을 베어 내면서 태양광발전소를 설치합니다. 기술적 미흡으로 전력 저장 시설에서 계속 불이 나고 있음에도 강행합니다.

삼림을 파괴하는 사례는 사실 서울에서도 여자대학 기숙사를 짓는 과정에서 확인된 바 있습니다. 광화문에서 농사를 짓는다는 환경생태 근본주의 지향의 서울시장은 여자대학 기숙사 짓는 것을 허가해서 상당한 넓이의 삼림을 없애 버리는 사태를 조장한 바 있습니다.

86세대의 태양광 사업은 이보다 열 배는 더 심해서 아예 깊은 산 속의 삼림까지 훼손합니다. 한반도의 민둥산은 거의 30여 년에 걸친 식목을 통해서 그나마 나무가 우거진 숲으로 바뀌었습니다. 그런데 집권 86세대가 '친환경'이란 명분으로 태양광발전소를 설치한다면서 파괴하고 있는 것입니다. 심지어 저수지까지 무분별하게 태양광 패널을 덮는데 이후 어떻게 그것을 처분할지 염두에 두지도 않습니다.

아무리 광화문 촛불에 가담했다고 하더라도 눈앞에 이런 일들이 벌어지는 것을 보면서 가만히 있어서야 정말 기본 양심도 지키지 못하는 것입니다. 지금 양심이 있는 사람들이라면 86세대에게 환경 파괴, 숲 파괴로 이어지는 태양광발전소 설치를 중단하라고 외쳐야 마땅합니다. 친환경을 핑계 삼아 자행되는 태양광발전소의 무분별한 설치야말로 환경을 해치는 적폐 아닙니까?

게다가 환경을 해치는 태양광 사업 적폐에 엄청난 세금이 투입되고 있습니다. 그 태양광 패널은 전부 중국산으로 수입하고 있다 합니다. 한국산 패널도 우수한 제품이 많은데 이렇게 하고 있습니다! 이는 외세의 영향력을 안마당으로 끌어들이는 위험한 짓입니다. 그런데 돈을 벌고자 하는 욕망이 반외세고 뭐고 오히려 다 밟아 버립니다. 이렇듯 86세대는 한국의 정치세력 중에서 가장 탐욕이 심한 적폐 세력인 것입니다.

이 세력을 빨리 청산하지 않으면 한국은 두 가지 측면에서

망하고 말 것입니다. 첫째는 땀 흘려 이룩한 산업 기반을 남김 없이 무너뜨릴 것입니다. 둘째는 결국 중국의 종속국으로 떨어져 갈 것입니다. 벌써 대통령은 '소국인 한국이 대국인 중국의 중국몽에 함께한다'고 천명한 바 있습니다. 문자 그대로 중국의 한 제후국처럼 행동하고 있는 것입니다. 태양광 사업은 그런 정치 행위의 한복판에 있어서 그 모든 적폐를 다 함의하고 있습니다. 여기서 앞으로 무슨 게이트가 벌어질지 사실 빤하면서도 막지 못하고 있다는 점이 안타까울 뿐입니다.

전교조 선생님들께3
– 핀란드의 적백내전과 독립

　국제 정치에서 '핀란드화'는 매우 중요한 단어입니다. 이는 공산주의 강대국이 어떻게 약소국을 유린하는가의 본보기와도 같습니다. 소련이 해체될 때까지 핀란드는 소련에 짓눌려 국가로서 제대로 주권을 행사하지 못했습니다.

　이 글에서 두 가지를 말하려고 합니다. 첫째, 약소국 주권 보장을 그토록 떠들어댄 공산주의 국가가 오히려 앞장서서 약소국을 유린했다는 것입니다. 둘째, 식민 모국에서 '수학'했다고 해서 전부 나라를 팔아먹는 매국노는 아니라는 점입니다. 이 두 가지 테제는 핀란드의 독립과 주권 확립의 역사를 간단히 살피는 것으로 알 수 있습니다.

　제목에서 알 수 있듯, 오랜 세월 스웨덴의 식민지였던 핀란드가 나폴레옹 전쟁 속에서 러시아로 넘어간다는 설명입니다.

1807년 2월, '틸지트 조약'으로 프로이센과 러시아가 프랑스 편에 섰습니다. 그리고 1808년 러시아가 스웨덴 영토였던 핀란드 지역으로 침공하여 승리합니다. 이렇게 해서 나온 결과가 다음과 같은 역사 서술로 요약되어 있습니다.

> 대러시아 전쟁은 스웨덴측에 매우 불리하게 돌아갔다. 핀란드의 '스웨덴 요새(Sveaborg)'가 함락되어 스웨덴군이 퇴각하니, 1808년 말에는 핀란드 전역이 러시아군에게 점령당하게 되었다. 결국, 1809년에 러시아와 프레드릭스함(Fredrikshamn; Hamina)에서 화해가 체결되니, 스웨덴은 핀란드 전역과 올란드 제도, 그리고 배스테르보텐의 일부를 러시아에게 양도해야만 되었다. 이것은 스웨덴이 일찍이 러시아와 체결한 스웨덴-러시아 강화조약 가운데 가장 굴욕적인 것으로, 이로써 스웨덴 왕국의 3분의 1을 빼앗긴 것이다.
> – 《네이버 지식백과》(핀란드의 상실, 북유럽사, 2006. 3. 1., 미래엔)

1809년, 스웨덴과 러시아의 강화조약으로 핀란드가 러시아에 할양됩니다. 이렇게 해서 핀란드는 러시아의 한 '제후국'으로 전락되어 다시금 독립의 기회를 기다리게 됩니다. 그리고 마침내 1917년에 이르러 기회가 왔습니다. 러시아혁명이었습니다. 핀란드의 기회는, 1917년 러시아혁명으로 러시아제국이 무너지자 찾아왔습니다. 이 기회를 어떻게 살렸을까요?

1918년 봄, 탐메르포르스(Tammerfors; Tampere)에서 드디어 백위대와 적위대가 충돌하게 되었다. 그러나 적위대는 독일의 지원을 받은 백위대를 물리치지 못하였다. 백위대를 지원하러 온 독일군 부대는 남부 핀란드에 상륙하여 헬싱키를 점령하였고, 이 틈을 타고 만네르헤임 장군은 적위대의 마지막 보루堡壘였던 비보리(Vyborg; Viipuri)를 공격하여 함락시켰다. -

— 《네이버 지식백과》(핀란드 내전, 북유럽사, 2006. 3. 1., 미래엔)

만네르하임이 소련을 뒷배로 핀란드를 소련에 종속시키고자 했던 공산주의 세력과 전쟁을 벌여서 승리했습니다. 핀란드는 이렇게 공산주의와의 전쟁을 통해서 독립을 성취했습니다. 1920년에는 러시아로부터 영토를 할양받기까지 했습니다. 하지만 1940년, 독일과 불가침조약을 체결한 소련이 발트3국을 점령하더니 핀란드를 침공했습니다. 소규모의 병력으로 정말 잘 싸웠지만 핀란드는 패배했고 소련과 강화조약을 체결했습니다. 상당한 넓이의 영토를 할양해 줌으로써 일단 소련의 침공은 멈춘 것 같았습니다.

독일의 소련 침공이 이루어지면서 핀란드는 재빨리 잃어버린 영토를 회복하고자 했습니다. 그 유명한 레닌그라드 포위전에 라도가 호수 북쪽 핀란드 영토 지역에서 독일군과 함께 레닌그라드 포위전에 참여한 것입니다. 히틀러의 악독한 파시즘 군대 편에 섰습니다. 독립을 유지하는 방편이 그것밖에 없었던 것입니다. 영국은 소련과 연합국을 이루었으니 지원받는 것이 불가능하여 이렇게 독일과 원교를 하는 방법밖에 남지 않았던 것입니다.

게다가 독립전쟁에서 활약한 만네르하임은 러시아 육군사관학교를 나온 기병 장교였으며, 중장까지 진급한 뒤 러시아제국이 혁명으로 무너지자 핀란드군으로 돌아와 스탈린 치하 소비에트로부터 핀란드의 독립을 지켜냄으로서 전쟁원수의 칭호까지 받은 핀란드의 영웅입니다. 그는 러시아제국의 장교로 복무했지만 친러파가 아니었고 철저히 핀란드 독립파였습니다. 만네르하임의 생애만 고찰해 보아도 핀란드의 역사는 '이념'으로는 절대 설명이 불가능합니다.

만네르하임은 핀란드의 국부로 추앙되어 핀란드 국내 여기저기에 동상이 세워져 있을 정도로 독립과 주권 확립에 크게 활약했던 것입니다. 그는 세 번의 전쟁에서 활약했는데, 핀란드 독립전쟁(적백내전)과 1940년의 '겨울전쟁', 1944년 '계속전쟁'이었습니다. 하지만 독일이 패전국이 되면서 핀란드는 1944년의 계속전쟁에서 결국 소련에 패배했습니다. 10%에 달하는 영토를 할양해 주고 겨우 평화조약을 체결했지만, 이후 50년간 배상금을 지불하면서 대륙 강대국 소련의 영향권에서 국가 주권이 짓눌린 채 보내야 했습니다.

하지만 중요한 사실은, 아무튼 핀란드는 국가로 생존했다는 것입니다. 그 대신에 '핀란드화' 되면서 극도로 국가 주권의 행사를 제약받았습니다. 1990년에 이르러 독일이 통일되고 소련이 동유럽에서 후퇴하면서 해체된 이후 다시금 국가 주권을 바르게 확립하고 도약했습니다. 2000년경에는 당대에 세계 최고 수준의 휴대폰을 생산하는 노키아 덕분에 경제 선진국이 되었습니다. 그리고 오늘날에는 세계 최고 수준의 교육 국가로 평가받고 있습니다. 그런데 1944년 계속전쟁 패배 이후 소련의 해체 시점까지 공산주의 소련의 지긋지긋한 강대국 강압을 50년 동안이나 경험했으니 공산주의는 핀란드에 발도 못 붙이게 된 것입니다.

핀란드 적백내전에서 적군이 승리했다면 어떻게 됐을까요? 핀란드 사회민주주의는 무상교육으로 유명하며, '마을이 학교다' 개념에 의해 마을이 책임지는 교육을 행하는 나라로 알려져 있습니다. 과연 소련과 동일한 체제였다면 이것이 가능했겠습니까? 전혀 아닙니다! 소련의 동쪽에 북한이 있는데 소련과 동일한 체제를 세운 결과 지금과 같습니다!

중국과 베트남도 글로벌 물결을 잘 파악하고 개혁개방 노선으로 나아갔습니다. 그 결과 지금은 경제가 활성화되어 있지만, 북한은 개혁개방을 거부한 채 핵개발로 어긋나면서 뒤처지고 말았습니다. 중국과 베트남은 소련식 공산주의 체제를 지양하고 개혁이라는 권력 분산 및 정권 공유제와, 개방이라는 자유시장경제 및 국제무역체제 합류를 부분적으로나마 수용했습니다. '부분' 수용으로도 효과가 그토록 큰 것입니다. 소련이 해체된 것을 고려해 보면 알 수 있습니다. 단순히 개혁개방에 실패한 것만으로 설명하기 어려운 것들이 많습니다. 사실 세계사를 보면 악행을 저지른 정권이 무너지지 않으면 그것이 오히려 이상한 것입니다.

만네르하임은 핀란드의 국부로 추앙받고 있습니다. 내전의 형태로 수행된 독립전쟁의 중심 역할을 하면서 공산화를 방지하고 소련과도 전쟁을 불사하면서 주권을 지키는 데 중심 역할을 해냈기 때문입니다. 한국은 핀란드처럼 내전에서 온전하게 승리를 거두지 못한 채 휴전선 이북을 공산주의에 내준 상태입니다. 이렇게 분단되어 있다 보니 이승만 초대 대통령이 독재자로 낙인찍힌 상태를 극복하고 있지 못합니다. 북한을 정통으로 여기는 역사관이 여전히 기승을 부리고 있어서 발생하는 문제입니다.

그러나 이승만 대통령이 소련과 같은 공산주의 체제를 절대로 받아들이지 않겠다는 의지를 관철시켰다는 점에서 나는 만네르하임과 동일하게 국부로 추앙되는 데 부족함이 없다고 평가합니다. 이승만 대통령은 한국전쟁에서 적어도 한국 영토의 절반을 지켜내는 데 성공했고, 그리하여 지금의 선진 한국이 된 점을 고려하면 만네르하임 수준으로 평가할 수 있는 것입니다.

그리고 핀란드의 노키아보다 더 훌륭한 삼성전자가 한국에 있습니다! 북한이 정말 역사적으로 옳은 길을 걷고 있다면 삼성전자 같은 기업 열 개는 가지고 있어야 맞습니다. 덩샤오핑은 미 제국주의와 결탁 제휴해서 지금의 중국을 만들었습니다. 덩샤오핑은 이승만의 친미 연횡과 박정희의 세계 자유무역체제 참여 전략을 수용했기에 성공한 것입니다. 중국에서 왜 미중 무역전쟁 와중에 '제국주의'라는 단어가 한 마디도 안 나오는지 유심히 지켜봐야 합니다.

레닌의 제국주의론과 마찬가지로 NL이나 PD도 오류로 판명되었습니다. 특히 레닌의 제국주의론은 나의 견해로 그 이론적 지위가 과도하게 부풀려져서 역사의 사례를 챙겨서 연구한 적이 없으며 매사 남 탓으로 일관하는 사람들을 사로잡는 이론이 되었다고 평합니다.

'앙심怏心'의 문제는 매우 심각합니다. 레닌 자신이 황제가 형을 죽여서 생긴 마음의 앙심을 버리지 못한 채 대학살을 자행한 점을 잊지 말아야 합니다. 왜 마오가 아니라 덩샤오핑인지도 인식해야 합니다. 중국에서도 제국주의론은 다 버리고 '부자'가 되는 길로 달려간 지 오래이며, 중국 부자들은 가능하면 미국으로 재산을 도피하고 미국으로 이민 가고 싶어합니다. 냉정하게 사물을 봐야 합니다.

전교조 선생님들께4
– 홍군과 국부군, 기이한 상식

　중일전쟁 당시 일본 제국군과의 전투 80% 이상을 장제스의 국부군이 감당했습니다. 이 전쟁에서 국부군이야말로 정말 '고난의 대장정'을 했습니다. 조직과 무기 편제에서 거의 제1차세계대전 당시의 수준에 머물렀던 장제스의 국부군은 전차와 항공기 같은 최신의 무기로 무장한 일본군의 상대가 되지 않았습니다. 일본군은 항공모함 전력이 강력한데다 육군이 운용하는 전투기와 폭격기 전력이 강력해서 장제스의 국부군을 궁지로 몰아갔습니다. 그래도 장제스의 국부군은 일본군에게 항복하지 않고 엄청난 저항을 멈추지 않았습니다.

　당시 유럽 전선에서는 소련군이 이런 역할을 했습니다. T34 전차의 '신화'는 오랜 성능 보완을 통해 실현된 것일 뿐, 처음부터 독일군 기갑부대를 몰아붙이는 데 소용이 있었던 것이 아니었습니다. 아시아에서 장제스의 국부군은 전투를 할 때마다 엄청나게 많은 병력이 죽거나 다치면서도 포기하지 않았습니다. 소련군은 스탈린그라드 전투의 승리 이후 독일 육군과 싸우면서 중앙을 고착시키고 양 측면으로 전차를 보내 치고 들어가는 방식을 반복 사용하면서 승리를 거듭했습니다. 중요한 사실은, 소련군이 승리를 거두면서도 사상자는 독일군보다 더 많았다는 점입니다.

소련군은 이렇게 많은 인명을 희생시키며 도무지 무너질 것 같지 않은 독일 육군 3백만을 붕괴시켰습니다. 이런 점에서 사실 동유럽과 북한이 소련에게 넘겨진 것입니다. 소련이 영국과 미국의 동맹이었기에 발생한 불행 중 가장 큰 것은, 폴란드가 거의 자유 폴란드 군에 의해서 해방되는 분위기였지만 결국 소련에 점령되어 공산화된 것입니다. 윈스턴 처칠이 곤혹스러웠던 이유였습니다. 발트3국도 그러했습니다. 핀란드는 두 차례 소련의 침공을 받아서 전쟁을 치렀습니다. 북한도 그렇게 소련과 중국의 완충국이 된 것입니다. 아시아에서는 장제스의 국부군이 엄청난 고난 속에 피 흘리며 싸우면서 거대한 일본 육군을 중국 대륙에 고착시킨 덕분에 미국이 태평양전쟁에서 일본군에게 승리를 거두는 요인이 되었습니다.

하지만 아시아에서 장제스의 국부군이 기여한 바에 대해서는 보상이 없었습니다. 아주 조금 있다면 대만이 경제적으로 선진국 지위를 누리게 되었다는 것뿐입니다. 오히려 장제스는 '오명'을 보유하고 있습니다. 그 '오명'은 입에서 입으로 전해져 내려오고 있습니다. 나도 고교 때 윤리 수업 시간에 담당 교사에게서 들었습니다. 장제스 국부군은 부패했고 마오 인민군은 청렴했다는 것입니다. 그래서 마오의 인민군이 대륙을 장악한 것은 역사의 올바른 경로였다는 엄청난 이야기를 숨죽여 들었습니다.

이런 담론은 입에서 입으로 전파되어 웬만한 윤리와 도덕 교사들이 다 그렇게 알고 있습니다. 반드시 전교조 교사들이 아니어도 그러합니다. 스스로 양심적인 교사라고 자부하는 윤리와 도덕 교사들의 인식이 그러하다는 것입니다. 세대에서 세대로 거쳐서 전파되는 이런 지식을 뭐라 해야 할까요? 한국에서 이어져 가는 사회역사적 유전자의 하나입니다. 그런 지식이 내가 고교 때 윤리 선생의 경우처럼 학생들에게 전파되는 효과는 매우 놀라운 것입니다! 기이한 현상입니다. 이 문제를 극복하기 위해서는 스스로 역사를 연구할 수밖에 없었습니다.

아무튼 역사적 사실을 제대로 알아가는 과정이 없이 대부분의 교사들이 그냥 쉽게 단정하게 됩니다. 그런 사전 정보를 접하고 대학에 들어와 『아리랑』 같은 책이나 『중국의 붉은 별』을 읽으면 마오의 중국 장악이 '정통의 역사'였다는 생각에 사로잡히게 됩니다. 그리고 『해방전후사의 인식』을 읽으면 대한민국이 미제국주의 신식민지라는 생각에 완전히 빠져들어서 돌아올 수 없게 됩니다. 거기에 『전환시대의 논리』를 읽고 나면 미국은 명분도 없이 전쟁을 일으키는 전쟁광 나라로 각인되면서 '미제국주의 타도'가 영화 〈인셉션〉의 주제처럼 그야말로 선명하게 각인되는 테제가 되어서 스스로 깨어 있고 진보적이라고 생각하는 사람들을 사로잡고 맙니다.

문재인 대통령이 중국 공식 방문에서 읽은 연설문이 바로 그러한 사상 교양의 결과물인 것입니다.『중국의 붉은 별』과『아리랑』은 중국 공산당의 옌안으로 가는 대장정의 주인공인 마오쩌둥과, 거기 합류해서 공산주의 독립운동을 한 한국 독립운동가 김산을 극적으로 미화합니다.『아리랑』을 읽으면 은밀히 공유되는 집단 기억이 됩니다. 바로 그러한 집단 기억의 연장에서 1930년대 중국 공산당의 대장정을 극도로 미화하면서 '소국 대한민국이 거대한 봉우리 중국의 중국몽에 함께한다'는 문재인 대통령의 연설문으로 나오는 것입니다.『중국의 붉은 별』과『아리랑』으로 젊은 시절 의식화되면 이 한계를 극복하기 어려워집니다. 거의 대부분 전교조 교사들이 그러했을 것입니다. 심지어 전교조를 떠난 교사들조차 여전히 그렇게 훈습된 상태로 머물러 있을 것입니다.

나는 그런 훈습의 악영향 극복이 불가능하지는 않다고 생각합니다. 내가 거쳐 온 행로를 살피면 그러합니다. 물론 나는 끊임없는 회의와 의심을 앞세우고는 있었습니다. 하지만『아리랑』이나『전환시대의 논리』가 훈습한 의식의 오염을 극복하는 과정은 정말 쉽지 않았던 것입니다. 요즘 유행하는 팩트 체크에 가까운 과정이었습니다. 가장 먼저 간단한 유추에 의해 잘못된 '선동'을 극복 가능합니다. 좌파들이 알고 있는 것처럼 마오의 인민군이 밤에 잠잘 때도 민가에 들어가지 않고 폐를 안 끼치려고 온갖 노력을 다한 청렴한 군대였다고 가정합니다. 그러하다면 그토록 대학살의 주역이 되는 것은 불가능합니다. 청렴한 군대이려면 그 지도부에서부터 청렴해야 맞습니다.

하지만 마오의 기쁨조를 고려하면 벌써 어긋나고 맙니다. 최고 지도자가 그러한데 그가 거느린 군대가 그토록 청렴하게 운영되는 것은 전혀 가능하지 않습니다. 이런 점은 중국에서 오래된 '과장'의 전통과 관련있습니다. 특히 인물에 대한 평가에서 실제 행적과 기록된 평가 사이에 큰 간극이 있는 경우가 많이 있습니다. 승리자가 되면 과장된 평가가 기록되는 만큼, 패배한 경우에 아무리 훌륭한 업적을 남겼어도 폄하되는 것입니다. 중국의 역사 인물의 행적을 숱하게 기록한 사마천의 『사기』를 읽다 보면 그런 점을 명확하게 알 수 있으며, 중국의 인물 평가가 거의 왜곡되고 과장되어 있음을 확인하게 됩니다.

위문후에게 기용되어 중국 전국시대의 첫 번째 패권국의 견인차 역할을 해낸 위나라의 장군 오기에 관한 평가가 대표적입니다. 사마천의 기록에 의하면 오기의 경우 분풀이로 30명을 죽이고 고향을 떠나서 증자의 문하에서 공부하다가 쫓겨났고, 노나라에 등용되기 위해 제나라 부인을 죽였다는 식의 이야기가 전해집니다. 오기가 초나라에서 개혁을 강행하다가 귀족들에게 죽음을 당하고 난 이후에 초나라 귀족들이 지어낸 이야기라고 봐야 할 것입니다. 오히려 『한비자韓非子』나 『여씨춘추呂氏春秋』 등 전국시대 당대의 문헌에서는 오기를 권세와 재물에 초연한 현자와도 같은 모습으로 그리고 있습니다.

즉, 오기의 악행이라고 기록된 일화들은 한대에 편찬된 사서인 『사기』 외에는 전국시대 당대의 문헌들과 교차 검증이 안 됩니다. 출전인 『사기』의 '손자오기열전孫子吳起列傳'의 내용은 어떤 노나라 사람이 오기를 비방한 말에 근거하고 있습니다. 중국의 역사서 가운데 최고의 권위를 자랑하는 『사기』의 내용조차 이렇게 객관성을 잃고 있다는 점에서 중국 역사 자료의 인물 평가는 액면 그대로 믿기 어렵습니다. 문제는 이런 전통이 현대 공산주의 운동에서조차 작동했다는 것이며, 특히 마오에 대한 평가에서 과장이 명백한 것입니다. 중국 인민군이 청렴했고 장제스의 국부군이 부패했다는 신화는 실제 전쟁의 경과를 상세히 살피지 않은 채 나온 일종의 의식화를 위한 작업 속에서 은밀하게 통용된 왜곡과 과장이 깃든 정보였던 것입니다.

다른 왜곡과 과장도 있다고 생각합니다. 한국의 좌파 지식인을 사로잡고 있는 '대장정'의 신화입니다. 이는 사실 글로벌 좌파 지식인이 공유하는 신화이기도 합니다. 나는 이것도 과장이라고 평가합니다. 이 모든 신화는 『중국의 붉은 별』과 같은 저작과 함께 당대의 언론을 통해서 과장되게 부풀려진 것입니다. 이런 일은 역사적으로 한두 가지가 아닙니다. 이를테면 마리 앙투아네트가 파리 시민들이 '빵을 달라'고 하자 '왜 빵만 먹으려 하죠? 과자 먹으면 되지' 이렇게 말했다는 것이나, 4.19 때 프란체스카 여사가 '밥을 달라'는 시위대의 외침에 '빵을 먹으면 되지 왜 밥만 먹으려 하죠'라고 반문했다는 소문이 대표적입니다.

반복되어 되살아나며 스스로 만들어지는 이런 이야기들과 달리, 마오 인민군의 대장정 신화는 매우 의도적으로 만들어졌습니다. 자신의 '가이아 이론'을 부정하고 친원전으로 돌아 버린 제임스 러브록의 포지션을 보면서 더욱 많은 것을 생각하게 됩니다. 가이아 이론에 물들어 앞뒤 생각 없이 탈원전을 외치는 근본 생태주의자들처럼 한국 좌파들은 여전히 마오와 홍군과 대장정의 신화에 집착합니다.

한국인들은 스스로 '팩트'를 구성할 줄 알아야 합니다. 마오의 인민군이 청렴했고 장제스의 국부군이 부패했다는 테제는 팩트가 아니며 유입된 테제이고 놀랍게 은밀한 경로를 거쳐서 통용되다가 '민주화 이후'에는 공개적으로 전파되었습니다. 이렇게 왜곡되고 과장된 정보로 의식화된 전교조 교사들이 역사 교과서 논쟁에서 어떤 태도를 보일지 매우 자명했던 것입니다. 이는 대한민국의 국체에 직결된 문제이며 공개 광장의 그릇된 역사 인식부터 극복해 가야 합니다. 나아가 은밀하게 혹은 공개적으로 통용되었지만 왜곡되고 과장되었으며 사실과 무관한 지식과 정보에 대해 깊게 사유하고 성찰하는 과정을 통하여 사회 역사적 유전자에서 삭제해야 합니다. 지식인으로서 전교조 선생님들이 이런 작업을 하지 않으면 대한민국의 정상화는 점점 멀어져 갈 것이라는 절망감을 갖게 됩니다.

전교조 선생님들께5
– 이승만에 대한 오해

 캐릭터는 총체적으로 살펴야 비로소 이해할 수 있습니다. 과거 인물일 경우 더 그러합니다. 이승만 건국 대통령은 '현재'에도 여전히 논란이 되는 인물입니다. 한국에서는 양방향으로 극명하게 갈라집니다.

 '건국 대통령'이라고 말하는 순간 전교조 선생님들은 반발할 것입니다. 나 또한 그러했습니다. '건국'이라는 단어와 '대통령'이라는 낱말을 합쳐서 생각하지 못하게 인셉션된 이미지가 마음속에 이미 들어가 있었던 것입니다. '건국'과 '인셉션'이라는 두 낱말의 연관입니다.

 이승만이라는 인물에게 '건국'과 '대통령'이라는 낱말을 붙여서 일컫지 못하게 가로막는 그 힘이 바로 일종의 사회역사적 유전자입니다. 영화 '인셉션'의 주제가 그러합니다. 단 하나의 생각을 심어주기 위해서 정말 여러 사람들이 움직입니다. 나는 그렇게 한 것이 『해방전후사의 인식』 시리즈라고 생각합니다.

이 책을 읽고 의식화된 전교조 교사를 포함하여 스스로 진보 진영이라고 여기는 한국인은 이승만 건국 대통령에 대하여 두 가지 생각이 못 박혀 있습니다. 첫째는 독재자이며, 둘째는 친일파라는 것입니다. 이 두 가지 테제가 결합하면 엄청난 위력을 발휘합니다. 광화문 광장에 촛불 들고 나오도록 하는 데 기본 동력으로 작동하는 것입니다.

이 글에서는 이승만의 이미지 중에서 '친일파'라는 하나만 다루고자 합니다. 결론부터 말하면 이승만 대통령은 전혀 친일파가 아닙니다. 오히려 일본에 지나치게 반대해서 항일파였던 것입니다. 그렇다면 친미파일까요? 그것도 전혀 아닙니다. 이승만 건국 대통령이 친미파라 하기도 어려운 지점은 1970년부터 1987년까지 지속된 반독재 민주화 투쟁의 맥락과 그 결과에서 파악해야 합니다. 신자유주의 정책의 채택이었습니다.

김대중정부의 신자유주의 정책이 바로 이승만 대통령 시기의 자유주의와 맥을 같이합니다. 자유시장경제를 잠식하는 과도한 국가 부문의 구조조정으로 재인식합니다. 이는 영국과 미국식의 자유시장경제 중심으로의 개혁을 함의합니다. 그런데 김대중정부의 이런 개혁 방향이 이승만정부의 방향과 일치하는 것입니다. 바로 이런 자유주의와 신자유주의를 관통하는 시장경제 체제라는 맥락에 비추어 김대중정부가 친일이 아니듯 이승만 건국 대통령도 친일이 아닙니다.

이승만이 지향한 공화주의와 자유민주주의 및 자유시장경제

법제도 전반이 일본식이 전혀 아니었습니다. 6.25전쟁을 포함하여 이승만 건국 대통령이 재임했던 1960년까지의 약 12년이 정치적으로 독재라고 비판받지만, 자유시장경제와 자유민주주의 원칙을 전혀 붕괴시키지 않았습니다. 심지어 모든 선거는 다 예정대로 진행되었습니다. 국회는 심지어 한국전쟁 중에도 열렸습니다. 백골단 땃벌떼의 불명예를 남긴 것은 사실이지만 법제도의 기본을 붕괴시키지는 않았습니다. 이유는 간단합니다. 그래야만 비로소 자유시장경제가 보존될 수 있기 때문입니다.

전쟁 시기조차도 기업이 군수물자를 납품하고 정부가 대금을 지불하는 원칙을 철저히 지켰습니다. 이것이 영국식입니다. 전시의 군대용 보급물자 수급에도 자유시장경제 원칙을 관철해야 전쟁 이후 재건 과정을 신속하게 추진할 수 있으며 경제와 산업에서 성과를 낼 수 있습니다. 거문도에 상륙한 영국군이 섬 주민들에게 일을 시키고 임금을 준 사례와 동일한 맥락입니다. 전시 경제가 국민에 대한 약탈로 가면 전후의 재건은 어려워집니다. 이것이 자유시장경제가 보유한 강점이며 이승만 건국 대통령은 이런 제도를 정착시키는 데 힘을 기울인 것입니다.

그 출발점이 농업개혁이었고 이는 자유시장경제 체제의 확립을 향해서 성공적으로 산업을 일구어낸 경우에 어느 나라이건 공통된 방향이었습니다. 이승만정부의 농업개혁에서 골간은 사회주의자였던 조봉암을 기용해서 이룩한 유상몰수 유상분배 방식의 농지개혁이었습니다. 여기에도 공산주의 농지개혁과 다르게 소유권을 고려한 시장원리가 관철된 것입니다. 요컨대 농지를 무상으로 분배하는 방식도 안 된다는 정신이며, 여기에 소유권의 새로운 확립이 내포된 것입니다. 이 과정을 고려하면 이승만 건국 대통령은 영국식의 자유시장경제 도입을 지향했지 일본식은 아니었고, 따라서 친일파도 아니었으며 오히려 일본에 과하게 적대하는 바람에 외교 정상화를 가로막기까지 한 인물이었던 것입니다.

이승만 건국 대통령이 친일파가 아니라는 점은 그의 저서를 통해서 명백하게 확인됩니다. 그의 저서를 한국의 이른바 진보 진영 사람들이 읽을 일이 전혀 없을 것입니다. 심지어 박정희정부조차 이승만 대통령을 경원했습니다. 노선에 차이가 있었습니다. 자유를 중시하는 법과 제도적 조건을 구축하는 가운데 특히 자유시장경제 체제 확립을 위해 노력한 이승만정부의 노선이 박정희정부에서는 자유방임으로 여겨졌을 수 있습니다. 아마도 이런 이유로 '야경국가'와 같은 개념 설명이 정치경제 교과서에 들어가 있을 것입니다. 이는 제1공화국과 제3공화국의 차이로 반영됩니다. 그만큼 이승만 건국 대통령의 제1공화국은 자유시장경제를 중시했었다고 평가합니다.

청년 시절의 저작인 『독립정신』에서 이승만은 매우 일관되게 공화주의 정치에 기반한 자유시장경제를 주장합니다. 영국과 미국식의 자유와 권리에 기반한 법제도 체계를 전망으로 설정한 것입니다. 이렇게 전망한 가운데 '독립정신'의 확립을 중요하게 여깁니다. 이 책을 쓰던 무렵 한반도는 여전히 청나라의 제후국 수준에 머물러 있었습니다. 따라서 『독립정신』에서 구사된 단어인 '독립'에서 첫 번째 기본 방향은 청나라의 종속국 상태를 극복하는 것이며, 두 번째는 청일전쟁 이후의 정세 속에서 러시아에 의한 주권 잠식을 막는 것이었습니다.

청일전쟁 이후 러시아를 포함한 유럽 3국이 간섭하여 승전국인 일본을 억누르면서 러시아에게 많은 이권을 내주는 방향으로 갔기 때문인데 당시 독립협회의 만민공동회가 러시아의 절영도 조차를 막는 데 힘을 집중한 이유입니다. 열혈 청년 이승만은 '운동권 청년'으로 밤새도록 연설하면서 러시아의 한반도 영향력 강화를 막아내는 데 힘을 쏟았습니다. 러시아를 막아내니 다음 문제는 일본이었습니다.

이승만이 친일파였다면 러시아의 절영도 조차를 막아내는 성과에 기반하여 공개 친일파로 변신하면서 독립협회의 후신인 일진회의 간부가 되었을 것입니다. 그리고 미국이 아니라 일본을 유학지로 선택했을 것입니다. 하지만 이승만은 그렇게 하지 않았고 서재필처럼 미국으로 건너갔습니다. 김옥균과 갈라진 지점이었습니다. 여전히 일본을 한반도의 근대화 기착점으로 인식한 김옥균과 달리 이승만은 일본이 아니라 미국에서 배워야 한다고 확신한 것입니다. 미국 유학이 그의 시야를 더욱 광대역으로 확장했던 것으로 보입니다. 영국과 미국이라는 해양 세력의 양대 축이 되는 나라들이 어떻게 글로벌 영향력을 발휘하게 되었는지를 살펴보고 '해양에서의 중립 문제'를 연구 과제로 선택해서 학위를 받았으니, 거의 유일하게 당대 글로벌 정세를 알게 된 지식인이기도 했습니다.

이것은 오늘날에도 여전히 효력을 발휘합니다. 중국의 남중국해 점거 때문입니다. 해양 세력의 기본은 '전쟁 중에도 무역은 계속되어야 한다'는 것이며 따라서 중립국 선박에 대하여는 자유 항행을 보장해야 한다는 것입니다. 하물며 전시가 아닌 시점에서야 당연히 항행의 자유는 보장되어야 한다는 것입니다. 그래야 자유무역이 가능하기 때문입니다. 이런 주제를 중점적으로 연구한 이승만 건국 대통령이 어떻게 친일파라는 좁다란 테두리에 잔류할 수 있습니까? 해양 세력의 핵심에 대하여 파악한 이승만은 전혀 친일파가 될 수 없는 것입니다. 이미 아시아나 극동 중심의 정세 인식을 벗어 버렸는데 어떻게 친일이라는 좁다란 세계관이 갇혀 있겠습니까?

이승만이 친일파가 아니라는 사실은 그의 저서 『일본의 가면을 벗긴다』에서 더욱 분명하게 확인됩니다. 그는 일본의 천황 중심 전체주의가 결국은 미국과의 전쟁으로 갈 수밖에 없음을 논증한 것입니다. 오늘날 반일 프레임에도 아주 부합되는 반제 반일 저작입니다. 일본의 기습공격 방식으로 전쟁이 벌어질 것임을 예측했습니다. 실제로 그 예측이 실현되었습니다. 청일전쟁이나 러일전쟁을 사례 연구해 일본이 미국이나 영국을 기습공격으로 도발할 것임을 예측했던 것입니다.

일본이 청일전쟁과 러일전쟁에서 승리에 이르는 과정을 살피면 간단합니다. 러시아와 영국이 유럽의 G2에서 글로벌 G2로 확장되는 과정에서 러일전쟁은 필연적이었습니다. 일본이 영일동맹과 미일밀약으로 동맹을 맺고 있는 상태에서 전쟁 양상도 예측이 가능했습니다.

청일전쟁에서 일본은 선전포고도 하지 않고 영국인 선장이 운용하는 청나라군 수송선을 침몰시켰습니다. 러일전쟁에서도 선전포고 없이 여순항의 러시아 함대를 기습공격했습니다. 러시아를 물리친 일본은 1920년대에 영국을 능가하는 해군력을 갖추면서 결국은 미국과 충돌할 수밖에 없었습니다. 필리핀을 영유한 미국이 한반도와 동아시아 해역을 장악한 일본과 전쟁으로 갈 수밖에 없었던 것입니다. 게다가 나치 독일과 동맹을 맺으면서 영국과 미국의 동맹을 깼으니 서태평양에서의 충돌은 필연적이었지만 글로벌 안목이 없이는 예측이 불가능했습니다. 글로벌 안목을 갖춘 이승만은 전혀 친일파일 수 없었고 오히려 일본이 미국을 기습 공격하여 전쟁을 도발할 것임을 예측하여 미국의 조야에서 신망을 얻어 갔던 것입니다.

국가의 전망을 일본에게서 찾은 사람들이 진성 친일파였습니다. 그 뿌리가 김옥균입니다. 그는 일본에 머물러서 일본을 미래 한국의 모형으로 여겼습니다. 그 전망 속에서 모델을 찾는 경우가 진성 친일파입니다. 한국에서 현재 진행중인 친일파 공격은 일종의 프레임 씌우기입니다. 미제국주의라고 비난하지 못하니 그냥 일본만 가져다 두들겨 패면서 정치적 선전 선동 효과만 낼 뿐입니다.

일본 초계기의 레이더 사건도 그렇습니다. 아베와 문재인 정부 모두 정치적 인기를 높이는 데 활용하고 있습니다. 문재인 정부는 정말 반일일까요? 일대일로를 추진하는 송영길은 지주 집안의 금수저 출신으로 어려움 없이 고시에 합격하여 국회의원까지 됐으면서 중국몽에 합류한 사람입니다. 일본으로 하여금 정상국가화를 명분으로 점점 군사력을 강화하도록 부추기는 한국의 정치세력이 진짜 반일 맞습니까?

이승만은 영국식 자유당의 자유주의 정치를 한국에 도입하려고 했습니다. 부수적으로 미국식 실용주의와 자영농 육성책을 가져왔습니다. 일제 식민지를 36년 거치면서 삼권분립 제도 같은 것을 어느 정도 경험했지만, 해방 직후 한반도는 그냥 조선 시대와 같은 사유 속에 물들어 있었습니다. 국왕이 모든 것을 다 챙겨줄 것을 바라는 사유였습니다. 그 결과 모든 정치세력이 거의 동일한 강령을 보유하게 됐습니다. 일본이 한반도에 남긴 모든 것을 토지와 함께 국유화하는 일종의 국유경제 강령이 그것입니다.

국유경제의 대표적 사상이념이 공산주의였으니 한반도의 정치 지형이 좌편향이었음이 분명하며, 이 때문에 건국 헌법이 좌편향이었던 것입니다. 극히 오래된 전통인, 정치권력이 매사를 재단해서 행하는 법제도 정책으로의 후퇴입니다. 그 결과는 인류 역사상 유례없는 수령 독재를 실현한 북한에서 검증됐습니다. 공산주의는 인민이 밥 먹는 일조차 해결 못 하는 무능한 사상이념입니다. 어떤 식으로든 사유재산의 철저한 보장에 기초한 자유시장경제를 벗어나는 제도와 정책의 결과는 아주 분명합니다.

〈참고 서적〉

『독립정신』(이승만 저, 박기봉 엮음, 2018. 5. 5., 비봉출판사)

『일본의 가면을 벗긴다』(원제; 『Japan Inside Out』, 이승만 저, 류광현 역, 2015. 4. 30., 비봉출판사)

『쉽게 풀어 쓴 청일전기』(이승만 엮음, 김용삼 · 류석춘 · 김효선 옮김, 2015. 3., 북앤피플)

전교조 선생님들께6
– 프롤레타리아 독재

　나는 정치학자도 역사학자도 아닙니다. 단지 경험주의 철학에 근거하여, 역사의 사례연구를 통해 기존 관념을 재조명해 보는 것입니다. 경험주의 철학의 핵심을 나는 선과 악의 범주로 사물을 보는 관점을 지양하고 현상에 접근하는 방법이라고 봅니다. 불경에 나온 그대로, '암송해서 알고 있는 것'을 믿지 말고 '와서 직접 검증해 보라'는 정신에 충실한 인식 방법론입니다. '수행'은 가장 간단한 검증 방법으로 세 시간 만이라도 실제 실천을 하면 알 수 있다는 것입니다. 이미 부처님께서 미국의 실용주의 철학자들의 진리 검증 방법에 대하여 말씀해 놓으신 것입니다.

　공산주의나 사회주의가 전혀 진보가 아님은 여러 사례 연구를 통해 알 수 있습니다. 러시아혁명에서 볼셰비키가 저지른 대학살은 차치해도, 사소한 경제 정책에서조차 사람에 대한 이해가 부족해서 오류를 범해 왔습니다. 레닌의 신경제 정책은 덩샤오핑의 개혁개방과 동일한 수준의 인간 본성에 부합되는 초급 정책입니다. 하지만 덩샤오핑의 중국과 달리 소련은 실패했습니다. 이유는 인간에 대한 그릇된 이해 때문입니다. 자본주의로 되돌아갈까 봐 노심초사하면서 눈에 불을 켜고 '자본주의 요소는 해악이며 그냥 수단으로 잠시 활용할 뿐'이라고 생각했으니 성공할 수 없었습니다.

여기서 핵심은 인류의 생활 조건으로써 경제 활동의 자유라는 요소였습니다. 극히 초보적인 교환 활동에 대한 욕망에서 출발하는 것입니다. 교환은 자유를 매개로 이루어집니다. 그런데 러시아혁명은 이런 초보적 교환 활동조차 '자본주의 요소'라고 금지시켰습니다. 프롤레타리아 독재체제가 무소불위의 견제 없는 권력을 행사한 결과입니다. 당연히 자유를 구속하고 억제하니 요컨대 '자유롭게' 교환에 근거한 생업에 종사할 수 없게 되는 것입니다. 다른 무엇보다도 아무리 선의로 포장해도 독재는 독재이며, 이는 정치권력의 과도한 작동으로 경제 활동의 자유를 파괴하는 작용을 한다는 것입니다. 이래서 어떻게 정치권력의 과도한 비대화를 방지할 것이며, 견제와 균형 장치를 마련할 것인가가 '자유'를 위해 중요함을 알 수 있습니다.

여기에서 우리는 공화제의 사회경제적인 정치 원칙이 무엇인지 알 수 있습니다. 그것은 대립하는 사회 계급들이 서로 세력 균형을 이루도록 해야 한다는 것입니다. 균형이 깨지면 정치 체제는 타락할 수밖에 없습니다. 공화주의의 정치 원칙은 마르크스의 계급투쟁론이 얼마나 허망한지를 깨우쳐 줍니다. 마르크스는 계급 대립을 종식시키기 위해 프롤레타리아 혁명을 주장했습니다. 프롤레타리아가 승리해 독재를 할 수 있을 때 자유와 평화가 찾아온다는 것입니다. 그러나 우리는 20세기에 공산권의 참상을 경험했고, 그들이 얼마나 인간성을 말살했는지 알고 있습니다. 20세기 역사가 반증해 주고 로마 공화정의 역사가 실증해 주듯이 계급 대립을 끝낼 때가 아니라 계급 균형을 이룰 때 자유와 평화가 찾아오는 것입니다.

공화주의와 자유 그리고 번영

인류는 오랫동안 왕을 중심으로 정치 체제를 꾸리는 데 익숙했습니다. 경제적 사회구성체의 재생산에서 국왕이 핵심 역할을 하는 체제였습니다. 이때 국왕이 사용하는 수단이 권력입니다. 인간은 절대로 평등할 수 없습니다. 누군가 사회구성체의 재생산을 위한 지도를 하는 위치에 있게 되면 그에게 권력이 생깁니다.

권력을 행사하는 사람과 여기 함께하는 사람이 보유한 권력의 크기에서 불평등은 불가피합니다. 특히 전제정치에서는 이런 대조가 선명했습니다. 프롤레타리아 독재를 내세운 공산주의 정치 체제에서도 이는 마찬가지였습니다. '자본의 저항'을 극복하기 위해 프롤레타리아 독재를 정당화했지만, 일단 이 체제가 성립하면 결코 스스로를 제어하지 못합니다.

　가장 문제는 권력이 집중되는 독재의 속성으로 인하여 불평등은 더 극심해진다는 것입니다. 평등을 위해 프롤레타리아 독재체제를 혁명의 과정에서 수립했는데, 이것이 극심한 불평등의 기원이 되어 버린 것입니다. 새로 황제 체제를 수립하고 나면 공신을 중심으로 가문이 형성되고, 이들이 황제가 죽을 때까지 특권 귀족층을 이룬다는 중국사의 역사적 반복에서 알 수 있습니다.

　다음 황제가 들어서면 선先황제의 고명대신을 하나씩 척결하면서 바꿔 가기는 하지만 그렇다고 밑바닥 농민층에서 새로운 귀족층이 솟아오르는 것은 불가능했습니다. 지금 공산주의 체제의 프롤레타리아 독재가 이렇게 몇 개의 가문이 연합한 독재체제가 되면서 일종의 황제 독재체제와 유사해진 것입니다. 노동자 국가란 이제 구호조차 못 됩니다. 자본가들이 다 사라져 버린 중국에서 왜 프롤레타리아 독재가 소멸되지 않으면서 오히려 국가는 더 강화되고 게다가 이것을 절대로 버릴 수 없다고 하겠습니까?

　위의 인용문이 말하는 것처럼 공화주의 정치의 요체는 견제와 균형입니다. 특히 균형이 확립되지 않으면 평등과 자유 모두 소실되고 맙니다. 균형의 확립에서 핵심은 정치권력의 근간이 되는 국가와 사회 내부의 제 세력들의 배치에서 견제가 되도록 정교한 법과 제도와 관행과 관습으로 규율하는 것입니다. 정치와 경제의 분립도 이런 견제 체제의 기둥입니다. 영국에서 발전한 입헌군주제와 의회 중심 내각제의 함의가 그렇습니다.

단순히 군주를 두고 의회가 권력을 분점하여 헌법으로 다스리는 입헌군주정이 아니라 국왕이건 의회이건 정치권력을 집중하여 독재 권력을 행사하지 못하도록 법과 제도와 각종 관습으로 세력 균형이 이루어지도록 설계되어 있다는 점이 중요합니다. 30년마다 한 번씩 프랑스와 200년에 걸친 전쟁을 하면서도 영국은 군사독재체제로 이행하지 않았습니다. 견제와 균형의 법·제도에 더하여 청교도 혁명에서 유래한 자율적인 회중會衆 중심으로 운영되는 사회문화적 풍토의 정착으로 사회적 자본 지수가 매우 높기 때문입니다.

사람들 간에 상호 신뢰하며 속이지 않을 것이라는 기대가 실제로 통한다는 것입니다. 영국 문화라고 하여 손자병법의 핵심처럼 '유를 무처럼 위장하고, 무를 유처럼 위장하는' 문화가 없는 것은 아니었지만, 적어도 자국 국민들 사이에서는 상호 신뢰와 신용과 같은 사회적 자본의 축적이 문화 속에 내포되어 성립했던 것입니다. 그러하기에 신용을 담보로 이루어지는 거래가 이어지면서 상업의 발전과 산업혁명까지 가능했음을 알 수 있습니다.

가장 기본은 사유재산 보장입니다. 사유재산 보장은 신체의 권리 보장의 연장으로 봐야 합니다. 공화주의 정치 체제에서 핵심은 국왕을 포함하여 권력이 손쉽게 사람들의 목숨을 빼앗지 못하게 하는 것입니다. 정치권력이 강력해지면 사람들의 목숨을 쉽게 빼앗게 되며 이런 정치 체제의 함의는 목숨의 연장으로서, 사유재산을 쉽게 강탈해서 정치적 잉여로 배분하는 체제로 이행한다는 것입니다.

바로 이것이 인류 역사의 핵심적인 결함이었습니다. 다른 사람들의 생산분을 강탈해서 정치적 잉여로 배분하는 체제입니다. 정도의 차이가 있지만 모든 정치권력의 속성이 그러했습니다. 경제적 사회구성체 재생산의 수단이 국가권력이었는데 동시에 숱한 자원과 잉여에 대한 접근과 처분권이 국가권력에 주어지기 때문입니다.

　사람의 인신 구속과 목숨 탈취가 법에 의해 엄격하게 금지되는, 인권이 보장된 국가와 사회는 당연히 사유재산의 보장을 중시하게 됩니다. 헌법에 포함됩니다. 국가의 의무로 국민의 생명과 재산을 보장하는 것입니다. 예전 국가권력은 오히려 생명과 재산을 함부로 탈취했습니다.

　현대 국가에서 '생명과 재산'을 보장한다는 헌법 조항 하나가 들어가고, 3권분립과 3심제도와 같은 인권 보장 제도가 확립되기까지 정말 오랜 세월의 시행착오를 거쳤던 것입니다. 그 제도적 설계 자체가 정치권력이 집중되지 못하도록 하는 견제와 균형 원리에 기반해서 오랜 세월을 거치면서 진화해 온 인류의 성과입니다.

　결론은, 정치권력과 경제권력, 사회문화적 권력을 포함하여 모든 권력 자체를 해체하는 것은 가능하지 않다는 것입니다. 가능한 대안은 그 힘의 크기와 방향을 정교하게 고려하여 합력이 제로(0)가 되도록 견제장치를 정교하게 설계하여 설치하는 것입니다. 이렇게 해서 균형이 성립하면 자유가 확립될 수 있습니다. 신교와 구교가 함께 있으면서 신앙생활을 해도 피의 보복이 벌어지지 않는 사회가 성립하는 것입니다.

프롤레타리아 독재와 대륙 세력

그런데 프롤레타리아 독재 체제는 이미 권력의 집중과 독점을 전제합니다. 여기에는 견제 받지 않는 정치권력만이 존재합니다. 이 경우 정치권력은 국민의 생명과 재산을 보호하는 역할이 아니라 예전처럼 생명과 재산을 쉽게 탈취하는 방향으로 변질될 수 있습니다. 사실 시간문제일 뿐입니다. 좋은 독재는 거의 불가능하다는 것입니다.

세상을 평안하게 한다는 전통적인 인류의 '야심'이란 결국 정치적 잉여를 전취해서 물질적으로 풍요로운 삶은 물론 권력으로 다른 사람들을 복종시키는 삶을 누린다는 전통적이며 권력 환원적 사유일 뿐입니다. 북한 사람들이 '우리는 왜 안 되지'라고 고민했을 때 결론은 간단합니다. 기본적 생명과 재산의 자유조차 보장받지 못하는 체제에서 무슨 풍요로운 삶으로 가느냐고 말입니다.

하지만 당과 국가의 관료는 인민이 아무리 빈곤해도 충분히 귀족적인 호화스러운 생활을 할 수 있습니다. 오랫동안 지속된 왕정 체제하에서 아무리 농업 생산력이 빈곤했다고 해도, 조정의 신료들은 호화스럽게 생활할 수 있었습니다. 이를테면 태종의 책사 하륜은 아주 광대한 토지를 보유했는데 사실 권력의 힘으로 약탈했던 것입니다.

생명과 재산을 전혀 보장하지 않으면서 정치권력이 바뀌면 소유권도 바뀌는 프롤레타리아 독재국가에서는 경제가 발전할 수 없습니다. 자유가 보장되지 않으니 평등하지도 않습니다. 재산이 다 동일하다고 가정해도 정치권력의 크기에서 불평등하며, 공산당원이 아니고 게다가 혁명 가문에 속하지 않으면 변방의 하층 계급일 뿐입니다.

베네수엘라가 3200만 명 인구에 장성이 2000명이나 된다고 하는데 마트에 물건이 동나도 이런 지배 귀족들에게 분배되는 잉여는 충분하다는 것을 암시합니다. 북한에는 원수와 차수가 즐비합니다. 정치적 잉여를 배분받는 일종의 누적 귀족 체제인 것입니다. 이런 체제가 진보입니까? 자유도 평등도 없는 프롤레타리아 독재체제는 진보일 수 없습니다.

중국은 공산당이 국가를 소유하고 국가가 경제를 관리하는 시스템을 절대 포기할 수 없다고 했는데, 부분적으로나마 포기했기에 지금처럼 된 것입니다. 다당제란 정치권력의 힘이 과도하게 집중해서 균형이 파괴되지 않도록 견제를 위해 설계된 것입니다. 이것을 위배한 프롤레타리아 독재체제에서는 권력 집중이 필연이며 이로 인해서 자유와 평등 모두가 봉쇄되는 것입니다.

견제와 균형의 원리는 이제 글로벌 차원으로 성립되어 있습니다. 지금까지 특정 국가와 사회 체제의 내부 문제를 주로 언급했지만, 국제사회는 국가를 단위로 짜여지며 여기서도 견제와 균형의 원리는 마찬가지입니다. 이 견제와 균형이 국가 사이의 관계에서 추구되다 보니 대륙 제국은 확장을 지속하기 어려워진 것입니다. 이로써 해양 세력의 견제와 균형 책략에 의해서 '제국 해체의 법칙'이 작동해 온 것입니다. 이는 국가 간 관계에서 주권에 관련되며 특정 국가가 얼마나 자유롭게 주권을 확립하는가의 문제입니다. 글로벌 역사를 검토하면 권력이 극도로 집중되어야 성립 가능한 '제국'이 '자유'와 양립 불가능함을 알게 됩니다.

자유를 위해서는 제국이 지구에서 생성되면 안 됩니다. 국제사회에서도 견제와 균형의 구도가 성립되다 보니 어떤 나라가 제국으로 다른 나라를 강제하는 사태가 발생하지 않도록 작동합니다. 사실 그래서 영·미제국주의 이론은 독일과 러시아가 영국과 미국을 국가 차원에서 견제하기 위해 고안한 이론이 아닐까 싶습니다.

영국과 네덜란드, 미국, 일본과 같은 해양 세력은 대륙에서 다른 나라를 병합해 가는 거대 제국이 출현하는 것을 저지하여 국제사회에서도 견제와 균형이 성립되도록 외교와 안보 정책을 구사했고 지금도 그러합니다. 그 결과가 지금의 열국列國 시스템입니다. 한국이 국가로 존속한다면 이런 열국 시스템이 성립하고 유지된 결과입니다. 결론적으로 해양 세력과 함께 해야 약소국으로 주권을 보장받으면서 국가의 존속이 가능함을 알 수 있습니다.

심지어 북한과 같은 프롤레타리아 독재체제조차도 해양 세력의 견제와 균형책으로 성립했기에 존속됐습니다. 한국인의 입장에서 안타까운 일이지만 완충국으로 설계되어 지금에 이른 것입니다. 다시 강조하지만 대륙 강대국은 제국으로 전화하려는 속성을 지니며 주변국을 무력화하고 병합하려는 방향으로 제국 특성을 발현하게 됩니다. 따라서 이런 속성을 억제해야 글로벌 자유무역 체제도 성립하며, 해양 세력은 당연히 대륙 강대국의 제국 속성 발현을 억제하는 지정학적 역할을 하게 됩니다. 그러하기에 한국은 해양 세력과 함께해야 국가로서 존속이 가능합니다. 특히 자유와 평등을 누리는 공화주의와 민주주의 및 자유시장경제는 해양 세력과 함께하는 기반 위에서 유지할 수 있으며, 이런 점에서 한미상호방위조약의 가치는 이루 말할 수 없는 것입니다.

전교조 선생님들께7
– 문화혁명과 덩샤오핑

　대학생 시절 동국대 강정구 교수의 책을 구매해서 읽은 적이 있습니다. 북한의 농지개혁에 대한 책이었습니다. 그런데 머리말을 읽고는 더 이상 읽지 않았습니다. 실은 읽지 못했다는 말이 맞을 것입니다.

　읽지 않고, 그저 막연하게 북한의 농지개혁은 '무상몰수 무상분배'라고 생각했습니다. 그 책이 이와 같은 여덟 글자를 마음에 새기는 효과가 컸습니다. 그런데 이후 여러 경험을 거치면서 '민주주의 집중제는 민주주의가 아니다'라는 확신을 얻게 되었습니다. 레닌이나 소련으로부터는 배울 게 없다고 생각하게 되었습니다. '자주 민주 통일'이라는 구호에 매력을 느꼈다가 그게 북한에서 유래된 것임을 알고 버렸습니다.

　소련에서 거대한 학살이 이루어지고, 중국도 그랬다는 점을 막연히 알게 되면서 이 두 체제는 아니라고 생각하게 되었습니다. 『전환시대의 논리』를 읽고 미국이 베트남을 먼저 침공했으니 나쁘다는 생각을 했지만, 그래도 대학살을 저지른 체제를 절대 지지할 수는 없었습니다. 『8억 인과의 대화』를 읽으면서 정말 미국보다 중국이 더 나을 것이라는 생각도 했습니다. 당산대지진 당시 성숙한 시민으로 행동했다는 해설 때문이었습니다.

그러나 『8억 인과의 대화』는 출간되기 20년 전에 일어난 문화대혁명에 대하여 의도적으로 덮었거나 아니면 몰랐던 가운데 저작된 것입니다. 개인적으로 나는 저자가 중국을 정말 잘 알고 있었다고 확신합니다. 그래서 그 사실을 알면서도 덮었다고 봅니다. 문제의 핵심은 마오라는 중국 공산화의 핵심 지도자에게서 유래된 것입니다. 그 권력 지향 속성이 엄청난 문제를 산출했음을 알 수 있습니다. 춘추전국시대 중국사의 사례 연구에 기반해서 마오라는 캐릭터의 속성이 오직 권력 장악에 있었음을 이해할 수 있습니다. 그 와중에 온갖 학살과 인권 유린의 폐해가 노정된 것입니다. 그 중 가장 심각했던 권력투쟁의 방도가 문화대혁명이었다는 해석을 하게 되는 것입니다.

문화대혁명에 이르는 과정은 별도의 상세한 설명이 담긴 글로 써내야 하겠지만 요약하면 이러합니다. 1958년, 참새를 멸종시킨 중국에 대흉년이 들면서 무려 3천만 명이 굶어죽는 기아 사태가 빚어지자 마오는 절친이자 혁명 동지였고 한국전쟁에 참전, 사령관을 맡았던 펑더화이에 의해 비판을 받고 뒷전으로 물러났습니다. 경제 정책에서 일부 권력을 보유하게 된 류샤오치와 덩샤오핑이 중국 경제의 수습에 나섰습니다. 1960년대 초반의 중국은 3천만 명이 굶어죽은 기아 사태의 수습과 경제 재건에 국가적 역량을 집중했습니다. 그런데 기아 사태의 장본인인 마오는 일부 경제 정책 관여만 포기했을 뿐, 정권을 포기하지 않았습니다. 특히 군권을 여전히 장악한 가운데 권력을 다시 온전하게 되찾기 위한 방책을 선택했습니다. 국내 문제를 외부로 돌리기 위해 전쟁을 벌이는 것이었습니다.

1962년, 미국이 쿠바 사태로 목에 디밀어진 칼을 제거하느라 신경 쓸 겨를이 없던 사이에 중국은 인도를 침공했습니다. 짧은 기간 안에 이 전쟁은 중국의 승리로 끝이 났는데 막판에 중국군은 스스로 철수했습니다. 일종의 응징 전쟁이었던 셈이었고 아무튼 승리를 거두었으니 이 전쟁을 지휘한 마오는 다시 권력을 온전하게 되찾을 기회를 얻어낼 수 있었던 것입니다. 그런 후 류샤오치와 덩샤오핑의 개혁을 뒤집기 위해 마오는 문화대혁명을 도모한 것입니다. 물론 그에 앞서서 마오와 류사오치를 '주자파'로 규정하는 일도 잊지 않았습니다.

마오가 홍위병을 부추겨서 발생한 문화대혁명은 중국을 거의 5년여에 걸쳐서 대학살의 소용돌이에 집어넣었습니다. 그 와중에 마오의 오류를 비판한 펑더화이도 홍위병에 의해 감옥에 갇힌 채 죽어 간 것입니다. 마오는 하지만 통제 가능한 정도로 혼란을 방치했습니다. 사태 수습을 위해 군권을 가진 마오에게 권력이 집중되니 인민해방군을 동원하여 간단히 진압했습니다. 일종의 권력 탈환을 위한 친위 쿠데타였는데 그 과정에서 무수히 많은 사람들이 죽어 갔던 것입니다.

덩사오핑과 류사오치는 다시 권력에서 밀려나 하방되었습니다. 그의 '귀환'은 더 뒤로 미루어졌고, 마오가 세상을 떠나고 나서야 비로소 가능했던 것입니다. 덩이 떠나 있던 상태에서 중국은 미국과의 외교 관계를 정상화했습니다. 얼마 못 가서 마오와 저우언라이가 사망하고 덩샤오핑이 다시 복귀했습니다. 복귀한 덩샤오핑은 1960년대 초부터 진행하려던 개혁을 비로소 실행할 수 있었습니다. 그런 개혁 중 처음 시도가 토지의 국유를 완화하여 농민의 점유를 인정하면서 일정 생산분 이상의 처분권을 주는 '농업 인센티브제' 혹은 '농업에 자본주의적 요소'를 도입하는 방식이었습니다.

다른 것도 아니고 레닌이 '신경제'라고 불렀던 정책들이었습니다. 이렇게 해서 덩샤오핑의 농업 개혁이 크게 성공하니 외자 유치를 통한 산업화의 길로 나아간 것입니다. 사실은 한국 모델의 적용이었습니다. 요컨대 한국으로 치자면 박현채의 '민족 경제론'에 해당하는 자립 경제 노선을 중국이 파기했던 것입니다. 마오의 노선을 덩샤오핑이 파기하고 한국 모델을 수용했던 것입니다. 이로써 중국도 비약적 산업화와 경제 성장의 길로 들어섰으며, 실로 미군이 한반도에 머물러 있는 70년 중에서 마오가 분탕질을 친 약 20년을 제외하고 1980년경부터 지금까지 약 30년간을 산업화와 경제 성장에 성공했던 것입니다. 미국과 친교하여 국제무역체제에 가입하는 '개방'과, '당정 분리' 및 주석의 임기제 도입 등의 독재 권력 완화 방향의 '개혁'이 병행되어 이룩한 성공이었음을 잊지 말아야 할 것입니다. 개방과 개혁이었는데 다른 무엇보다도 그것이 바로 한국 모델이었고 소련 해체의 원동력이 되었음도 고려해야 합니다.

전교조 선생님들께8
– 남북한의 농지개혁

강정구 교수의 책을 안 읽은 것은 내가 한 일 중 아주 잘한 것이라고 생각합니다. 주대환 선생을 통해 북한의 농지개혁에 대한 글을 읽고 더 자세히 알게 되었습니다. 왜 북한에서 적어도 한국전쟁 직전까지는 '생산력 향상'이 이루어져 한국전쟁의 동력을 얻을 수 있었는가 말입니다.

한국의 경우 대체 무슨 동력으로 다부동전투 같은 참혹한 전쟁을 치룰 수 있었을까요? 한국과 북한 모두 이성계의 농지개혁 이후 양반들에게 다시금 겸병되어 버린 농지를 재차 분배하는 혁명을 진행한 것입니다. 한국전쟁 시점까지만 해도 북한은 무상몰수 무상분배의 기치에 부합되게 땅을 무상으로 나눠 주고 경작권을 인정하며 국가에 일정 세금을 납부하는 방식으로 농업을 운영했습니다. 한국이 북한과 달랐던 점은 유상몰수 유상분배였으며 지주들에게 땅값을 지불하는 방식이었습니다. 적어도 소유권 인정이라는 원칙은 저버리지 않은 개혁을 행한 것입니다.

허나 5년간 해마다 수확량의 30%를 지주에게 주는 것으로 농지 대금을 갚는 것으로 했으니 정말 혁명적이었습니다. 그래도 피땀 흘려 지은 농사의 산출물을 지불하고 땅을 얻었으니 그 가치는 더 컸습니다. 물론 거의 2000년을 소작료만 물면서도 땅을 얻지 못했기에, 그 동안 낸 소작료만 해도 땅값은 다 갚은 것으로 해도 괜찮았을 것입니다.

이승만정부는 재산권을 침해하지 않았습니다. 좌파들의 시비를 방지하기 위해서 종교적 개념을 가져옵니다. 구약에는 '희년稀年'이라는 말이 나옵니다. 60년마다 토지의 소유권을 원래 주인에게 돌려주는 유태인의 전통이라고 합니다. 생산수단이 과도하게 극소수의 손에 집중되면 생산력이 저하되며 자연적 순환이 막힙니다. 이런 순환을 막는 원인을 제거해야 하며 마르크스가 말한 생산관계의 새로운 형성이 아마도 부합되는 개념일 것입니다. 재산권 침해 없이 어떻게 하는가 이것이 핵심이었습니다.

유상몰수와 유상분배 방식의 농지개혁은 그것을 뚫는 수단이었습니다. 반봉건 민주주의 혁명이면서 동시에 자유시장경제 이행의 토대가 된 것입니다. 농지개혁의 초기에는 북한에서 성공했고, 이승만정부는 철저한 유상몰수 유상분배의 관철로 지난 70년간 한국 자유시장경제 성공의 기반을 마련했습니다. 그래서 이승만정부의 농지개혁을 통해 땅을 얻어 새롭게 형성된 자영 농민의 자녀들이 가까스로 얻은 자신의 땅을 지키고자 공산주의에 대항하여 싸웠던 것입니다. 대한민국을 지키기 위해 다부동에서 하룻밤 새 수없이 죽어 갔던 병사들을 추모합니다.

다부동전투의 병사들은 땅을 새로 얻어서 그것을 지키기 위해 그토록 열심히 싸운 것이라고 나는 해석합니다. 이 전투에 앞장선 백선엽 장군이 아무리 만주군관학교를 나왔다고 해도 창출된 자영농 병사들과 함께 싸웠다는 점에서 이것은 거대한 역사적 노선의 분기점이었습니다. 특히 유엔군의 참전으로 국제적 전쟁이면서 동시에 자유와 인권이라는 '가치'를 지키기 위한 전쟁이 되었다는 점에서 글로벌 역사의 분기점이었고, 70년 후 소련 해체의 근거가 마련된 것입니다.

북한의 농지개혁이 초기에는 소작농의 농지 점유를 인정하는 방식이어서 생산력 향상이 이루어지면서 동시에 새로운 자영농 층이 창출되는 듯했습니다. 나의 해석으로는 그나마 한국전쟁 초기에 북한군이 전투 의지를 보증해 준 것이 농지개혁이었다는 것입니다. 북한군 병사들도 처음에야 자신들의 땅을 지키는 전쟁으로 여겼을 것입니다. 그래서 남북한 공히 대부분 농민층에서 나온 병사들이 그토록 열심히 싸웠던 것으로 보입니다. 허나 북한의 경우는 1955년에 이르러 반전이 이루어집니다. 강정구 교수의 책을 읽을 필요가 없었던 이유였습니다. 초기의 농지개혁이 이어지고 결국 소작농에게 땅을 무상으로 분배해 놨으면 남북통일도 조기에 이루어졌을 것입니다. 북한이 결국은 자유시장 경제체제로 이전했을 것이기에 그렇습니다. 그러나 김일성 체제는 공산주의 본래 모습을·드러내고 점유권을 인정했던 농지를 다시 국가가 몰수합니다. 결국 무상몰수와 무상분배 구호가 허위였다는 점이 드러났습니다. 모든 약속이 뒤집힙니다. 북한이 국영협동농장을 만들면서 소작농에게 주었던 토지를 다시 '국가의 것으로 강제 무상몰수' 했기 때문입니다. 이것이 한국과 북한의 70년 역사의 갈림길이 되고 만 것입니다.

북한은 한국전쟁을 치른 이후, 1955년 국영협동농장을 만드는 방식으로 농지 소유를 재편했습니다. 그나마 농민들이 경작권과 점유권을 보유하고 70%의 생산물을 가져갈 수 있었던 체제를 바꾼 것입니다. 그 1년 후인 1956년, 흐루시초프의 스탈린 격하 운동이 시작되는데, 바로 그 전 해에 스탈린의 극단적 실패를 뒤따라갔던 것입니다. 불과 1년 만에 스탈린의 오류가 격하 운동으로 비판되는 상황에서 말입니다.

그로부터 3년 정도 후에 중국도 집단국영협동농장을 조성했습니다. 인민공사를 만든 것입니다. 그리고 인민공사 형성을 중심으로 한 잘못된 정책의 누적에 의해서 무려 3천만 명을 굶어 죽습니다. 대부분의 한국 사람들은 사회주의 농지개혁에 대해 '무상몰수 무상분배' 여덟 글자만 알았습니다. 아마도 전교조의 민족해방파 진영 교사들 다수가 그렇게 확신하고 있을 것입니다. 하지만 북한에서는 다시 국가에 의한 '강제 무상몰수' 가 된 것입니다.

그렇게 해서 조선시대하고 같아진 것입니다. 소작농이 아무리 열심히 일해 봐야 경작한 농산물을 거의 다 빼앗기니 노동의 동기가 생깁니까? 구한말의 숱한 외국인 여행가들이 한국 남자들이 일은 안 하고 게으르다는 지적을 했습니다. 양반 지주에게 거대한 토지가 소유되고 노비노동을 하는데 무슨 수로 '노동의 동기'가 생깁니까? 양반들의 토지 소유를 그토록 증오해서, 죽창 들고 지주들을 찔러 죽여 혁명을 완수한다는 이미지가 생겼건만! 덩샤오핑의 청년 시절 농촌에서 진행된 반봉건 민주주의 혁명의 실상이 그러했던 것입니다.

동네 사람들에게 존경받는 지주 집안 사람들이 끌려 나와서 지주라는 이유로 간단히 총살되고 그 땅을 몰수해서 나눠 주는 이런 방식이었습니다. 그 현장에서 덩샤오핑은 '이건 아닌데'라고 생각했었다는 것입니다. 그나마 나눠 주었던 땅을 국유화하여 인민공사를 만들었으니 요컨대 국영 농장의 농업 노동자를 창출한 결과가 되고 만 것입니다. 그나마 사회적 계약 관계가 없이 강제로 배치된 일종의 국가 농노가 되어 버린 것입니다. 왜 덩샤오핑의 개혁 출발점이 인민공사의 부분 해체까지 고려한 농업개혁이었는지 알 수 있는 대목입니다.

지주를 총살하고 땅을 나누어 주는 잔혹한 반봉건 혁명의 현장에서 덩샤오핑이 가졌던 '이건 아닌데'라는 작은 의문이 이후 남북한과 중국 역사의 결정적인 분기점을 내포하고 있었다고 봐야 할 것입니다.

전교조 선생님들께9
– 소련의 몰락

덩샤오핑은 대학살 방식으로 강행된 반봉건민주주의 혁명의 현장을 생생하게 경험하고 그 참혹함을 반성했습니다. 그런 반성이 국영협동농장을 완화하는 방식의 개혁으로 이어졌고, 큰 성과를 본 것입니다. 농민들이 일부 땅을 점유하여 생산분을 소유하게 허용하는 것만으로 농업생산성의 비약적 향상이 이루어졌습니다. 게다가 미국과 연횡하면서 질소비료 공업 플랜트를 지원받았습니다. 덩샤오핑 시기에 이르러 비로소 다량의 질소비료가 농토에 투입되면서 농산물의 수확이 비약적으로 증가하여 중국인들이 굶지 않게 된 것입니다.

중국이 왜 미국과 연횡했을까요? 소련이 필요한 경제 지원을 해주지 않은 것은 물론, 브레즈네프 시대에 이르러 베트남, 인도 등과 외교적 관계를 강화하면서 사실상 중국을 포위하고 있었기 때문입니다. 소련군이 흑룡강을 넘어 당장이라도 밀고 들어올 기세였습니다. 중국은 소련과의 국경 분쟁을 겪고 난 이후 바로 미국과 연횡에 나섰습니다. 그래서 소련 공산당 해체에 가장 크게 기여한 당이 다름 아닌 중국 공산당입니다. 국가 간 관계가 이러하며, 중국의 번영에는 미국의 경제 지원과 소련의 해체 양쪽 사건이 다 관계되어 있습니다.

레닌의 러시아혁명은 인류 역사의 거대한 오점입니다. 물론 그 주변의 약소국들에게는 양날의 칼이었습니다. 러시아제국이 붕괴되어 주권을 찾았다고 좋아했지만, 제2차세계대전에서 소련이 승리를 거두고 나자 러시아제국보다 더 극악한 제국으로 돌변해 동유럽을 종속국으로 핀란드화시키거나 아니면 약소국 영토를 다시 합병했습니다. '민족해방'이라는 구호는 소련의 실제 공산주의와 전혀 맞지 않았습니다. 소련이야말로 러시아제국보다 더 광대한 영토를 보유하면서 다수의 소수민족을 완전히 탄압했습니다.

자국인은 물론 폴란드 인과 독일인을 학살하더니 소수민족을 탄압했습니다. 그 소수민족으로 한반도 인류도 포함됐습니다. 어느 날 밤 맨몸으로 나오게 해서 30만의 연해주 거주 한반도 인류를 중앙아시아로 강제 이주시킨 것입니다. 그 열차에 홍범도 장군도 실려 있었습니다.

사실이 이러한데 민족해방혁명이라니 말이 됩니까? 소련이 그렇게 소수민족을 탄압하고 약소국 주권을 유린한 것은 전혀 생각도 안 하는 망발입니다. 소련이 자국 내에서 대학살 끝에 이룩한 국영협동농장 중심의 공산주의 경제와 정치 체제를 동유럽과 북한, 중국에 수출하면서 사람이 살 만한 땅을 없애 갔다는 역사적 진실을 인정해야 합니다. 이승만정부가 행한 농지개혁이 북한과 전혀 달랐던 것도 이런 배경이 있었고, 이것이야말로 거대한 생산력 향상의 기폭제가 되었습니다. 한국적 교육열의 기원은 실로 소작농에서 자영농으로 유산자가 된 자영 농민의 신분 상승 열망에 기원했습니다.

이것을 꺾으려 했던 결과가 바로 북한과 같은 체제였습니다. 국영협동농장의 극히 낮은 생산력에 기반하여 평양의 혁명 가문들이 귀족 지배 체제를 유지하는 것입니다. 이것은 전통의 왕정 체제하고 거의 차이가 없습니다. 혁명 이전의 러시아제국을 보면 알 수 있습니다. 황제와 귀족들의 연합 지배 체제입니다. 이런 체제의 정당성은 동방정교회에서 제공합니다.

소련은 공산당 귀족들의 지배 체제였습니다. 그 통치의 정당성은 마르크스주의와 공산주의 이론이 제공합니다. 지배 체제를 위한 잉여는 지속적인 대외 정복에서 나옵니다. 소련의 경우 동유럽에 거대한 완충국을 두고 지배하고 있었습니다. 생산성을 보증할 수 있는 산업이 있었지만, 그 모든 것을 계획으로 맞출 수는 없었습니다. 자재 공급 공기업과 가공하는 공기업이 모두 실적을 올리기 위해 충분한 자재를 제때 공급하지 않거나 생산물을 부풀려 보고하는 방식으로 대처했던 것입니다.

인류는 이제 그 결과를 알게 됐습니다. 계획경제는 불가능합니다. 정치가 경제를 일률적으로 관리하고 통제하며 심지어 생산물을 배급 방식으로 분배하는 체제는 정치적 지대 강탈의 만연과 빈곤으로 갈 뿐입니다. 자유시장경제와 공화주의 정치 체제와 민주주의 정부 구성 방식이 생산력의 유지와 향상에 가장 적절하며 자원을 그나마 덜 낭비합니다.

　많은 좌파 사상가들이 자본주의에 내재된 낭비적 경향에 대하여 지적하고 계획경제가 그런 결함을 극복할 것이라고 여겼습니다. 하지만 현실은 전혀 달랐습니다. 자원 낭비는 물론 환경오염까지 공산주의 국가에서 더 많이 발생했다는 진실을 잊지 말아야 합니다.

전교조 선생님들께10
- 정치적 계급과 불평등

모순의 운동이라는 헤겔적 사유를 전자기학의 발견에 연계 짓는 방식이 없을까와 같은 엉뚱한 상상을 해보고는 합니다. 헤겔의 사유를 뒤집었다는, 마르크스의 해석에서 나온 '모순의 운동'이라 해도 마찬가지입니다. 이를테면 전자의 운동은 전자기장이 형성되어 있어야 일어나는데, 말하자면 전자기장의 존재가 모순입니다. 전하를 띤 입자가 분리되지 않으면 전기적으로 중성 상태이며 전기장은 형성되지 않고 전하의 운동은 일어나지 않습니다. 억지로 해석하면 전기적 중성 상태가 깨져 전하를 띤 입자들이 분리되어 있어야 모순이 형성되고 운동이 일어나는 것입니다.

에카테리나 II세가 이처럼 대외적 팽창 정책을 성공적으로 수행할 때 손발이 되어 준 대표적 장군이 바로 푸가초프의 농민전쟁을 진압한 수보로프였다. 1730년에 태어나 1800년에 죽을 때까지 생애의 대부분을 전장戰場에서 보낸 그는 일생 동안 35회의 전투에서 군대를 지휘했는데, 거의 언제나 적은 병력으로 싸웠으나 한 차례도 지지 않았다.

— 《네이버 지식백과》(밖으로의 팽창 정책, 러시아사, 2006. 11. 15., 김학준, 위키미디어 커먼즈)

 수보로프는 중국사 전국시대 진나라 장수 백기와 다를 바 없습니다. 왜 수보로프나 백기는 전장을 누비며 군대를 지휘하는 삶을 보냈을까요? 아주 간단합니다. 작위를 얻어서 넓은 토지를 분배받을 전망이 있었기 때문이었고 실제로 성취했습니다. 여기 아주 중요한 사실이 있습니다. 수보로프나 백기와 같이 거대한 전공을 올린 장수들은 귀족 반열에 올라서 광대한 농지를 얻은 귀족으로 등극했다는 것입니다. 말하자면 병사들과 천지 차이 나는 대접을 받은 것입니다.

 만일 이 장군들이 변방의 병사들과 평등하게 대우받았다면 전장을 누빌 이유가 없었을 것입니다. 전기장이 있어야 움직이는 전하를 띤 입자들이나 마찬가지로, 수보로프나 백기는 귀족이 되어 일반 병사들이 꿈꾸지 못하는 삶을 전망했고 실제 보상으로 주어졌기에 평생 전장을 누비며 전공을 세운 것입니다. 이렇게 평민과 귀족이라는 신분적 격차가 있어야 비로소 전공을 세우려는 동기가 충만하여 '운동'을 하게 되는 것입니다! 불평등이 모순이고 이 모순이 운동을 일으키는 것입니다. 역설적으로 불평등해야 운동이 지속된다는 결론에 이르게 됩니다.

역사상 숱한 장수들이 출몰했는데, 이들 중 누구도 일반 병사들과의 불평등을 지적하면서 '평등을 위해' 계급도 없이 전쟁에 임하겠다고 하면서 귀족으로의 책봉을 반대하거나 거부한 사람들은 존재하지 않았습니다. 그들을 움직인 핵심적인 계기는 다름 아닌 불평등이었습니다. 일반 병사들보다 더 나은 대접을 받는 지위를 확보하는 전망이 있어야 하며, 다시 말해서 불평등해야 만이 비로소 평생을 전장에서 누빌 동기가 생긴다는 것입니다. 말하자면 불평등이야말로 운동을 이끌어내는 모순 자체입니다. 마르크스는 과도하게 자본가와 노동자의 적대적 모순을 말했는데, 역시 그 운동의 유래 또한 불평등에서 유래되는 모순입니다. 여기서 운동의 동력은 전자기학의 해석에서처럼 자본가와 노동자의 생활수준에서 차이가 있기 때문입니다.

요약하면 불평등이 운동의 동력입니다. 그럼 평등이 실현되면 어떻게 됩니까? 전위電位(electric potential)가 0인 전기적 중성 상태와 같습니다. 운동이 멈춥니다. 더 심하게 말하면 모든 분자운동이 멈춘 절대 0도입니다. 그래서 시지프스의 역설이 인간의 본래 모습입니다. 불평등이 해소되면 분자운동이 멈추듯 사회구성체도 재생산의 동력을 상실하니 멈추게 됩니다.

그러면 공산주의 사회는 도대체 빈곤이 만연되었고 평등이 실현되었다고 하는데 어떻게 재생산이 이루어지는 것일까요? 이런 의문 때문에 나는 사유를 진척시켰습니다. 공산주의 사회가 빈곤의 만연 속에서도 재생산되는 이유도 다름 아니라 '불평등' 하기 때문입니다. 달리 본다면 사회구성체의 운동을 이끌어가는 새로운 '모순'이 나타났다는 것입니다. 계급모순과 민족모순이 모두 소멸되었는데 그 어떤 '모순'이 있어서 그럴까요? 내 견해로는 새로운 계급모순이 공산주의 사회에 생성되어서 그러합니다.

공산주의 사회도 사회구성체의 재생산을 담보하는 운동을 지속하기 위해 모순을 내포시켰습니다. 평등의 실현은 그냥 잠꼬대일 뿐입니다. 불평등을 단지 다른 모습으로 형성해 놓은 것입니다. 운동에 필요한 모순을 거의 신분제 수준의 정치적 계급 생성에서 도출해 낸 것입니다. 물론 순수 경제활동으로 부를 축적하는 경로를 완전하게 봉쇄해 버린 상태에서 그러합니다. 정치적 권력의 크기에서 차이가 생성되며 이것이 생활수준의 차이로 이어지고 여기서 사회구성체 재생산의 모순이 형성되는 것입니다. 이렇게 되니 가장 비참한 운명의 사람들이 생성됩니다. 탈북민이 증언했듯이 집단국영협동농장의 중년 남자들입니다. 여자들이 자유롭게 나가는 장마당에도 가지 못한다고 합니다. 헤르베르트 마르쿠제가 말한, 1차원적 인간도 못 되는 0차원적 인간이 그들입니다. 이런 인간들이 잉여인구가 되어 집단농장에 밀집해 생존하는 것입니다.

숨겨져 있는 과잉 인력인 이 중년 남자들은 거의 용도가 없으니 농장 안에 잉여 인력으로 존재합니다. 중국은 이런 인력들을 인민공사 해체와 함께 내몰았는데, 마르크스가 말한 농민 분해를 실현한 것입니다. 자본주의 최정점에서 이룩한 사회가 공산주의였다고 선전해 왔는데, 정작 공산주의 국가의 국영 협동농장에는 숱한 잉여 인구가 숨어 있었다는 것입니다. 중국은 이렇게 인민공사 해체와 농업 인센티브제를 병행하면서 과잉 농업 인구를 농민공으로 분해하여 도시로 내몰았습니다. 마르크스가 그토록 비난과 비판적 시각에서 자본주의 기본 모순의 형성 과정으로 규정한 농민 분해를 공산당이 강압적으로 실행한 것입니다!

그런데 인민공사에서 강제 퇴출된 바로 그 사람들이 중국식 산업화의 견인차가 된 것입니다. 중국에서 요컨대 새로운 노동자가 탄생했으니 그 사람들이 농민공이었습니다. 미중무역전쟁 와중에 문을 닫는 기업이 엄청나게 늘어나니 농민공이 다시 농촌으로 귀향 중이라고 합니다. 그 농민공은 도시에 이주하여 거주할 자유조차 없습니다. 중국의 도시는 1958년 집단 아사의 시점에서 이미 농촌의 인민공사 농민들이 유입되지 못하도록 닫혀 있었던 것입니다. 지금도 농민공은 도시 주변의 공장에 머무를 뿐 도시민이 되어 자녀를 취학시키지도 못하는 상태에 있는 것입니다. 이것이 중국식의 권력 차이에서 유래한 정치적 불평등이었는데, 산업화가 추진되자 이제 경제적 양극화까지 불평등으로 덮어 씌워진 것입니다.

중국의 전인대가 정말 인민대표자대회라면 인구의 많은 비율을 차지하는 농민공 대표가 반드시 들어가야 했을 것입니다. 하지만 현실은 전혀 아니었습니다. 이것이 중국 역사에 사회역사적 유전인자처럼 대물림된 전통의 모순이었고 산업화된 중국에서 새로운 모순으로 떠오른 것입니다. 당과 국가 관료가 거의 신분처럼 정치적 지배계급을 형성하고, 인민공사 소속의 거주 이전 자유를 박탈당한 0차원적 농민들이 피지배계급을 구성한 중국에서 인민공사를 해체했더니 오히려 마르크스의 농민 분해 테제가 실현되었다는 것입니다. 도대체 마르크스의 사회구성체 이론은 이를 어떻게 설명하고 혁명론을 정립할 것입니까?

게다가 중국의 공산당 혁명 가문은 전부 거대한 국유기업을 거느리고 엄청난 잉여를 거두어들입니다. 정치적 지배자 신분이면서 기업까지도 독점적으로 지배하고 이익을 가져가는 정경 융합 지배자들의 탄생입니다. 그럼 중국에서 농민공은 뭐란 말입니까? 다시 평등 지향 공산주의 혁명을 이끌어 갈 새로운 프롤레타리아트입니까?

진나라 상앙은 3년 동안 군공이 없으면 귀족 작위를 거두어들이는 제도를 입안해서 실행했습니다. 나누어 주었던 봉토를 회수했다는 뜻입니다. 공산주의 국가는 기이하게도 진나라의 이런 제도에도 못 미쳤습니다. 한 번 혁명을 성공시켜서 혁명 가문이 되면 신분 귀족처럼 상위 지배계층이 되는 것입니다. 바로 여기에 들기 위한 노력이 공산주의 국가의 모순이 운동하는 형태가 됩니다. 다시 말해서 정치적 불평등이 신분제처럼 존재하는 가운데 그로부터 생성되는 모순이 공산주의 사회구성체 재생산의 모순이 된 것입니다.

공산주의 국가는 정치적 지배자들이 평생 물러나지도 않고 지배자 지위를 유지하면서, 특히 다음 세대까지 가문의 지위가 대물림되는 신분처럼 되었기에 인류 역사상 모범 사례로 축적되어 있는 효과적이며 효율적인 올바른 개혁 방향에서 완전히 어긋나 버렸습니다. 알고 보니 평등이 아니라 '과정의 공정' 확립과 '생산성 향상'이 올바른 개혁의 핵심이었던 것입니다. 공산주의 국가에서는 당원으로 가입해서 당원 아닌 사람들과 차별 대우를 받게 되면서, 나아가 혁명적 정치 행위로 신분 차원의 정치적 지배계급 지위의 획득으로 가문의 영원한 지배자 지위가 보장되는 것입니다.

그런 만큼 공산주의 국가들이 생산력 발전의 정체 상태에 빠졌다가 붕괴되었던 것입니다. 오기가 초도왕의 초나라에 가서 말한 그대로입니다. '일하지 않고 많은 지대를 챙기는 귀족들이 형성되면 그 나라는 망하게 된다'고 말입니다. 소련에서 그런 지배계급으로 정치적 잉여를 챙겨 가는 신분적 정치 귀족을 '노멘클라투라'라고 했던 것입니다. 중국은 약간의 자유화를 통해 기업의 창업을 촉진하고 성공하여 얻어낸 것의 사적 소유를 보장하는 개혁으로 그 동안 비약적 경제 성장을 이룩했지만, 다시금 자유화를 거두어들이면서 모든 것을 국가에 의해 규정되는 정치적 신분사회로 이행하고자 합니다. 그렇기에 산업과 경제가 비약을 멈추고 질식하게 되리라는 점은 불을 보듯 자명한 것입니다.

전교조 선생님들께11
– 자오쯔양과 천안문 사태①

1989년 천안문 사태는 전교조 대량 해직이 일어나던 해에 선행하여 발생했습니다. 사건 개요는 매우 간단합니다. 덩샤오핑의 인물로 후야오방(胡耀邦)과 자오쯔양(趙紫陽) 두 사람 중에서, 후야오방의 개혁 노선 때문이었습니다. 1987년 3천 명 학생 시위대의 요구를 후야오방이 수용했습니다.

1987년의 학생 시위대는 스스로 해산했습니다. 잡힌 학생들도 바로 훈방되었습니다. 후야오방과 자오쯔양 두 사람의 힘이었던 것입니다. 후야오방은 언론, 출판, 집회, 결사에 더하여 종교 및 거주이전의 자유까지 보장받는 민주화를 수용했고 실행하려 했습니다. 물론 서구식 다당제 도입까지도 후야오방은 전망했습니다. 이 때문에 덩샤오핑의 눈 밖에 나게 되고 결국 1987년 고위 공직에서 물러나며 1989년 생을 마감합니다.

후야오방의 추모를 위해 천안문에 사람들이 모였습니다. 1989년 4월 17일부터였습니다. 이게 대규모 민주화 시위로 발전했습니다. 1987년 후야오방의 뒤를 이어 이번에는 자오쯔양이 시위대와 협상했습니다. 민주화 요구를 수용하려 했습니다. 하지만 그는 곧 실각하고 맙니다.

덩샤오핑이 리펑과 장쩌민의 의견을 수용해서 진압을 결정합니다. 결국 1989년 6월 4일에 출동한 중공군에 의해 시위대는 진압되었습니다. 이 시기에 뉴스를 본 사람들은 다 알고 있습니다. 전차를 막고 선 시위대 학생과 그 학생을 우회하든지 아무튼 진입한 전차! 그 학생이 어찌 되었는지는 확인되지 않고 있습니다.

그런데 4월에 중남해中南海(중난하이)에서 소집된 중앙정치국 회의에 참석하였던 후야오방이 갑자기 심장병 발병으로 쓰러져 4월 15일에 세상을 떠났다. 그는 학생운동으로 인하여 당 총서기에서 물러났기 때문에 당 중앙에 대하여 그의 평가를 공정하게 해줄 것을 요구하기에 이르렀다. 그리고 4월 17일부터 학생들이 그의 죽음을 애도하고 시위를 계속하였으며, 참가자 수는 갈수록 늘어났다. 이를 수습하지 못한 자오쯔양도 비판받고 물러나고 5월 20일에 부분적으로 계엄령을 내렸다. 6월 4일에는 계엄군이 천안문광장으로 들어가 시위 군중을 진압함으로써 민주화운동은 실패로 끝났다. 이를 '6.4 사건' 또는 '천안문 사건'이라고 하며, 북경의 정치 풍파라고 표현한다.

－《네이버 지식백과》(천안문 사건-북경의 정치 풍파, 중국사, 2008. 6. 20., 신승하, 위키미디어 커먼즈)

인터넷 사전이 전하는 내용은 여기까지입니다. 실제 천안문 사태는 당시 텔레비전 뉴스에서 보였듯이 진압으로 나아갔습니다. 광장으로 진입하던 전차는 몸으로 막아선 시위대를 깔아뭉개고 그냥 진입하려 했습니다. 전차를 막아선 사람은 중상을 입고 살아남기는 했지만, 전차는 광장으로 진입하여 시위대를 물리력으로 진압했던 것입니다.

1980년 광주로 진입하던 계엄군 전차는 시민사회단체 대표들이 행한 '죽음의 대행진'에 마주하여 방향을 돌려서 되돌아갔습니다. 대낮에 진입하던 전차가 시민사회 대표를 무시한 채 돌입하지 않고, 대화를 통한 타협과 설득에 의해 되돌아갔다는 것이 역사의 기로였습니다. 참으로 한국의 미래를 위해 다행한 일이었습니다. 중국은 그냥 시위대를 향해 곧바로 천안문광장으로 전차가 진입합니다. 일사천리 군사작전으로 시위대 진압을 실행한 것입니다.

사실 이것으로 덩샤오핑의 노선에 오점이 생긴 셈입니다. 그는 이 일을 리펑에게 위임했다고 합니다. 특히 진압에 적극적으로 동의한 사람이 나중에 주석직을 승계하게 되는 장쩌민이었습니다. 천안문을 포함하여 그 일대는 밤새도록 총소리가 이어졌다고 합니다.

이 사태에 대해 인터넷 사전에는 짤막하게 기록되어 있지만 무수한 시위대가 중국 인민해방군의 총탄에 맞아 숨져 갔습니다. 공식적으로 300명 사망에 8000여 명 부상입니다. 비공식적으로는 5000명 사망에 3만 명 부상이라고 합니다. 진상은 묻혀 있습니다. 아직은 역사로서 기록되지 않고 그냥 폭동으로만 규정되어 정확한 사실은 알려져 있지 않습니다.

파리코뮌이 연상됩니다. 1871년 프로이센군이 파리 시가지를 포위한 가운데 프랑스군이 진입하여 코뮌 참가자들을 대량 학살했습니다. 그 숫자가 3만 명에 달했습니다. 공교롭게도 그 시기는 한국의 5.18과 너무도 흡사하게 5월 말의 한 주간이었으니 기막힌 일입니다. 파리코뮌을 진압한 프랑스군과 천안문을 진압한 중공군, 그리고 광주 5.18에서 시청에 진입한 한국 계엄군에는 어떤 차이가 있었을까요?

전교조 선생님들께12
- 자오쯔양과 천안문 사태②

극히 미미한 듯하지만 매우 큰 차이를 말하고 싶습니다. 파리코뮌은 이제 역사가 되었기에 자유롭게 말할 수 있지만, 천안문과 광주는 그렇지 않습니다. 민주화운동이라고 규정된 것은 광주뿐입니다. 천안문은 명확하게 중국정부에 의해서 폭동으로 규정되어 있습니다.

하지만 쟁취하고자 한 목표는 매우 유사합니다. 그것은 후야오방이 제시한 그대로 언론, 출판, 집회, 결사의 자유와 종교 및 거주이전의 자유라는 것입니다. 다시 말해서 자유와 권리라는 것입니다. 여기서 차이가 생깁니다. 사실 진입하던 계엄군 전차가 되돌아간 한국과 그대로 막아선 시위대를 깔아뭉개고 진입한 중국의 차이입니다.

바로 이 점이 중요합니다. 한국의 전두환정부와 박정희 유신

정부, 그 이전의 제3공화국 박정희정부와 제1공화국 이승만정부에 이르기까지 독재라고 규정되긴 했지만 법과 제도는 작동했습니다. 그 법과 제도의 핵심은 삼권분립 공화주의였습니다. 의회 선거가 지속되었고, 법원은 법리에 따른 재판을 보장받았습니다.

독재라는 것의 의미는 통치자의 뜻이 반영될 수밖에 없는 상황과 조건을 뜻입니다. 한국에서도 분명 그런 원칙의 왜곡은 있었습니다. 입법부에서 유정회와 같이 행정부가 좌우하는 위헌적 제도가 포함되어 있었던 것입니다. 여기에 긴급조치와 같이 자유민주적 기본질서에 위배되는 헌법 조항까지 있었습니다.

이런 의미에서 광주 5.18을 민주화운동으로 대법원이 인정했던 것은 자유와 권리를 제한하고 봉쇄했던 유신정부의 기본권 침해에 대한 대응으로 볼 수 있습니다. 민주화운동으로 보지 않고 다른 방향에서 해석하려는 시도도 있었습니다. 사노맹에서 그렇게 해석했다고 봅니다. 《노동해방문학》에 게재된 글에서 광주 5.18을 '민족민주변혁을 향한 봉기'라고 계급적 해석을 했던 것입니다.

여기에서 중요한 문제가 발생합니다. 천안문은 덩샤오핑의 책사 후야오방이 1987년 이미 있었던 대학생 3000여 명의 민주화 요구에 대하여 모두 접수한다고 하면서 그 싹이 심어졌습니다. 덩샤오핑의 오른팔 후야오방은 실제로 서구식 민주주의 제도로의 이행을 전망했던 것입니다. 그의 절친이며 덩샤오핑의 왼팔 자오쯔양도 거기에 동조했습니다. 자유와 인권이 보장되는 민주화의 실현이 그것입니다.

광주의 5.18도 나는 이런 방향에서 해석합니다. 자유와 인권이 보장되는 민주주의 헌정질서의 수호입니다. 그게 아니라면 둘 중 하나입니다. 박현채 민족경제론의 원류였던 중국식 노선 혹은 정치 체제를 고려하거나, 아니면 북한입니다. 다른 뭐가 가능했을까요? 그런데 두 체제는 모두 위 인용문에서 보듯, 덩샤오핑조차 전면적 자유화를 제한했습니다. 지금 시진핑의 중국은 중앙 통제를 더 강화하면서 특히 종교의 자유에 대해서는 거의 전면 탄압으로 진입하고 있습니다. 언론의 자유도 점점 좁혀지는 상태입니다. 물론 북한의 경우는 아예 말할 필요조차 없습니다.

전교조 선생님들께 질문하고 싶습니다. 과연 전교조에, 미제국주의를 타도하여 신식민지를 극복하는 민족해방민주주의혁명을 수용하여 북한과 유사한 체제를 수립하는 변혁론에 동의하는 분들이 얼마나 된다고 보십니까? 특히 1997년경 고난의 행군 시점에서 거의 100만 명이 굶어죽은 사태를 겪고 나서도 여전히 북한 체제를 긍정적으로 고려하는 민족해방혁명론을 전망으로 보유하고 있습니까?

경험주의 인식론을 강조하는 것이 이런 이유 때문입니다. 사실 소련의 해체로 이미 공산주의란 인류 역사의 오점에 불과한 사상이념이라는 것이 검증되었습니다. 북한은 1997년의 100만 명 아사로 그 사실을 처절하게 입증했습니다. 더 이상 이 이념에 대해 무슨 고려가 필요합니까?

대법원이 광주 5.18을 해석할 때 핵심은 광주 시위대의 저항을 헌법 수호 행위로 본 것입니다. 그럼 그 헌법은 당연히 대한민국의 헌법이었을 것입니다. 굳이 연원을 찾는다면 유신정부처럼 기본권의 일부를 제한하는 헌법이 아니라, 4.19 이후 제정된 헌법처럼 자유와 권리가 최대한 보장되는 헌법이었을 것입니다.

광주 5.18의 현장에서 이런 흐름이 반영되었다고 봅니다. 송기숙 전남대 교수를 포함하여 김창길 학생이 벌인 총기 반납 운동이 그 유력한 증거입니다. 진입하다 되돌아간 전차와, 무기를 사용하는 폭동은 안 된다고 생각한 시위대의 시민 사회 대표 양쪽의 행동 방향에서 그런 해석이 가능합니다. 무기 반납 운동이 이루어진 이유는 복면을 하고 칼빈 소총으로 무장한 시위대의 출현 때문인데 그 사람들의 정체는 알려진 바 없었던 것입니다.

한국이 그나마 중국과 달랐기에 전차는 되돌아가고, 시민들은 무기를 반납했습니다. 도청 지하에 누군가 가져다 설치한, 이리역 폭발 사고 때보다 훨씬 많은 분량의 폭약에 설치된 기폭장치를 제거하는 일을 계엄분소에서 파견한 문관이 실행했습니다. 이 일에 김창길 당시 전남대 학생이 관련되어 있음을 어느 기록을 통해 알고 있습니다.

허나 이 무기 반납 운동은 강경 무장 항쟁 세력에 의해 도청에서 밀려나게 됩니다. 바로 이것이 아직도 명확하게 해석하기 어려운 불행한 죽음들의 원인이 되고 만 것입니다. 이 때문에 5.18에 이어진 불연속선의 의미를 제대로 평가하지 못합니다. 되돌아간 전차와 무기 반납 운동을 전개한 흐름이 천안문과 광주를 갈라놓는 분기점입니다. 이것이 한국과 중국의 체제가 전혀 달랐음을 입증하는 것입니다

전교조 선생님들께13
– 자오쯔양과 천안문 사태③

광주의 민주화운동은 분명히 보다 더 민주적이며 기본권을 보장하는 방향으로 헌법을 수호하려 했던 것으로 대법원이 해석했다고 봅니다. 그게 아니라면 가령 북한 헌법을 따르자는 운동이었다는 것입니까? 한국 대법원이 그런 해석을 했을 리 없다고 봅니다.

혹시 덩샤오핑 수준의 개혁개방을 하되 국가 통제를 여전히 강하게 하면서, 특히 기본권의 거의 대부분을 제한하는 헌법을 수호하는 것으로 해석한다면 이것이야말로 이상한 일입니다. 그렇게 인식하면 광주 5.18을 민주화운동이라고 하면서 천안문을 폭동 진압이라고 해석하게 됩니다. 바로 이것이 핵심 문제입니다.

공산주의에 대한 왜곡된 인식 때문입니다. 적어도 그 사상이념에 근거한 체제가 들어서기 전에, 이를테면 러시아에서 플레하노프의 시기에는 자유와 권리를 아예 짓밟으며 인간의 대부분을 개돼지 수준의 농노로 묶어 놓은 제국 러시아의 지양을 통한 해방과 자유의 쟁취라는 의미가 있었습니다.

그런데 막상 소련이 탄생하고 나니 스스로 제국으로 전화轉化했습니다. 소수민족과 약소국을 짓밟은 것은 기본 속성이었고, 자국민을 배급 체제에 묶어놓은 채 노멘클라투라라는 새로운 의미의 정치적 지배계급이 탄생한 것입니다.

애초에 계급 없는 사회를 공산주의가 목표로 했는데 새로운 계급이 출현했으니 모순이 지양되지 않고 새로운 모순이 생성된 것입니다. 마르크스가 아니라 모순의 지속적 생성과 무한한 운동을 주장한 카우츠키가 옳았다는 것입니다. 인간이 삶과 죽음의 모순을 절대로 지양할 수 없는 한 이로부터 비롯되는 그 모든 모순의 지양은 불가능한 것입니다.

애초에 마르크스의 공산주의 혁명론이 잘못된 것입니다. 그 결과는 거대한 학살과 피바다를 거쳐서 들어선 체제가 70년으로 단명하면서 그나마 러시아처럼, 공화주의 비슷한 유사 전체주의 체제로 이행했습니다. 안타까운 일이지만 지정학의 저주라는 것을 러시아는 피하지 못하고 있는 것으로 보입니다.

천안문과 광주는 기본권 쟁취에서 방향이 일치합니다. 이런 점에서 민주화운동의 범주에 넣을 수 있습니다. 그런데 오늘날 한국에 형성된 친중파 정치인은 대체 천안문을 어떻게 해석할지 궁금합니다. 특히 대통령은 중국에 가서 "우리는 광주의 민주화운동 정신을 이어받은 정부"라고 말할 수 있을까요? 말도

꺼내기 어려울 것입니다. 중국에서 천안문은 보나마나 금기일 것이기에 말입니다.

중요한 사실은 광주나 천안문이나 민주화운동이라는 것이며 그 핵심은 언론, 출판, 집회, 결사의 자유에 종교 및 거주이전의 자유에 대한 보장 요구가 포함된다는 점입니다. 한국인들이 정말 이상한 것은 한국에서 거주이전의 자유는 언제나 보장되어 왔고, 종교의 자유도 마찬가지로 보장되었다는 것을 종종 잊는다는 것입니다.

지금 북한은 그 어떤 자유도 완벽하게 보장되지 않습니다. 시진핑의 중국은 종교의 자유가 거의 봉쇄되어 가고 있으며 언론과 집회 결사의 자유도 제한되어 있습니다, 현재 중국은 요컨대 한국의 시월유신과 아주 유사한 상황으로 진입하고 있습니다. 그나마 남아 있었던 여행의 자유도 제한될지 모릅니다.

중국에서 가장 기이한 것은 공산당과 국가 관료가 거대한 기업을 운영하면서 재벌처럼 성장했다는 것입니다. 그 결과 인민공사의 해체로 생성된 농민공과 계급적 대립 관계를 형성합니다. 마르크스주의로 해석하면 인민공사 해체는 농민분해 과정이 되었고 이로서 생성된 도시 이주 노동자는 중국식으로 농민공이 된 것입니다.

요컨대 중국에서는 새로운 계급모순이 형성되었고, 그것은 노동자와 자본가의 모순입니다. 새로운 프롤레타리아트가 생성되었으니 이것을 어찌 해석해야 할까요? 공산주의 중국에서 새로운 공산주의 혁명이 필요하다는 형용모순이 불가피합니다.

농민공 중심의 프롤레타리아트 혁명을 중국에서 전망할 수 있습니까? 요컨대 마르크스주의 전체가 오류였음이 확인됩니다. 하지만 그렇다고 해도 공산당 재벌과 농민공의 계급적 모순이 완화되지 않는다면 중국에서 지속적으로 문제가 될 것입니다. 한국이 광주의 기억에 기반하여 1987년 6월항쟁을 일구었듯이, 중국에서도 이제 한국의 6월항쟁과 유사한 민주화운동이 일어나지 않을까요?

전교조 선생님들께14
– 동유럽의 변화

엄밀히 말하자면, 1989년 공산정부의 붕괴는 혁명이라기보다는 10여 년에 걸친 협상을 통한 혁명이라고 볼 수 있다. 이런 특성은 특히 폴란드의 경우에 두드러지게 나타났다. 폴란드에서는 '원탁'을 사이에 두고 공산당과 자유주의자의 2개의 정파가 협상과 타협을 통해 평화적으로 대변혁을 결정하게 된 것이다. 헝가리에서는 '위로부터의 개혁'이라는 방법으로 변화를 꾸준하게 진행시켜 왔고 마침내 1989년 조직적인 대중운동의 형성을 통해 공산정권이 몰락하였다. 체코슬로바키아에서도 조직적 대중운동과 야당 운동을 형성하여 내부적으로 변혁을 진척시켜 왔다는 점에서 이와 유사하다.

    – 《네이버 지식백과》(1989년 혁명의 일반적 배경, 동유럽사,

혁명과 변혁이라는 단어가 이렇게 사용될 수 있음을 이제 알 겠습니다. 동유럽의 체제전환 과정은 그야말로 전격적이면서도 무혈혁명이었습니다. 사실 한국인들은 글로벌 정세를 잘 모르 고 있어서 고르바초프의 페레스트로이카와 글라스노스트만 알 뿐이었습니다.

소련의 해체와 동유럽의 민주화가 이루어지던 무렵의 학술단 체협의회의 행사를 기억합니다. 『사회주의 개혁과 한반도』라는 제목의 책으로 행사 결과가 출간되었습니다. 조희연 현 서울교 육감이 당시 이 단체의 중심 인물로 이런 행사를 주도했습니다.

한국 운동권의 페레스트로이카와 글라스노스트를 보는 관점 은 '인간의 얼굴을 한 사회주의'라는 매우 감성적인 방향을 향 했습니다. 고르바초프가 드디어 제대로 된 사회주의를 하려나 보다는 기대가 강렬했던 것입니다.

하지만 실제 역사는 제대로 된 사회주의와 거리가 멀었습니 다. 소련은 산업과 경제가 해체 상태로 진입하고 있었고, 더 이 상 그 거대한 영토를 유지할 여력이 없었습니다. 1985년 무렵 이었습니다. 고르바초프는 1988년 서울올림픽 무렵 해서 다당 제와 선거제까지 도입하는 급진 개혁으로 나아갔습니다. 글자 그대로 혁명이었던 것입니다.

동유럽에도 당연하게 소련의 페레스트로이카와 글라스노스 트의 물결이 밀어닥쳤습니다. 한국과 중국이 공통으로 쓰는 한 자어로 '개혁개방'입니다. 베트남 말로는 '도이모이'라고 합니다. 동유럽의 변혁은 정말 굉장한 과정이었습니다. 특히 소련의 해체와 동유럽의 해방에 병행되어 진행된 독일의 통일은 글자 그대로 전격적인 변혁 과정이었습니다.

동유럽의 현대 역사에서 실상은 끊임없이 반외세 자주화와 반독재 민주화 투쟁이 이루어져 왔다는 점이 확인되었습니다. 이런 투쟁 속에서 축적된 역량이, 기존 친소 공산당과 협상을 거쳐서 무혈혁명을 이룩한 것입니다. 소련의 영향력을 극복하고자 지속적으로 투쟁해 온 것이 전격적인 것처럼 보였던 동유럽 민주화와 해방의 기반이었습니다.

동유럽은 소련에 강점된 시점부터 결코 소련이 강요한 체제를 받아들이려 하지 않았습니다. 이로부터 사실 러시아혁명의 의미를 재검토할 수밖에 없습니다. 거대한 학살을 동반한 인류사의 오점이며, 반문명적 폭거이고, 권력 찬탈 행위에 불과했었다고 규정해야 합니다. 헤겔이 말한 대로 자유로운 사람들이 더욱 크게 늘어나고, 마르크스가 말한 대로 능력에 따라 일하고 필요에 따라 분배받는 사회가 실현된 것이 아니었습니다.

동유럽에서는 사실 1950년대 초반부터 반외세 자주화와 반독재 민주화 투쟁이 물밑에서 모색되기 시작하여 폴란드를 포함하여 헝가리, 체코 등지로 저항의 물결이 점점 확산되어 갔던 것입니다. 헝가리 봉기는 가장 강력한 투쟁이었으며 3000명이 숨지고 1만 3000명이 부상했으니 자유를 획득하기 위해 엄청난 대가를 치른 것입니다.

인간의 얼굴을 한 사회주의를 굳이 찾는다면 스웨덴과 핀란드 정도일 것입니다. 그런데 두 나라의 체제는 동유럽의 소련식 공산당 일당 독재체제가 전혀 아니었습니다. 두 나라를 흔히 사회민주주의라고 칭하는데, 공산주의가 전혀 아니라는 의미입니다. 바로 이 점 때문에 복지가 가능해졌고, 생산성 높은 산업이 존재할 수 있었습니다. 산업은 기업으로 형태를 드러냅니다. 다시 말하면 글로벌 기업의 존재 자체가 복지를 가능하게 하는 원천입니다.

당연하게도 사회민주주의 복지국가의 실현에서 글로벌 기업의 성장이 필수적입니다. 자유시장경제와 이것을 뒷받침하는 사유재산제도의 확립이라는 조건이 필요합니다. 여기에 다당제 공화주의 정치 체제가 동반합니다. 스웨덴은 매우 오랫동안 사회민주당이 여당이었습니다. 한때는 산업의 국유화를 실현하려 했지만 이것을 포기했습니다. 영국 노동당이 국유화 강령을 버린 것처럼 스웨덴 사회민주노동당 또한 국유화 강령을 버렸습니다.

신자유주의 시대에 가장 개혁을 잘 추진한 나라가 스웨덴과 핀란드였습니다. 방향은 단순했습니다. 복지국가의 실현 과정에서 과잉 팽창한 국가 부문을 정리하는 구조조정이었습니다. 스웨덴이 치열하게 이런 구조조정을 20여 년간 진행했습니다. 국가 부문에 과잉 투입되는 세금을 줄여 나가고, 이것을 민간 부문에 투입하는 방식이었습니다. 요컨대 국가부문 구조조정과 민영기업의 더 많은 창업 촉진 정책이었습니다.

이 과정에서 1994년의 금융위기도 겪었지만 그렇다고 구조조정을 멈춘 것은 아니었습니다. 특히 핀란드는 모범적인 교육개혁을 실현했습니다. 교육부와 학교만 남기고 중간 단계의 교육청을 모두 없앴습니다. 학교 지원 행·재정 업무는 일반 행정 기관이 맡아하는 구조조정을 단행한 것입니다. 이렇게 신자유주의 시기에 효과적인 개혁을 성공시킨 이 나라들이 오늘날 여전히 복지국가로 번영할 수 있는 것입니다.

이명박정부 시절 핀란드식의 교육청 구조조정 계획이 좌절된 바 있습니다. 한국은 김대중정부에서 몇 가지 기업 구조조정을 행한 것 외에 성공 사례가 별로 없습니다. 여전히 국가부문이 과잉입니다. 글로벌 기업은 스웨덴에 전혀 못 미칩니다. 이것이 오늘날 한국이 직면한 문제입니다. 신자유주의에 대한 새로운 해석이 필요합니다.

중국은 신자유주의 개혁을 해야 할 시점에 다시 국영과 국유를 강화하는 방향으로 가는데 그 비효율로 인해 글로벌 시장에서 생존하기 어렵습니다. 한국은 유신정부 말기에서 전두환, 노태우 및 김대중 정부에서 신자유주의 민영화를 제대로 실행했습니다. 남덕우 경제기획원 장관의 계보에 속한 전두환정부의 김재익 경제수석의 구조조정이 훌륭했기에 2000년대 이르러 삼성전자 같은 기업이 점점 글로벌 수준으로 성장해 간 것입니다. 공산주의 국가에서는 이런 글로벌 기업이 없지는 않지만 국가의 지원이 결여되면 성장하기 어려워집니다. 여전히 국가의 배양기 속에서 부양되는 기업들이며 대표적으로 화웨이가 그렇습니다.

스웨덴식 '인간의 얼굴을 한 사회주의'는 공산주의가 전혀 아닙니다. 공산주의는 대학살의 반문명 폭거를 자행하고 노동자와 농민을 노예로 묶어 놓는 체제를 실현했습니다. 종주국 소련이 가장 먼저 개혁개방의 길로 나섰는데 개혁은 독재체제의 해체와 민주주의 실현을 의미했고, 개방이란 세계시장과의 결합 강화와 자유무역체제로의 합류를 뜻했습니다. 당연히 동유럽 여러 나라도 이런 방향으로 이행했습니다.

루마니아의 차우세스쿠는 불행한 최후를 마쳤지만 동유럽의 자유혁명 과정에서는 비록 공산당의 주요 인물들이라고 해도 처형되거나 하지 않았습니다. 오히려 동부 독일의 한스 모로우는 동독 민주화와 서독과의 통일에 크게 기여하여 지금도 독일 사람들이 존경하는 정치인으로 기억되고 있습니다. 그 악명 높은, 동독의 김일성이었던 에리히 호네커도 처형되지 않고 자연사했습니다.

동유럽의 공산주의란 결국 러시아식의 전제정치가 팽창하여 소련식 공산주의라는 이념의 탈을 쓴 것에 불과했습니다. 동유럽 여러 나라들이 합스부르크 오스트리아에 속해 있던 국가들이었고 일찍이 오스트리아에서 노예해방과 같은 조치를 취한 것을 고려하면, 소련식 공산주의 독채체제는 외세의 강요에 의해 억지로 받아들였던 것임을 알 수 있습니다.

동유럽의 경제 문제도 동일한 경로를 밟았는데 중공업 위주의 공업화로 만성적 생필품 부족증에 빠진다는 것을 기본으로 가장 핵심은 농업생산력이 크게 떨어져 간 것입니다. 사실 이 시기에는 이미 질소비료 공업이 성립해 있어서 농업생산성이 향상되는 것이 당연했지만 공산주의 체제는 전혀 그러하지 못했습니다. 생산분에 대한 처분권이 없었기 때문입니다. 이것을 소부르주아 근성이라고 딱지 붙이는 공산당 정권이 몽땅 가져

가고 겨우 살아갈 정도의 배급만 주니 누가 일합니까?

그래도 동유럽은 아시아의 공산주의 국가들보다는 한참 유연했습니다. 당내에서 정권교체는 내각제 국가처럼 이루어졌습니다. 폴란드에서는 노동자들이 파업을 벌이기도 했는데 그러면 정권이 교체되었습니다. 중국이나 베트남과 비교하면 한참 유연하게 그나마 아래와 소통했던 것입니다. 북한과 비교하면 동유럽은 민주주의 체제처럼 보일 지경입니다.

특히 헝가리가 소련의 감시를 벗어나서 취한 유연 체제는 사회민주주의 비슷했는데, 정치 운영에서 동유럽 여러 나라들은 공산당 일당독재를 하면서도 당내 여러 분파가 존립했던 것입니다. 이것이 전혀 안 된 나라가 북한이었습니다. 특히 소련과 중국과 북한의 공통점은 집단농장화 과정에서 유혈이 동반되었다는 것입니다.

동유럽 여러 나라들은 농민들이 강력 반발하면 잠시 집단농장화를 보류하고 후퇴하는 방식으로 대처했지 대학살로 강제하지 않았습니다. 공산주의를 해도 이렇듯 문명적으로 할 수 있었기에 오늘날 동유럽이 빠르게 자유시장 경제체제에 적응하여 번영의 길로 나오고 있는 것입니다.

그래서 나는 서울과 광주교육청이 거론했던 북한 수학여행 추진에 반대합니다. 거기는 갈 곳이 못 됩니다. 만일 자유의 공기를 불어넣고 싶다면 먼저 과거의 잘못된 변혁 이론부터 반성해야 합니다. 반제반파쇼민주주의 혁명은 대체 무엇을 지향했습니까? 1990년의 공산주의 해체를 보고서도 여전히 사회주의 혁명입니까?

이 대목에서 북한이 세계사의 흐름에서 홀로 동떨어진 농성 체제임을 말하고자 합니다. 중국은 덩샤오핑이 있어서 개혁개방에 합류했습니다. 동유럽의 헝가리가 가장 빨랐지만 소련의 탄압으로 지속하지 못했습니다. 중국은 소련의 눈치를 볼 이유가 없어서 1978년에 시작했고 미국과 동맹했습니다. 베트남은 가장 늦어서 소련의 해체를 목도하고 나서 1994년에 뒤늦게 도이모이를 실행했습니다.

북한은 특히 미국과 연횡한 중국에 대하여 미제와 동맹했다면서 비난했지만, 그래도 중소분쟁 속에서 중국과 소련이 모두 지원하는 나라로 존립했습니다. 오히려 이것이 독이 된 셈인데 중국이 개혁개방과 친미 연횡으로 산업과 경제가 성장하는 반면, 북한은 중국과 소련의 경제 지원에 의존해서 그냥 체제 유지만 하면서 핵개발로 가 버린 것입니다. 이렇듯 지구상에서 가장 폐쇄적이고 아예 인권이란 결여된 채 수용소를 운영하는 나라에 수학여행단을 보낸다니 정신 나갔습니까?

전교조 선생님들께15
- 차베스와 베네수엘라

'이렇게 해서는 안 된다'의 모델로서 반면교사 사례입니다. 정말 여러 번 반복된 이야기 중 하나가 진정한 사회주의에 대한 담론이었습니다. 소련의 해체를 전후해서도 이는 거듭 되풀이 되었습니다. 특히 베네수엘라의 차베스는 심지어 《녹색평론》조차 상찬했던 21세기의 신모델 사회주의처럼 여겨졌습니다.

23일(현지시간) 로이터·AP통신 등에 따르면 임시 대통령을 자처하고 있는 후안 과이도 베네수엘라 국회의장은 이 날을 구호 물품 반입일로 선언했다. 이에 따라 베네수엘라와 국경을 접하고 있는 브라질·콜롬비아 국경도시에서 잇따라 구호물품을 실은 트럭이 베네수엘라 진입을 시도했다. 주민들과 야당 지지자들은 트럭이 국경 다리를 통과할 수 있도록 바리케이드를 치웠고, 국경수비대는 이를 저지하기 위해 최루탄과 고무총탄을 발사했다.

– 〈이데일리〉('식량을 달라' 는 국민에게 총구 들이댄 베네수엘라 정부, 2019. 2. 24.)

하지만 베네수엘라는 막바지에 이르렀습니다. 미국의 일방주의 탓이라고 비난하기는 쉽습니다. 일방주의라는 용어는 독일의 메르켈도 자주 사용합니다. 그런데 이와 같이 식량을 들여보내는 시도조차 일방주의로 성립하는 것입니까?

식량을 적재한 트럭을 브라질과의 국경을 통해서 보내고자 하는 시도를 일방주의라 할 수 있을까요? 비슷한 사례가 두 가지 있습니다. 첫 번째는 중국의 대약진운동 실패로 인한 대기근 시기의 일이었습니다. 1958년 무렵이었고, 미국과 일본이 실제 식량 원조를 제안했습니다. 중국은 그것을 거부했습니다. 농민이 기아로 숱하게 죽어 나가는데도 심지어 성별로 할당된 식량을 공출받아서 해외 원조에 사용했다는 것입니다. 두 번째는 1997년 무렵 북한에 기아가 들었을 때였습니다.

이 시기에 한국도 외환위기를 겪고 있었습니다. 제때 지원을 못 할 정도로 한국도 어려움 속에 처해 있었습니다. 북한의 식량 위기는 2001년 김대중 대통령 방문으로 회생의 계기가 마련되었다고 합니다. 이로써 한국은 북한을 거대한 기아의 늪에서 건져 올린 은혜의 나라가 된 것입니다. 물론 북한은 은혜를 원수로 갚는 짓을 마다하지 않고 있습니다. 김대중정부는 4억 5000만 달러 원조에 식량도 지원했습니다. 이후의 정부들도 상당한 지원을 실행했습니다. 그런데 막상 북한은 기아의 시기에도 중국에게조차 지원받지 않았다고 합니다. 1997년의 기아 시기에 중국이 식량 지원을 타진했지만 북한이 거부했다고 합니다. 덩샤오핑이 미제국과 통교하면서 사회주의 순수성을 훼멸하고 있다고 보았다는 것입니다. 마오가 중국의 대기근 시기에 미국과 유럽 여러 나라들의 식량 지원 제안을 거부했듯, 이념을 앞세워 많은 사람이 죽는 것을 방치한 결과가 된 것입니다.

사회주의 순수성이 뭐기에 사람이 굶어죽어 가는데도 원조를 거부하는 통배짱이 생길까요? 그런데 그런 사람이 베네수엘라에서 또다시 탄생했습니다. 차베스의 후예 마두로라고 합니다. 마두로 또한 '사람이 먼저다' 라는 슬로건을 내걸었습니다. 도대체 '먼저' 인 사람이란 누구를 지칭하는 것일까요? 인민이 아무리 쓰레기통을 뒤져도 하루 세 끼 먹을 것이 전혀 부족하지 않은 사람들이 아닐까요? 인민이 굶어죽어 가는 사회주의 국가에서, 정치적 지배계급은 오히려 호화생활을 누린다고 합니다. 마두로의 아들이 최고급 스포츠카를 몰고 다니며 호화생활을 한다는 사실이 국제사회에 잘 알려져 있습니다. 혹시 이런 것을 두고 '사람이 먼저다' 라고 하는 것 아닐까요?

나는 문재인 대통령의 '사람이 먼저다' 에서 사람을 인간주의 맥락에서 사용한 단어로 봅니다. 이런 맥락에서 최저임금 인상을 급속하게 실현했을 것입니다. 문제는 그 결과인데, 사실 직장 잃은 사람은 아예 통계에 잡히지 않기에 사람 범주에 포함되지 않습니다. 최저임금 급속 인상의 결과는 1분위라는 최하위층 소득이 37% 감소한 것입니다. 결국 노동자에서도 '먼저인 사람'은 별도로 있음을 알 수 있는데, 최상위층 정규직 노동자인 것으로 해석됩니다.

같은 노동자라고 하더라도 최상위층은 10% 정도 증가했습니다. 노동자 계급을 분화시켜서 최상층의 정규직 대기업 노동자는 생산성과 무관하게 최저임금 과속 인상에 의해 자동으로 임금 10% 인상 효과를 낸 셈입니다. 반면 최하위층 비정규직 노동자는 37%의 임금 감소라는 역효과가 발생한 것입니다. 우파 정부가 이런 결과를 냈다면 당장 광화문이 촛불로 뒤덮일 것입니다. 촛불이 혁명이고 적폐 청산이었다면 최하위층 비정규직 노동자가 임금 37%가 줄어드는 일을 겪을 리 만무합니다.

최하위층 노동자들의 경우 월 평균 30만 원이 감소하는 내리막길에 접어들었습니다. 그 원인의 하나가 '저녁이 있는 삶'이라는 허울 좋은 구호 속에서 법적 강제로 노동시간을 감축한 것이었습니다. 그 결과가 최하위층 노동자들의 소득이 6년 전으로 되돌아간 것이라고 합니다.

한국인은 잊고 살아갑니다. 박근혜정부 시절에도 최저임금은 올렸습니다. 하지만 당연하게도 경제 전반에 충격을 주지 않을 정도로 인상했습니다. 그런데 이미 이 시기에 세계적인 추세보다 더 많이 올렸던 것입니다. 그럼에도 2015년 7월, 일자리 50만여 개가 창출되었습니다. 당시 창조경제가 뭔가에 대하여 논란이 많았지만, 결과를 보면 일자리 창출을 촉진하는 경제 정책이었다고 할 수 있습니다.

이런 정권을 적폐라 규정하고 탄핵을 통해 내몰았으니 일이 될 리 만무합니다. 이게 다 미제국주의 때문입니까? 노무현정부가 잘한 일로 한미FTA가 있습니다. 이후 미국은 정말 시장을 개방해서 한국에 많은 무역 흑자를 안겨주었습니다. FTA를 반대한 좌파진보 진영의 학자들이 개정 반대를 외친 것에서 그 점은 명백하게 검증됐습니다. 알고 보면 미제는 한국이 1인당 국민소득 2만 달러를 넘기는 데 크게 기여해 준 셈입니다.

현 정부가 잘 안 되는 것은 경제와 산업에 깜깜하기 때문이지 다른 이유가 없습니다. 전 정권의 적폐도 전혀 아닙니다. 집권 2년차에 일자리 50만 개를 창출한 정권을 적폐로 규정했으니 일자리 창출이 안 되는 것이 당연합니다.

베네수엘라의 차베스정권이 남긴 유산이 마두로정권입니다. 그 실상이 적나라하게 드러나고 있습니다. 나는 한때 차베스가 남미에 한국 모델을 적용하여 산업화의 길로 가는가 싶었습니다. 전혀 아니었습니다. 차베스는 그냥 석유값이 고공행진을 하던 시점에 집권해서 풍부한 석유 달러를 펑펑 사용했을 뿐입니다. 베짱이처럼 그냥 석유 달러에 의존해서 복지 확대라는 미명 하에 미래를 전혀 내다보지 않고 마구 낭비하고 탕진했습니다.

미래를 위한 새로운 산업의 육성 같은 것을 전혀 하지 않았습니다. 게다가 기업을 운영할 역량 있는 전문가들을 전부 해외로 이주하도록 강압했습니다. 여기에는 당연하게도 과학기술자들도 포함됩니다. 역사의 기시감은 이런 사람들이 떠나가면 경제는 당연히 나빠진다는 것입니다. 프랑스 루이14세의 낭트칙령 폐지에서 확인되었습니다. 중국이 지금 민영기업을 국유화하는 쪽으로 강행하면서 이런 상황에 직면하기 시작합니다.

전교조 선생님들께 질문드립니다. 무슨 이유로 차베스를 그토록 상찬했습니까? 한겨레와 경향이 상찬하니까 그냥 함께했습니까? 다행히 jtbc는 차베스 상찬까지는 안 갔나 봅니다. 손석희는 그래도 차베스에 대한 관심은 없었는지 아무튼 마두로에 대하여 상찬하지 않고 있으니 말입니다. 하기야 날마다 나오는 외신을 보면 도저히 마두로를 상찬할 수 없습니다. 차베스의 베네수엘라, 산디니스타 오르테가의 니카라과, 노동자당 룰라의 브라질 등 전부 실패입니다. 칠레 민중연합이라는 신화는 그냥 동화에 불과했던 것입니다.

21세기 사회주의는 이렇게 종식되었습니다. 프랑스 학자 피케티의 『21세기 자본론』은 마르크스를 흉내 내서 떠 보려 했는데 수식 한 가지로 다 해먹으려 듭니다. 노동소득 분배율이 자본소득 분배율보다 작다는 것이 만능키 역할을 합니다. 이것은 매우 당연한 수치입니다. 프랑스에 이런 학자들이 자꾸 나오니까 독일에 뒤처지는 것입니다.

자본이 자본인 이유는 그냥 이자 먹고 살려는 금리 생활을 내던지고 지속적인 투자를 통해서 이윤을 얻으려는 동기가 충전되어 있다는 데 있습니다. 사실 그래서 인류 역사상 최초로 하루 세 끼니 먹는 것을 훨씬 초월하는 1인당 GDP가 가능해진 것입니다.

한국은 현재 GDP 3만 달러선인데 여기에 도달한 것은 거의 기적적인 일입니다. 중국을 보십시오. 외국 유입 자본의 투자가 없었다면 1인당 GDP 8천 달러도 불가능했습니다. 이렇게 다 검증이 끝났는데 아직도 차베스 타령입니까? 철저히 발본적으로 반성하지 않으면 오류는 무한 반복될 것입니다.

5부

일탈과 딜레마로서의
386 운동권

386 운동권,
현대판 '阿Q'들의 착각

최재기

　지난해 11월 20일, KB금융지주 주총에서 국민연금이 대통령의 공약이라면서 노동이사제에 찬성표를 행사하였다.(동아일보, 2017년 11월 28일자) 현 정권이 연기금의 주주권 행사로 어떤 정치적, 정책적 목표를 달성하려는 것인지 구체적으로 밝히지 않아 알 수 없으나(그런 목표가 있는지도 의문이지만), 기금사회주의 모델을 목표로 한 것이라면 포기하라고 권하고 싶다. 스웨덴 같은 사회적 대타협이 널리 행해진 나라에서도 실패한 모델인데, 우리나라에는 처음부터 불가능한 헛된 관념이다.

　그렇다면 미국의 사례와 같이 신자유주의 모델을 지향하려는 것인가?

　그 동안 우리나라 운동권과 시민단체 세력들은 대중에게 신자유주의에 반대한다고 주장해 왔다. 그러나 이들은 경제 체제에 미치는 영향 등에 대한 상세한 판단 없이 '재벌 개혁'을 한답시고 미국의 금융자본들이 주장하는 정책 수단을 개혁이라고 밀어붙였다.

이른바 '민주화운동' 했다고 주장하는 학계, 법조계 사람들은 시민단체를 구성하여 미국의 '대기업 개혁 4자 동맹'과 유사한 세력 틀을 짜서 미국식 대기업 개혁 규범들을 받아들이라고 요구하였다. 그러나 불행히도 우리나라에는 미국과 달리 자본시장과 M&A 시장이 없다. 그래서 완전한 신자유주의적 개혁이 될 수가 없는 조건이다. 그렇다고 부족한 부분만큼을 연금과 국책 은행을 동원하겠다는 것인가?

우리나라의 성장 모델은 국가가 주도하여 특정 산업 부문에 자원을 집중 배분하여 고속 성장을 이루고, 이후 나머지 부문을 성장시키는 불균등 발전 전략이었는데(박정희 모델), 이런 발전 전략의 결과 산업자본 위주의 재벌들이 경제 체제의 주인공으로 등장하였다. 국가 주도 경제의 산물인 재벌은 현 집권세력인 '민주화운동권'과는 태생부터 안 맞을 수밖에 없다. 세계의 흐름이 바뀌면 재벌의 경영 관행도 다르게 바꿀 필요는 있다. 그렇다고 국민경제의 상태에 대한 상세한 파악 없이 세계 금융자본의 하위 파트너로 스스로를 전락시키는 것은 용납할 수 없는 죄악이다.

연기금의 주주권 행사는, 연금 자체의 안정성은 별개로 하더라도, 국제 금융자본에게 또 하나의 기회라는 신호를 줄 위험이 있어 가급적 하지 않는 게 좋다. 연기금은 오히려 대부분 산업자본 위주의 우리나라 기업의 경영권을 안정시키는 역할을 하도록 해서, 자사주 매입 후 소각이나 대규모 주주 배당보다는 '유보와 재투자'를 촉진시키는 경영 분위기를 만들도록 하는 것이 성장과 일자리 창출의 지름길이다.

연기금의 '주주권 행사'와 신자유주의의 완성

로버트 몽크스(Robert Monks)는 1984년 미국 노동부 연금국장으로 부임하였다. 처음부터 그는 그 자리를 오래 맡을 생각은 없었고, 다만 자신의 신념인 기업 지배구조 개선의 아젠다 실현과 돈벌이를 위해 딱 일 년 만 일하기로 작정하고 그 직책을 맡았다고 밝혔다.

연금국장 재임 초기 몽크스는 전국의 연금 행정가들을 모아 놓고 이후 기업 지배구조 활동가들에게 기념비적 연설로 평가받는 '기업시민으로서의 기관투자가'(the institutional shareholder as corporate citizen)라는 제목의 연설을 한다.

기관투자자들이 행동주의적 기업시민이 되어야 함은 자명하다. (중략) 나는 기관투자자들에게 (주총 등에서) 안건을 제의하고 통과시키는 것이 기업시민으로서 의무를 다하는 것이라고 말하고 싶다. (중략) 따라서 좋든 싫든 간에 실무적 비즈니스 이유 때문에 기관투자자들은 갈수록 더 행동주의적 주식소유자(shareholder-owner)가 되고 갈수록 덜 수동적인 투자자가 되어야 할 것이다.

『경제민주화, 일그러진 시대의 화두』(신장섭, 나남출판, 2016년)

몽크스는 자신의 공언대로 1985년 연금국장을 사임한 후 의결권 자문사인 ISS(institutional shareholder service)를 설립하였다. 비슷한 시기에 또 다른 기관투자자 행동주의를 실천한 인물인, 캘리포니아 주 재무 최고 책임자로 재임하였던 제시 언루(Jesse Unruh)가 주창하여 1985년 기관투자자들의 연합체인 '기관투자자평의회'(counsil of institutional investors, 약칭 CII)가 출범하였다. 같은 해에 공공부문 위주의 기관투자자들의 움직임에 자극받은 기업 사냥꾼들을 포함한 민간 기관투자자 위주의 '주식보유자연합'(united shareholder association, 약칭 USA)이 출범하였다.

주주의 권한을 강조하는 주체 세력이 정립되자 이후 1988년부터 1989년 사이에 연금 펀드의 투표 의무가 제도화되었고, 1992년 기관투자자들의 실질적 카르텔이 허용되었으며, 2003년에는 뮤추얼펀드 등 다른 기관투자자들의 투표 의무도 제도화되었다. 주주 행동주의자들은 2차대전 이후 70년대까지 30여 년간 장기간 지속된 자본주의 황금기를 이끌던 전문경영인 주도의 경영자본주의 내지 '이해관계자 자본주의'(stakeholder capitalism)를 끝장내고, 자신들의 지배권을 확고히 할 제도적 정비를 완성하였다. 그리하여 흔히 신자유주의라 부르는 '주주자본주의'(shareholder capitalism) 시대를 연 것이다.

돌이켜보면 서구의 복지국가 제도는 케인즈주의 경제 사조를 반영한 이해관계자 자본주의 경제 체제를 기반으로 작동되는 제도였다. 자본주의 발생 때부터 20세기 초까지의 자유방임형

자본주의가 1929년 대공황으로 끝장난 후, 이른바 수정자본주의 시대에 주요 대기업들을 전문경영인들이 경영하였는데, 이들은 투자자로서 주주들과 노조나 관련 업체 등 그 기업 관계자들의 목소리를 잘 조정하는 것을 목표로 한 경영을 하였다. 전문경영인들은 말하자면 주주와 이해관계자들의 '대리인'이었던 것이다.

70년대 들어 계급 타협적인 복지국가 모델은 정부나 기업 가릴 것 없이 관료주의의 만연과 공공부문 제 조직들 및 노조 등 목소리 큰 세력들의 변화에 대한 저항과 고집으로 경제 운영이 경직되어 효율성이 떨어졌다. 그 결과 성장률은 정체되고 물가는 인상되는 스태그플레이션이 극심해지자 국민들의 불안감이 커져 갔다. 주주 행동주의 세력들은 이런 정부와 기업의 비효율을 공격하여 대중적 동의 기반을 넓혔고, 근본 문제는 '대리인'으로서 전문경영인 체제 때문이라고 공격하면서 기업의 주인인 주주들이 직접 나서야 한다고 주장하였다. 그들은 기관투자자 투표를 제도적으로 강제하여 마침내 주주자본주의를 완성시킨 것이다.

정치적으로도 80년대 들어 기존의 계급 타협을 기반으로 한 정권들이 국가나 민간부문 할 것 없이 만연한 관료주의적 병폐와 비효율을 치유하지 못하고 퇴장하자, 대처-레이건 정부가 들어서면서 신자유주의는 전세계적인 정치경제 체제 운용의 기준이 된 것이다.

현대의 재벌

　미국의 경영자본주의 전성기에 전문경영인들은 '회사 사람', 즉 '조직인(organizational man)'으로 평가받는 것을 자랑으로 여기며, '유보와 재투자'의 경영철학을 실천해 기업을 키우는 것을 경쟁하는 사회적 분위기가 있었다. 그러나 비대해진 관료 기구의 폐단이 쌓여 70년대 들어 계급 타협적인 경영자본주의는 본격적 도전에 직면한다. 일본, 독일 등 새로운 경쟁자들이 등장하면서 미국 기업들의 효율성 문제가 제기되었다. 또한 70년대부터 본격화한 인플레도 대기업 비판의 원인이 되었다. 그리하여 '대기업 개혁' 세력이 등장한 것이다.

　이들은 그간 대기업들이 경영 다각화를 통한 성장을 추구하면서 주주들의 이익을 무시하고 '방만 경영'을 하였다고 비판하였다. 사회운동가, 노동운동가, 기업 사냥꾼, 기관투자자, 변호사 및 학자 등 다양한 세력들이 대기업 개혁을 위해서라는 명분으로 '주주 가치 극대화' 운동을 펼쳤다. 이들 개혁 세력들을 자세히 살피면 ①주식시장 내 기관투자자 세력, ②기업 사냥꾼 등 적대적 인수합병 세력, ③주주행동주의로 귀결되었지만 기업 지배구조 문제를 연구한다는 학계 인사들, ④대리인 이론을 무분별하게 확대 적용한 법 전문가 등으로 크게 분류할 수 있다. 대기업 개혁을 위한 이러한 4자 동맹이 형성되자 미국 경제 시스템의 대전환이 이루어진 것이다. 이해관계자 자본주의는 폐기되고 신자유주의가 완성된 것이다.

　이런 배경으로 크게 성장한 기관투자자들은 초거대 재벌로 변신하였다. 압도적 펀드자본주의가 등장한 것이다.

2016년 말 미국 주식의 31%인 6조 8180억 달러(약 7800조 원)의 주식을 블랙록(Black Rock. Inc.), 뱅가드(Vanguard Group. Inc.) 등 상위 5대 기관투자자들이 보유하고 있다. 상위 100개 사로 범위를 넓히면 미국 주식의 78%를 보유한다.

세계 제일의 기관투자자인 블랙록은 전세계 2610개 기업에서 5%가 넘는 지분을 갖고 있고, 약 4조 7000억 달러의 자산을 운용하고 있다. 우리나라 한 해 GDP가 대략 1조 5000억 달러 정도인 것을 감안하면 그 규모를 짐작할 것이다. 삼성전자가 아니라 이런 것이 현대의 재벌이다.

그러면 이들 기관투자자들, 즉 펀드들은 어떻게 기업들을 지배할까?

이들 기관투자자가 초거대 재벌이 된 것은 이들의 펀드가 주로 인덱스 펀드이기에 가능하였다. 세계 최대의 기관투자자인 블랙록의 경우 자사 소속 펀드매니저들이 직접 투표권을 행사하는 액티브 펀드는 34%뿐이고, 나머지는 내부에 기업 지배 구조팀을 만들어 투표를 총괄하여 운용한다. 또 다른 방안으로 가령 몽크스가 연금국장을 사임하자마자 1985년에 설립한 ISS와 같은 의결권 자문사의 권고를 받아 투표권을 행사하기 때문에 거대 펀드를 운용할 수 있게 되었다.

기관투자자들은 미국에서 실질적 카르텔을 형성할 수 있게 관련 규제를 푼다. 1992년 미국 증권거래위원회(SEC)는 캘리포니아공무원연금(CalPERS)이 앞장서 요구한 청원을 대부분 받아들였다.

그리하여 첫째 투자자들이 기업의 어떤 문제든 자유롭게 의견 교환을 할 수 있게 하고(즉 담합할 수 있게), 둘째 투자자들이 기업 경영진과 직접 소통할 수 있게 했으며(내부 정보를 이용할 수 있게), 셋째 투자자들이 언론 등을 통해 해당 기업과 기업인을 자유롭게 비판할 수 있게 함으로서 실질적으로 투자자 카르텔을 허용하였다. 어떤 경영진도 기관투자자 카르텔의 '권고'를 무시할 수 없게 된다. 주주자본주의 시대가 활짝 열린 것이다.

한국에서도 실질적 투자자 카르텔의 위력을 볼 수 있는 사건이 있었다. 2016년 10월 초 미국의 엘리엇펀드는 삼성전자에 30조 원을 주주들을 위해 사용하면 이재용의 경영권 승계를 도와줄 수 있다는 제안을 했던 것으로 잠깐 보도된 적이 있다. 엘리엇펀드는 당시 삼성전자 주식의 0.62%를 보유하고 있는 것으로 알려졌다(한국경제신문, 2016. 10. 6.). 이 엘리엇펀드는 미국에서는 규모가 보잘 것 없는 작은 펀드이다. 그래서 그런지 당시 삼성 측은 이 요구를 거절한 것으로 알려졌다.

그러나 이후 5분기 동안 진행된 삼성전자의 영업이익 처리 내역을 보면 엘리엇의 요구를 120% 이행하고 있는 것으로 보인다. 매분기 약 9조 원 내외의 흑자를 본 삼성전자 측은 매분기 약 7조 원 가량을 들여 자사주 매입 후 소각하거나 주주에게 배당하는 등 주주를 위해 사용하였다. 이후 삼성전자 주가 상승의 대부분은 자사주 매각의 효과 때문으로 보인다. 엘리엇펀드가 이런 권력을 휘두를 수 있는 배경은 다른 펀드들과 담합할 수 있기 때문이다. 외국인 지분(사실상 기관투자자 지분)이 50% 가까이 되는 기업이라면 어떤 경영진도 외국인 주주들의 담합된 요구를 거절할 수 없다. 자본주의 운영의 질서가 바뀐 것이다.

그렇다면 박근혜정권이 되었든 문재인정권이 되었든, 우리 나라 대표 기업의 경영권 보호를 위한 산업 정책이 있어야 하지 않았을까? 그런데도 장하성이나 김상조 류의 '재벌개혁' 탈레 반들은 아직도 감사위원 선출 분리니 집중 투표 의무화니 하는 등 시대에 걸맞지 않은 경영권 흔들기 주장을 하면서, 결과적으로 '주주가치 극대화' 운동을 펼치고 있다.

이재용이 경영권 승계와 관련하여 박근혜에게 어떤 청탁을 했는지 알 수 없으나, 어차피 주주자본주의적 환경 내에서 적응 해야만 자신의 경영권이 보장받는 것이었다면 처음부터 외국인 기관투자자들과 협의를 했어야지, 쓸데없이 정권에 매달릴 이 유가 없었다. '재벌을 혼내주려다 회의에 늦었다'는 현 정권에 게도 해결책을 얻을 수 없기는 마찬가지였을 것이다.

효율성

러시아혁명으로 등장한 현실사회주의는 급격한 체제 전환을 통해 성립되었다. '급격'이란 말하자면 기존의 지배구조를 폭 력혁명을 통해 타파하고 사회주의 세력을 단숨에 지배세력으로 만들었다는 뜻인데, 이 과정에서 처음 겨냥한 이른바 연대 정신 이 충만한 아름다운 '사회주의적' 사회 건설이라는 목표는 방 향을 잃은 채 사라지고, 또 하나의 거대한 관료주의 지배체제만

남게 되었다.

시장을 부정하고 계획으로 경제 운영을 대신한다는 것은 애초 실현 불가능한 목표였다. 그러자 현실사회주의 국가와 지배층인 공산당은 국가 경제의 실패를 인민들의 의식을 조작하여 불만을 잠재우는 방식으로 해결하고자 하였고, 이를 위해 어마어마한 이데올로기 조직들이 필요하였다. 이들 거대한 비생산적 관리 조직들은 나라 전체 경제에 주름살을 드리우는 비효율성으로 나타난다.

즉 그들은 허위의식을 통해 전체주의적 지배체제를 더 강화하여 경제의 비효율성에 신음하는 인민들의 불만족을 돌파하려는 허망한 방법을 채택한 것이다.

역사를 살펴볼 때 어떤 체제이든 장기적으로 생존하려면 인민들의 먹고사는 중요 조건인 경제의 효율성이 확보되어야 한다. 어떤 시대이건 가치 생산을 하지 않는 지배계층이 생산계층보다 더 많아지면 그 체제는 효율성이 떨어져 존속할 수 없게 된다. 그렇다면 급격한 체제 전환의 모순점을 해소하면서 점진적으로 사회주의화 하는 대안은 없을까? 유럽 인민들은 몇 가지 대안을 실험해 봤다고 본다.

유고 등 동유럽 일부 국가들에서 시행한 '시장사회주의' 모델과 서유럽에서 지금도 부분적으로 실행중인 협동조합주의 모델이 대안으로 거론되었다. 그리고 지금 논의할 스웨덴에서 시행된 기금사회주의 모델이 있다. 앞서 지적한 것처럼 경제 체제는 효율성이 없으면 존립할 수 없고, 이들 모델 중 협동조합 모델만 부분적인 효율성을 인정받아 현재 이탈리아나 캐나다 일부 지방에서 보완적 경제 제도로서 존립하고 있지만, 나머지 모델들은 소멸하였다.

기금사회주의

일찍이 전무후무한 계급 타협 제도인 '연대임금제도'를 정착시킨 스웨덴에서는 연대임금제도하에서 발생할 수밖에 없는 대기업의 초과이윤 문제를 처리하기 위해 대안을 모색하던 중, 한 발 더 나아가 점진적인 체제 전환의 구상을 내놓게 되었다. 1971년 스웨덴 노총(LO) 총회에서 기업의 이윤 중 일부를 출연하여 집단적 자본을 조성하는 방식의 임노동자 기금안이 최초로 제안되었고, 몇 년간의 논의 끝에 1975년 8월에 어느 정도 완결성을 가진 기금안을 도출하였다. 그 주요 내용은 다음과 같다.

매년 대기업들의 이윤으로부터 기여금을 받아 임노동자 기금을 조성한다. 이윤 수준이 높은 기업일수록 기여금을 많이 납부하게 하여, 연대임금 정책이 낳는 초과이윤 문제를 해소한다. 기업들로부터의 기여금은 현금이 아니라 신규 발행 주식의 형태로 징수한다. 이 주식들은 주식시장에서 거래되지 않고 해당 기업 내에 임노동자 기금의 소유 지분으로서 동결된다. 임노동자 개인들에 의한 지분 소유와 이들에 대한 배당 지급은 허용되지 않고, 기금은 임노동자 집단에 의해 집단적으로 소유 관리된다. 또 기금은 개별 기업 수준이 아니라 이를 넘어서는 상위 수준에서 조직된다. (중략) 그리하여 머지않아 기금은 해당 기업의 주요 주주로 등장하게 될 것이고, 이에 따라 임노동자 집단이 기업의 의사결정 과정에서 큰 영향력을 행사하게 될 것이다.
      —『복지 자본주의냐 민주적 사회주의냐』(신정완, 사회평론, 2012년)

혁명을 통하지 않고 점진적인 체제 전환을 이루겠다는 이 놀라운 구상은 스웨덴 사회 안팎에 큰 논란거리를 던졌다. 재계와 부르주아 정당들은 시장경제 원리를 침해한다며 반대하였다. 전체적으로 기금안은 일반 국민들에게 정치적 지지를 얻지 못했다. 가뜩이나 70년대 중반 이후 유럽 복지국가들이 그러했듯 스웨덴도 경제가 침체하였다.

기금 논란과 원전 폐쇄 논란이 문제가 되어 1976년 총선에서 사민당이 패배하여 44년간의 집권에 막을 내리게 되었다. 기금안에 대한 노총의 요구를 받은 사민당은 노총과 공동 연구 그룹을 만들고 당의 입장을 정리하여 1978년에 보고서를 제안하였다. 사민당은 원래의 기금안을 대폭 수정하여 성장에 방점을 찍는 '투자자본 조달을 위해 집단적 저축 형성을 촉진'한다는 목적을 추가하였다. 스웨덴 경제의 침체를 의식한 것이다. 이 안도 재계 등에서는 강력히 반발하였다. 기금 논쟁이 정치 이슈화하자 1979년 총선에서도 사민당은 또다시 패배한다. 기금안이 정치적 추동력을 잃은 것이다.

1982년 선거에서 가까스로 집권에 성공한 사민당은 기금 문제에 더 이상 끌려 다닐 수 없다고 판단하고 마이드너 등이 구상한 최초 기금안을 대폭 수정하여, 예를 들어 기여금을 주식 형태가 아니라 현금으로 납입하게 하는 등으로 수정하여, 당사자 간 합의를 기다릴 것 없이 의회 표결로 처리하였다. 우여곡절 끝에 도입된 기금은 1984년부터 7년간 불입된 후, 1991년 선거에서 집권한 부르주아 연립정부가 기금 해체 법안을 통과시켜 최종 폐기되었다.

기금 논쟁 전반을 추적하여 분석한 신정완은 기금안에 대한 다음과 같은 몇 가지 주요 논쟁점을 압축하여 평가하였다. 첫째, 임노동자 기금이 지배하는 기금사회주의 체제에서는 진정한 경쟁이 제한되기 쉽다. 둘째, 기금이 지배하는 기업의 경영 기준을 이윤 극대화나 수익 극대화 이외의 다른 기준을 적용할 경우 결국에는 국가의 강제력이 뒷받침될 수밖에 없어 시장에 대한 국가의 개입을 피할 수 없다는 것이다. 셋째, 결국 경제의 효율적 작동은 실패할 것이라는 점이다.

기금사회주의 모델은 경제 체제 모델이 갖추어야 할 기본 요건인 체제 구성 원리의 논리적 정합성을 갖추지 못했고, 특히 시장경제를 전제하면서 경쟁의 존속을 어렵게 하는 내용을 담고 있다는 점이 결정적 약점이라고 주장한다. 결국 기금사회주의 모델은 자본주의에 대한 설득력 있는 대안으로서 요건을 갖추지 못했다고 판단하였다.

현대의 '阿Q'들

8,90년대 우리나라 운동권은 세계사의 흐름과 동떨어진 갈라파고스적 운동권이었다. 그런데도 한국인은 헤겔이 개념화한 '자기의식'이 부족하기에, 전대협 한총련 간부들은 대중을 상대로 한 폭로 전술과 뛰어난 감성팔이 능력을 바탕으로 20대 때 사실상 권력을 쥐어 보는 경험을 하였다. 당시 운동권의 8,90%는 이른바 민족해방(NL) 계열의 운동권인데, 30여 년이 지난 지금도 그들의 기본적 세계 인식은 크게 변하지 않은 것으로 보인다.

사물의 운동과 변화를 의식이 포착하여 언어로 표현한 것이 개념이고, 그 개념들을 논리적으로 구성하여 표현한 인간의 사고체계를 이념이라 한다면, 사물은 끊임없이 운동하고 변화하는데 인간의 의식이 미처 따라가지 못하면 어떻게 될까? 변화에 뒤처진 인간의 언어와 사고는 관념이 되고 허위의식으로써 이데올로기가 된다. 현재 대한민국은 시대에 뒤떨어진 이데올로기로 권력투쟁을 벌이는 기회주의자들의 천국이 되었다.

영국은 17세기에, 프랑스는 18세기에, 유럽은 19세기에, 나머지 대부분의 나라에서는 20세기 전반에 청산된 전제정專制政 체제(tyranny)를 21세기에도 존속시켜려 한다면 헛된 노력이 될 것이다. 어떤 감성팔이를 해서 대중의 판단을 잠시 거꾸로 되돌린다고 해도, 이런 도로徒勞는 결국 실패할 수밖에 없다. 내심으로는 전제 정체를 옹호하면서 '민주화운동'의 탈을 쓴다고 해서 결과가 달라질 일은 없다고 본다.

또 자본주의 내지 시장경제는 소멸하지 않을 것이다. 다만 그 형태는 다양하게 변화할 것이다. 앞으로 세계는 초세계화와 초정보화 흐름이 두드러질 것이다. 초세계화는 시장경제를 전제하고 초정보화는 자유주의 사회를 전제한다. 이런 흐름을 타는 나라와 국민은 살아남고 거역하는 나라와 민족은 도태될 것이다. 순천자順天者는 흥興하고 역천자逆天者는 망亡할 것이다.

아나톨 칼레츠키는 리먼브라더스 사태 이후 기존의 신자유주의 경제 운영 틀이 바뀌고 새로운 틀이 형성되는 중이라고 하면서, 지금은 자본주의 4.0시대라고 주장한다. 적응성 혼합 경제 시대라는 것이다.

> 자본주의 4.0은 적응성 혼합 경제가 될 것이다. 첫째, 자본주의 4.0은 명백한 혼합 경제가 될 것이다. 혼합 경제에서는 정부와 비즈니스를 대립 관계가 아니라 동반자 관계로 볼 것이다. 그리고 되도록 투명하고 효율적으로 운영되는 일반적 경쟁 시장들과 '효율성'이 제한되도록 규제를 받는 소수의 통제 시장들이 신중하게 혼합될 것이다. 둘째, 자본주의 4.0은 변화하는 환경에 맞춰 제도적 구조, 규제, 경제 원칙들을 기꺼이 변화시킬 수 있는 적응성 시스템이 될 것이다.
>
> ─『자본주의 4.0』(아나톨 칼레츠키, 컬처앤스토리, 2011년)

효율성과 적응성이 없는 경제는 망할 수밖에 없는 시대로 진입하고 있다는 것이다.

루쉰은 현실 세계의 변화가 어찌 되든, 심지어 자기를 침탈하는 사람에게 육체적으로는 얻어터질지언정 언제나 자신은 정신적으로 승리하고 있다는 관념에 빠져드는 중국인의 묘한 모습을 형상화한 소설 『阿Q정전』을 쓴 적이 있다. 주인공 阿Q는 현실 세계에서 얻어터지고 세상 사람들이 손가락질을 하든 말든 자신은 늘 정신승리했다고 주장한다.

우리나라의 갈라파고스 운동권은 당시에도 주장의 현실 적확성이 없었는데, 가뜩이나 지난 30여 년 동안 진화가 멈췄다. 그런데도 자신들은 '민주화운동' 했답시고 도덕적으로 우월하다고 주장한다. 현실사회주의는 망했고 신자유주의도 끝나고 있는 마당에 여전히 30여 년 전의 이데올로기를 대중에게 강요한다. 초세계화 초정보화 시대에 일자리를 만들고 국민경제를 성장시키는 전략은 없이 오로지 정신승리만을 강변한다.

이들 민주화운동권 세력이 나라의 권력을 차지한 근거는, 이들의 주장이 올바르기 때문이 아니라 반대편인 '보수를 참칭하는 세력'들의 부패와 무능, 그리고 이들의 감성팔이에 대한 시민들의 지지 때문이다. 감성팔이는 늘 과잉 일반화나 선택적 추상화, 흑백논리 등 인지적 오류(cognitive errors)를 전제한다.

이 현대판 阿Q들을 어찌할 것인가?

결론적으로 시민들은 더 이상 그들의 감성팔이에 공감을 표시하여 그들에게 착각을 심어 줄 게 아니라, 이성적으로 시시비비를 정확히 따져 아닌 건 아니라고 비판하여 시대착오 중인 그들을 국가 운영에서 배제해야 한다. 그것이 시민들의 안전보장과 먹고사는 문제를 해결하는 지름길이다.

자장면 한 그릇에
이념서클에 몸담다

곽세현

내 나이 50대 후반이고 대학 들어갔을 때 나를 꼬드긴 선배들은 환갑이 되었다. 어쩌다 78선배들과 술을 마실 참이면 "짜장면 한 그릇에 몸이 팔려 운동권에 들어가서 빠져 나오지 못했다"는 이야기를 종종 하게 된다.

내가 대학에 입학한 해는 1980년, 유신정권이 무너지고 소위 말하는 민주화의 봄이 온 시기였다. 내가 기억하는 그 시기는 그야말로 혼돈의 시기였고 아팠던 시기였다.

학교를 열심히 다니면서 대학 입시에 몰두해 있던 대학 신입생에게 1980년의 봄은 당황스럽고 아팠다. 대학에 합격하기 전부터 시작된 아픔은 대학에 합격한 뒤에도 지속됐다. 1979년도 예비고사를 11월 5일 보았는데, 그 열흘 전인 10월 26일 박정희 대통령이 급작스럽게 서거하는 충격적인 일이 벌어졌다. 너무도 가슴이 아팠다.

그런데 더욱 놀라운 일이 벌어졌다. 다음날부터 '독재자가 잘 죽었다'는 기사가 나오는 것이었다. 이런 세태는 순진한 고3 수험생에게는 대단히 당혹스럽게 다가왔다.

예비고사를 보고 두어 달 뒤인 1980년 1월 14일에 본고사를 보았다. 서울대 사회계열을 지원해서 본고사를 보았는데, 국어와 영어에서 제 실력을 발휘하지 못한 것 같아서 패닉 상태에서 보름여를 보냈다. 합격은 했지만, 스스로 만족스럽지 못한 극심한 후유증이 1년여를 이어졌다. 주변 사람들은 원하는 대학에 합격했다고 축하해 주었지만, 그런 축하를 받는 나 스스로가 낯설게 느껴졌다. 그러던 중 '아서원 사건'이 터졌다

아서원은 종로 세운상가 3층에 있던 고급 중국음식점인데, 거기서 고등학교 3학년 선생님의 사은회를 하게 되었다. 서울대에 붙은 친구들이 주축이 되어 하는데 비용을 1인당 4만 원씩 추렴하기로 하고 돈암동 태극당에서 모이기로 했다. 어머니에게서 4만 원을 태극당 앞 버스 정류장에서 받기로 했는데 어머니가 30분 늦게 오셨다. 신경질을 내고 돈을 받아서 태극당이라는 빵집에 난생 처음 들어갔다. 친구들은 빵과 우유를 마시며 있었는데 어색해서 돈만 건네주고 나왔다.

다음날 저녁, 중국음식점 아서원으로 갔다. 아서원 아래층에는 보험회사인 대한생명이 있었다. 내가 국민학교 5학년 때 아버지가 위암으로 돌아가신 뒤 6년 가까이 어머니까 다니신 보험회사였다.

아서원에 들어가니 나오기로 한 친구 열다섯 중에 다섯 명

정도만 나왔고, 선생님들도 열 분이 채 안 나오셨다. 서울대 법대와 사회계열에 붙은 친구 아버님들이 나오셔서 비용을 더 내서 사은회를 마무리했다. 자장면이 150원 하던 시절에 4인 한 상에 두 명씩 앉아 사만 원짜리를 먹은 것이었다. 자장면이나 탕수육 정도나 맛을 알 나이에 코스 요리가 계속 나왔다. 음식점 직원에게 비닐봉지를 갖다 달라고 해서 먹지 못한 요리를 싸 가지고 왔다. 집에 와서 식구들과 같이 먹었다. 그리고 다음날 바리깡으로 머리를 밀었다. 잠시만이라도 보험회사 다니는 어머니를 창피하게 생각했고 정류장에서 30분 기다렸다고 신경질 낸 게 죄송해서였다.

대학에 들어가서 경제학과 3학년 동문 운동권 선배가 보자고 해서 평소에 사회의식이 있던 인문대와 경영대에 간 까칠한 친구들을 데리고 봉천동의 중국집으로 갔다. 그날 자장면 한 그릇 얻어먹고 서클 신입생 환영회에 갔다. 그 환영회에서 자기소개를 하면서 '나는 박정희 대통령을 존경하고 그 분은 분명 재평가 받을 것'이라는 이야기를 했다. 그 발언이 끝나기가 무섭게 많은 비난이 쏟아졌는데, 뜻밖에도 선배들은 별 비난을 하지 않았다.

그 뒤로 중국집 룸을 빌려 몇 번 독서 스터디를 하다가 5.18을 맞았다. 모임을 가질 데가 없어서 수유리 우리 집에서 몇 번 스터디를 하다가 신길동의 자취방으로 옮겼다. 서클의 선배들이 참 존경스러웠다. 그 시절 서클에 나갈 때마다 빠져나오려 했으나 그러지 못했다. 출세해서 잘 먹고 잘 살고 싶다는 그 말 한 마디 못 해서 못 빠져 나왔다. 그때 나는 선배들에게 당신들은 민중을 위해 살기로 한 사람들이냐고 물었고, 내심 그들은 그렇게 살 거라고 믿었기 때문이다. 그런 한편으로는 대학 신입생 때 가졌던 세상과 나에 대한 실망으로부터의 도피이기도 했기 때문이다.

나의 우상인 선배들은 1981년 초에 무림사건[1]으로 군대에 끌려갔다. 내가 사춘기가 되기도 전에 선친이 돌아가셔서 좋은 인상만 주고 간 것처럼 선배들도 그렇게 떠나갔다. 원하던 경제학과에도 들어갔고 신입생 후배도 들어오고 하니 후배들에게 의식화 학습을 시키면서 과거에 예민하게 지적했던 부분도 잊혀 갔다. 무엇보다 광주사태를 겪은 뒤라 학생운동의 정당성을 논할 수 있는 상황이 아니었다.

그런 상황에서 경제학과 김태훈 선배가 도서관에서 민주화를 외치며 투신, 스스로 목숨을 끊는 사건이 벌어졌다. 시위에 참가하는 일이 잦아졌으며 여름방학 때는 농활을 가려다가 못 가고 친구들과 지리산 여행을 가서는 내쳐서 17박 18일로 대구와 부산의 친구 집들을 돌아다녔다. 경제학과 친구들의 집에서 묵으면서 이런저런 대화를 많이 했다 대구에서 넷, 부산에서 다섯 친구의 집을 돌아다녔다. 여행은 다행스럽게도 내가 친구들을 설득하는 시간이 아니라 내가 친구들에게 설득당하는 시간이 되고 말았다.

---

1) 1980년 12월, 군사쿠데타로 실권을 장악한 전두환 등 신군부 세력이 학생운동 단체 중 반국가 단체를 처벌한, '학림사건'보다 앞서 일어난 대표적 공안사건이다. '반파쇼학우투쟁선언'이라는 유인물을 뿌리며 '전두환 타도' 등의 구호를 외치며 시위를 벌인 서울대생 100여 명을 체포, 연행함으로써 그들을 '반국가단체'로 엮으려 고문까지 해가며 수사했으나 아무런 증거를 찾지 못한 채 사건 전체가 안개 숲에 싸여 종잡을 수 없다는 의미로 공안당국에 의해 '무림霧林'이라는 사건명이 붙여졌다.

2학년 2학기에는 '국풍國風81'[2] 축제 반대 데모와 학도호국단 참여 및 학생회 추진과 관련해서 자의반 타의반으로 경제학과의 요주의 인물로 등극했고 형사들이 따라다녔다. 그런데 나의 내면적으로는 새로운 고민이 생겼다. 데모를 하든 민주화 투쟁을 하든 내가 감당할 수 있는 만큼만 하고 싶었지, 내가 혁명투사가 되고 싶은 생각은 없었던 것이다. 내가 어떻게 후배의 인생을 책임질 수 있을까? 유기 혹은 무기정학 받고 슬퍼하는 친구들과 후배들을 보면서 가슴이 아팠다. 역사의 신과 민중의 여신이 과연 있는가?

형사가 따라다니면서 대학 3학년 1학기 때에는 데모를 주동하고 감옥에 가든지, 아니면 형사를 들로 산으로 끌고 다니면서 운동하는 친구들에게 빈 공간을 만들어 주는 역할이 있었다. 나는 후자를 선택했다. 그때 내가 자주 만난 선배는 고등학교 선배로 운동권에 있다가 무기정학의 쇼크로 정신병 치료를 받던 선배였다. 그리고 경제학과 동기생으로 니체와 사르트르에 심취한 친구가 있었다.

선배를 통해서는 운동권의 허상과 비인간성에 대해 들었고 친구를 통해서는 니체를 배웠다. 신입생 때의 상처와 학생운동으로의 도피가 진정한 문제의 해결이 아니며, 당시 유행했던 악의 논리, 예를 들면 『어둠의 자식들』이나 『꼬방동네 사람들』에서의 논리가 허구라는 것을 깨달았다. 사랑 받고 자란 사람이 남도 사랑할 줄 알고 남에 대한 배려심이 많다는 것을 깨닫고

---

2) 1981년 5월 28일부터 6월 1일까지 전두환정부가 '민족문화의 계승'과 대학생들의 '국학에 대한 관심 고취'라는 명분 아래 서울 여의도광장에서 주최한 관제적 성격의 문화축제.

반성했다.

경제학과 친구가 내가 정서적으로 부족하다면서 단성사에서 하던 나타샤 킨스키 주연의 〈테스〉를 보여 주었다. 영화를 보고 나오면서 나는 '병신 같은 X, 스스로 불행을 초래해?' 라면서 불편한 감정을 내뱉었다. 그런데 내 친구는 '역시 여자는 섬세해' 라는 표현을 하는 것이었다. 그 모습이 대단히 멋있었다. 영화에서 감동을 받은 게 아니라 영화 한 편을 보고도 친구처럼 반응하지 못하는 나 스스로가 고민스러웠다. 충격적이기까지 했다. 나의 강팍한 자화상을 본 것이었다. 사회주의 혁명만 중요한 것이 아니라 새 시대에 맞는 착한 사람이 되는 것도 중요한 일이었다.

대학교 3, 4학년 때에는 니체 철학과 공자의 논어를 읽으면서 버텼다. 운동권과의 관계는 열심히 하는 친구들을 변두리에서 도와주면서 경제사 공부를 하려고 했다. 그런데 마르크스의 정치경제학의 매력에 한 번 빠졌던 사람이 미시와 거시 근대 경제학을 적당히 공부해서 대학원에 가기에는 서울대 경제학과 대학원의 인기는 너무도 높았다. 특히 나처럼 매 구절구절 의심을 하는 학생의 진도는 너무나 늦고 엉뚱했다. 대학원 시험에 떨어지고 대학원 삼수를 하면서 막스 베버부터 피터 드러커, 토플러, 레이먼 아롱, 오르테가이 가세트, 슘페터 그리고 사무에슨의 '이코노믹스'를 읽으면서 근대 경제학을 하나의 분석 틀로 받아들일 수 있게 되었다.

그리고 이 시기에 어려운 처지에 놓여 있던 여자가 기도하는 모습을 보고는 그 힘을 보고 느끼면서 성경을 읽고 교회에 다니게 되었다. '어설픈 휴머니즘을 땅에 묻고 교회를 나간다', '나를 통하지 않고는 절대 화평치 못할 것이다', '나는 이 세상을 베는 검으로 왔다. 부부지간 부자지간을 가르는 검으로 왔다'. 이런 말들이 내 마음이었다.

내 주변에 70년대 말 80년대 초에 데모하고 형사들에게 쫓겼고 끌려가서 고생한 분들이 제법 많다. 그런데 대학 시절 서클 회원들을 제외하면 새누리당 지지자들이 민주당 지지자보다 많다. 내가 서울에서 고등학교를 나와서일까? 세월의 힘이기도 하지만 이광재, 안희정, 임종석 등 지금의 586 전대협 주사파들의 야합과 음모 정치의 영향도 크다.

지금 페이스북에서 이석기 그리고 조국과 관련한 글들 중에는 역겨운 글들이 많다. 사노맹의 경우는 조국 사건을 통해 새삼 느꼈지만, 내가 경험한 주사파들은 주변의 따뜻한 이웃의 등짝에 칼 꽂기를 밥 먹듯이 한 자들인데, 뻔뻔스럽게도 그 자들이 행세를 하고 있다. 왜 주변에 힘이 되어 줄 사람들이 떨어져 나갔는지는 생각지 않고 수구, 반동, 출신성분으로 매도한다. 그 자들은 사실상 민주주의를 입에 담을 자격이 없다. 그들은 혁명을 해서 권력을 쥐려던 자들이었지, 자유민주혁명은 자신들의 목적을 위한 한갓 수단으로 여겨 온 자들이다. 그 자들은 자신들이 불리하면 민주주의와 인권을 내세운다. 그렇게 해서 권력을 잡으면 적폐 청산한다며 인민재판을 하고 선동을 한다. 그런 놈들 때문에 덩달아 50대가 욕을 먹는다.

결국 한국사회의 큰 변화는 어차피 50대의 선택에 달린 셈이다. 지금 취직과 진로에 고민하는 20대를 설득하기보다는 586

을 설득하는 일이 쉬울 것이다. 사회적으로 586에 대한 비난이 많은데, 50대의 '문재인 반대' 여론은 60대에 이어 높다. 이미 586세대의 중심은 전대협 주사파에 대해 반대한다. 이런 사실들을 지난 10월 3일 개천절 집회를 통해 보수는 점차 깨달아 가는데 진보는 애써 외면하고 있다. 아니 두려울 것이다. 산전수전 다 겪은 50대는 사기 치기 어려운 상대들이다. 더 나아가 우리 50대들은 제일 심각하게 고민하고 큰 변화를 준비해야 할 세대이다.

자장면 한 그릇에 몸이 팔려 서클을 못 빠져나온 나는 유교적인 사람이었다. 그리고 그 시절 대부분의 친구들이나 동년배들이 다 그랬었다. 그리고 지금도 유교적이다. 그러나 아직도 목마르다. '진실이 무엇인지. 그리고 인간이 어떻게 하면 서로 화해할 수 있는지.'

반역자들로부터 공화국을
지켜야 하지 않겠는가

이인철

　왕정으로의 전환에 직면한 위기의 시기에 끝까지 공화국을
지키고자 했던 로마의 법률가 키케로는 공화국의 실체를 '권
위를 지닌 질서(otium cum dignitate)'로 표현하였다. 어떤 공동
체이든 질서를 유지하게 하는 권위의 체계가 있다. 그 질서는
각자의 삶의 자리에서 실현되는 것으로서 우리가 살아가는 집
(oikos)이라는 공간의 의미를 주고, 매일의 삶의 근거가 되는 자
리라는 그것만으로 당연히 존중받아야 하는 고귀한 것이다.
　종교 지도자 또는 전쟁 영웅의 권위이건 제왕의 신적인 지위
이건 근대 국민국가의 법질서이건 공동체를 유지하는 질서에
의미를 부여하고 존중의 의무를 부과함으로서 체제를 형성하는
권위는 공동체의 단일성과 존속을 유지하게 하는 힘이다.
　고대 그리스 로마의 시민들은 질서의 원천으로서 개인과는

구분되는 공적인 것(res publica)을 추구하였다. 공적인 것의 원천을 시민의 덕성에서 찾건 시민적 자유의 보전에서 찾건 공적인 것은 사적인 영역과 구별되어서 모두에게 존중받음으로서 국가를 만들고 유지하는 힘의 원천이 된다. 근대 시민국가는 헌법 질서와 그 아래 법의 권위 안에 시민의 권리를 존중하는 근대적 질서를 만들고자 한다.

민주정을 선택한 경우에 개별적 사안에서의 권리의 요청이 공화국의 근본 질서를 훼손하는 경우에까지 이르러서는 안 된다. 권위를 지닌 질서는 구성원의 권리를 실현시킬 수 있는 공적 질서의 최종적인 근간이기 때문이다. 권리가 집을 허무는 것까지 허용할 수는 없다. 그래서 권위를 지닌 질서 안에서 시민의 정당한 요구와, 아예 그 질서를 무너뜨리는 행위는 명백히 구분되어 다루어져야 한다.

민주정에서 권력을 획득하려는 정치세력이 시민의 정치적 요구를 이용해서 분쟁을 만들고 편 가르기를 통해서 세력을 확보하며 상대를 적으로 규정하여 공화국을 분열시키는 방법으로 권력을 취득하는 것은 민주정의 오랜 역사에서 언제나 있었던 일이다. 이러한 분파주의 세력의 해악은 공화국의 권력을 쟁취하기 위해서 공화국 자체를 파괴하는 것이다. 이런 점에서, 분파주의 세력이야말로 공화국의 적이다.

건국 70년에 이르는 대한민국 정치가 아직도 흔들리는 것은 공화국의 시민과는 괴리된 분파주의 세력이 끊임없이 정파적 이익을 추구하여, 권력을 잡으면 상대방을 척결하고 자기 당파만의 나라를 만들어 공화국의 역사를 단절시키는 파당 정치에 그 원인이 있다. 한반도의 지정학적 위치에 대한 논변을 늘어놓음으로써 항시 외부의 영향력에 기대면서도, 공화국의 권위를 지닌 질서를 형성하려는 노력은 의도적으로 하지 않는다. 외적으로 형성된 힘의 균형의 터전 위에서 당파의 권력 쟁취를 위해서 무슨 짓이든 하면서 공화국을 적극적으로 허문다.

분파주의 세력 간의 권력 다툼의 과정이 87년 이후 제6공화국의 시대상이다. 그 과정에서 권력을 쟁취한 80년대 운동권의 인식과 행위는 그전 세대의 민주화운동과는 엄밀히 구분되어야 한다.

권력을 잡기 위해서 공화국의 적과의 거래도 감수하는 태도가 그것이다. 민주정民主政의 역사에서 나타난 수많은 반역자의 행동을 그들이 하고 있다.

건국 70년의 공화국 역사를 부인하고 끊임없는 과거사 논쟁과 편 가르기 정치를 일삼아 오던 그들이 집권하자마자 적폐 청산이라는 미명하에 정적 숙청과 약탈 배분으로 행정부를 무너뜨려서 사유화하고 있다. 그리고 이에 대한 정당한 저항을 철저하게 탄압하고 있으며, 이제 사법부를 허물고자 하면서 독재정의 길로 들어서고 있다.

공화국이 붕괴되어도 상관없다는 식의 처사는 왕정을 지향하는 단서인데, 그렇다면 공화국을 허무는 분파주의 세력인 그들은 공화국의 적이다. 그들이 행하는 정적 숙청 작업은 끝내 공화국을 지키는 질서를 유지하는 공직자들마저 숙청함으로써 공화국의 성벽을 허문다. 그들은 공화국의 반역자이며 공화국의 적이다.

제국 로마가 탄생하던 시기에 키케로가 저항하며 지키고자 했던 것은 공화국의 권위를 지닌 질서였다. 이탈리아 피렌체 공화국에서 신정정치를 편 사보나롤라의 실각을 보면서 마키아벨리가 추구했던 숙제는 '시민의 덕성이 어떻게 공화국의 정치적 삶으로 구현될 수 있을까'였다. 프랑스혁명의 시기에 영국의 에드먼드 버크가 지키고자 했던 것은 이념이나 사상 이전에 대헌장 이래 내려온 영국의 헌정질서였다. 토크빌이 신생 공화국 아메리카에서 보았던 것은 연방의 질서가 어떻게 민주정과 조화를 이루어 가면서 공화국이 실현되는가였다.

키케로의 권위를 지닌 질서(otium cum dignitate)라는 표현에서 otium은 편안한 삶을 의미한다. 일을 하지 않고 책을 읽거나 저술을 하면서 품위 있게 시간을 보내는 경우를 가리킨다(leisure with dignity). otium은 국내의 안녕 또는 법질서를 의미하기도 하므로, 평화로우면서 질서 있고 여유로운 상황인 이상적인 상태를 가리키기에 권위를 지닌 질서라고 부르는 것이다.

공화국의 요체인 공적인 것으로서 권위를 지닌 질서가 나타내는 평안한 삶의 자리는 바로 시민의 가정에서(oikos) 실현된다. 가정에서 아내와 자녀와 함께 따뜻한 저녁식사를 하며 행복을 나누는 것이 권위를 지닌 질서가 주는 평안한 삶이다. 권위를 지닌 질서가 보장될 때에 시민들은 그들의 삶의 자리를 여유로운 평안의 시간으로 지낼 수 있다.

1945년 해방 이후 누구도 과거의 조선으로 돌아가기를 원하지 않았다. 북한 지역만 소련에 의해서 봉건 체제가 성립되었다. 북한 헌법이 스스로 김일성을 시조로 한다고 천명하듯이 탄생하지 말아야 할 봉건 세습 왕조 '김씨조선'이 생겼다.

1948년 탄생한 대한민국은 한반도 최초의 유일한 공화국이다. 김씨조선과의 섣부른 평화 쇼나 공화국이 존재하지 않았던 시기에 조선으로 가고자 했던 100년 전 3.1운동을 내세우는 것에 현혹되지 말자. 1948년 이후 공화국 건국의 역사에서 6.25사변을 전후한 김씨조선과의 대결, 산업화 과정과 민주화운동에서 흘린 피와 땀으로 지켜왔던 대한민국이 한반도에서 유일하게 우리가 지켜 나갈 공화국 아니던가.

정적 숙청과 권력 사유화로 헌정질서를 허무는 공화국의 적으로부터 공화국을 지켜야 하지 않겠는가. 정당하지 않은 요구에 거절하고 불법적인 행사에 저항해야 하지 않겠는가. 공화국의 주인이 될 다음 세대의 우리 자녀를 위해서 공화국을 찾아와야 하지 않겠는가. 공화국을 허무는 공화국의 적에 대항해서 권위를 지닌 질서, 우리의 삶의 자리를 되찾도록 하자.

진보좌파의 김대중 공격과
보수우파의 김대중 혐오

주동식

김대중은 야당인 민주당에서 정치를 시작했지만, 당시 민주당에는 신익희, 조병옥, 김도연, 김준연, 윤보선, 유진산, 장면, 박순천, 이철승, 정일형 등 보수 성향의 정치인들이 중심을 이루고 있었다.

김대중이 이후 박정희와 대립하면서 진보 성향의 아젠다를 내세운 게 많았고 실제로 진보 진영의 인사들을 제도 정치권으로 끌어들인 게 맞다. 하지만 김대중은 동시에 보수적인 색깔도 상당히 강한 편이었다. 학생운동과 반정부 시위가 극렬하게 전개되던 1980년대 중반에 3비 노선(비반미, 비폭력, 비용공)을 내세운 것도 그의 정치적 정체성을 분명히 하고, 좌파와 선을 그은 행보라고 할 수 있다.

사실 80년대에 좌파 운동권 세력이 가장 많이 공격한 정치인이 전두환 등 우파 집권세력을 제외하면 김대중이었다. 특히 문재인정권의 핵심 중의 핵심 역할을 하고 있는 조국이 소속됐던 사노맹이 반 김대중 노선의 중추였다. 박노해, 백태웅 등이 사노맹의 리더였고, 지금 성남시장인 은수미도 중앙위원이었다.

당시 사노맹의 김대중에 대한 증오심과 적개심은 전두환에 대한 그것보다 더했으면 더했지 결코 덜하지 않았다고 본다. 사노맹 세력이 발행했던 《우리사상》이 김대중 특집을 실어 작심하고 씹어대기도 했다. 당시 특집의 제목이 '김대중의 정치 편력 – 야심찬 해운업자에서 반동정치의 동반자까지' 이다. 내용이야 길게 설명할 필요는 없을 것 같다.

전민학련·전민노련⇒깃발 그룹⇒CA(제헌의회)⇒노해동(노동자해방투쟁동맹)⇒사노맹(남한사회주의노동자동맹)으로 이어지는 80년대 극좌 계급투쟁 중심의 운동세력에게 김대중은 '민중의 혁명투쟁 역량을 개량으로 변질시켜 자신들의 정치적 이익을 위해 이용해 먹는 정상배' 이상도 이하도 아니었다. 이들은 주사파와도 적대적이며 나중에 PD와 합쳐지지만, 원래는 ND(National Democracy) 노선을 내세웠다. 80년대 중반 운동권의 C–N–P 논쟁과도 관련이 있다.

이들에게 김대중은 '우리들에게 오는 가시고기' 인 민중들을 중간에서 가로채 가는 원수였다. 같은 시장에서 경쟁하는 관계였다는 얘기이다. 사실 전두환 등 보수우파 정치세력은 애초에 이들 좌파들과 정치적인 기반이 다르다는 점에서 서로 대립하기는 하지만, 질투와 증오심의 대상은 아니었다. 하지만, 김대중은 그게 아니었다.

이들의 주장은 어느 정도 현실적인 근거가 있었다. 기층 민중의 체제 변혁 에너지를 개량적인 요구로 바꾸는 데 가장 결정적인 역할을 한 것이 보수 정치인이면서도 민중들의 변혁 요구를 체제 내의 개혁으로 바꾼 김대중이었기 때문이다.

IMF 이후 김대중정권이 수행한 정책들은 신자유주의적인 성격이 강했다. 그래서 좌파들은 지금까지도 김대중을 신자유주의 정치인이라고 비판하곤 한다. 대한민국 역대 정권 가운데 가장 신자유주의 성격이 강한 정권이 김대중정권이라는 점에 대해서는 좌우 가리지 않고 많은 사람들이 동의한다. 지금 문재인과 좌파들이 반일정서를 가장 정략적으로 써먹고 있지만, 대한민국 역대 정부에서 가장 일본과 사이가 좋았던 것이 김대중정부 당시였다. 일본 대중문화 개방은 단적인 사례의 하나이다.

김대중정권은 동교동(호남)-운동권(이해찬·김근태)-산업화 세력 일부(김종필 박태준)라는 세 개의 축으로 구성되어 있었다. 소수파의 한계를 벗어나기 위한 노력이었지만, 그래도 결과적으로 당시에만 해도 전체 국정 운영 방향이 좌우의 균형을 이룰 수 있었다고 본다. 김대중이 수행했던 공공개혁 등 우파적 정책도 사실 김대중처럼 좌우에 걸쳐 비교적 균형을 잡은 정권이 아니었다면, 즉 박근혜나 이명박 같은 우파 정치인이었다면 실행하기 어려웠을 거라고 본다.

물론 김대중은 좌파적 성향도 있었다. 남북대화나 퍼주기 논란도 그렇고 노무현 등 허접한 좌파들이 정치의 주류로 등장할 수 있도록 물꼬를 터준 것도 김대중이었다. 이런 점에서 우파들이 김대중에게 이를 가는 것도 이해는 간다. 하지만 결국 정치는 최대한 적은 줄이고 우리 편은 늘리는 게임이다. 사실 지금 우파들은 죽어라고 김대중과 호남을 증오하고 혐오하면서 문재인정권이 망하려야 망할 수 없는 행보를 하고 있다.

거듭 얘기하지만 문재인정권은 호남과 좌파의 결합으로 만들어진 결과물이며, 무엇보다 호남의 정치적 상징자산(5.18 등)을 통해 자신들이 정치적 정당성과 명분을 확보하고 있다.

이 결합을 깨지 않으면 당분간은 좌파 정권을 깨기 어렵다. 문재인정권이 저 막장 삽질을 하고 지지율도 떨어지지만, 그 지지율이 우파 정치세력에게 가지 않는 이유가 뭔지도 고민해 볼 필요가 있다.

10여 년 전이라면 우파의 행동도 이해가 간다. 그때는 우파가 칼자루를 쥐고 있었고 호남이 소수였다. 호남을 혐오해서 고립시킬 수 있었다. 하지만, 과연 지금 우파가 호남을 혐오해서 고립시킬 수 있을까? 역설적이게도 오히려 우파의 고립만 가속될 뿐이다. 말이야 바른 말이지 그 동안 우파가 몇 십 년 동안 주력해 온 호남 혐오를 통한 소외 전략이 결국 비참하게 실패한 결과가 지금 문재인정권 아닌가?

좀 더 들어가 보면 사실 지금 우파들 중에서 우파 이념 때문에 우파인 게 아니고, 호남이 싫어서 우파인 사람이 한둘이 아닐 것이다. 가만 보면 자기가 우파라는 이유로, 심지어는 그냥 영남 출신이라는 이유로 호남은 얼마든지 깔아뭉개고 모욕할 수 있다고 여기는 인간들이 한둘이 아니라는 얘기이다.

내가 보기에는 호남 출신으로 태어났다면 몇 십 배, 몇 백 배 비열하게 살았을 인간들이 주민등록 출신지 정보 하나로 고귀한 척 호남 모욕에 거드름 피우는 걸 보면 정말 가소롭다. 하나만 더. 나도 호남 출신이고 호남 문제로 발언을 해오다 보니 나나름 호남 출신들의 장단점을 웬만큼 안다고 생각한다. 호남 출신들, 단점 어마어마하게 많다. 하지만 쉽게 무너지지 않는 게 두 가지 있다.

첫째, 워낙 천시당하고 무시당하고 밑바닥에서 버티며 개기며 때로는 피눈물 흘리며 살아온 경험이 있어서 존버에 강하다는 점이다. 이거 우습게 보면 안 된다. 짓밟고 짓밟아도 짓눌리기는 해도 완전히 죽지는 않는다는 점이다.

둘째, 저 소외감, 아싸 정서, 알 수 없는 분노 이런 호남 정체성이 심지어 호남 2세, 3세까지도 전파 공유된다는 점이다. 이건 양적인 문제가 아니라 질적인 문제이기 때문에 설혹 대한민국에서 일인지하 만인지상에 오른 이낙연이라 해도 예외가 아니다.

사회적으로 다들 부러워하는 위치에 오르고 성공했다 해도 이 정서를 공유한다는 얘기이다. 이게 무슨 의미인지, 우파들은 정말 고민할 필요가 있다.

일베 무리가 내뱉는 '호남 출신은 할아버지 대까지 거슬러 올라가 모조리 멸종시켜야 한다'는 표현이 왜 나왔을까? 실은 이거야말로 일베들이 느끼는 절망감의 또 다른 표현이다. 겪어 보니 호남 정체성이란 것이야말로 징하더라는 얘기이다. 뿌리가 징하게 깊게 퍼져 있더라는 얘기이다.

우파는 이승만·박정희 대통령을 통해 드라마틱한 대한민국 성공 스토리를 만들어 냈다. 나는 그것을 인정하고, 존경한다.

영남의 장점도 실감하고 인정한다. 하지만, 동시에 그 성공만으로 해결하지 못하고 한계에 부딪혀 점점 몰락해 온 게 우리나라 우파의 현실 아닌가? 그 결과가 현재 문재인정권 아닌가?

보수우파에게 호남과 김대중은 딜레마이다. 하지만 우리나라 보수우파는 이 딜레마에 정면으로 마주 대하고 해결하려는 생각조차 품지 못한다. 한 마디로 두렵거나 포기한 것이다. 그런 두려움과 포기의 표면화가 야비한 인종주의적 혐오이다. 호남과 김대중은 당연히 비판의 대상이 되어야 한다. 누구도 예외일 수 없는 것처럼, 당연한 얘기이다. 하지만, 정말 제대로 비판할 능력과 선의가 있다면 그런 인종주의적 혐오 따위는 불필요하다. 호남과 김대중에 대한 야비한 인종주의적 혐오야말로 우리나라 보수우파의 정치적 무능력과 불임성을 단적으로 보여 주는 증거이다.

이제 우파들도 변화할 필요를 느껴야 하지 않을까? 흘러간 물로는 물레방아를 돌릴 수 없다고 하지 않는가? 언제까지나 이승만, 박정희 그리고 박근혜 얘기만 하면서 자위만 하려고 그러나? 그 변신의 바로미터, 시금석의 하나가 호남 문제이다. 아니, 어쩌면 하나가 아니라 전부일지도 모른다.

386 현장파,
정치적 사장死藏 위기에 몰리다

김대호

나는 1995년 4월 대우자동차에 특채로 들어가면서 노동운동
판을 떠났다. 아니, 훌륭한 산업역군이 되어 훌륭한 회사를 만
드는 데 일조하는 것이 내가 진짜로 잘할 수 있고, 시대가 요구
하는 과업이라고 생각했다. 당연히 모든 잡생각 접고, 그곳에
뼈를 묻을 각오로 열심히 일했다.

그런데 1999년을 전후한 몇 년간 대우자동차와 대우그룹의
파산-구조조정-그룹 해체-해외 매각을 계기로 몇 년간 접어
두었던 잡생각을 하지 않으려야 하지 않을 수가 없었다. 내가
가진 상식에 비추어 너무나 황당한 방향으로 사태가 전개되었
기 때문이다. 그래서 나는 국가 경영 담론(잡생각)을 다시 붙잡

고 뒹굴게 되었다. 그렇게 한 지 어언 10년이 흘렀다. 그 동안 나는 단행본 네 권을 냈다. 단행본 수준의 보고서와 goodpol. net에 싣는 수준의 짧은 글을 합치면 원고 매수로 단행본의 최소 네 배는 쓴 것 같다.

첫 번째 책은 2001년에 낸 『대우자동차 하나 못 살리는 나라』이다. 두 번째는 2004년에 낸 『한 386의 사상혁명』, 세 번째가 2007년에 낸 『진보와 보수를 넘어』, 네 번째가 『희망 한국 프로젝트(공저)』이다. 그런데 책이 다루는 주제는 점점 더 관심을 가질 만한 독자층이 늘어나는 쪽으로 왔다. 대우자동차 ⇒386의 사상⇒진보와 보수⇒희망 한국으로. 물론 고민과 연구의 폭과 깊이가 더해지면서 내공도 점점 더 깊어져 왔다고 생각한다.

그런데 어쩐 일인지 판매 부수는 점점 더 줄었다. 언론의 반향도 마찬가지였다. 지난 10년 동안 꽤 많은 짧은 글을 쓰고, (자동차 산업 전문가로서) 인터뷰도 많이 하고, 책도 내고, (저자로서) 인터뷰를 하면서 기자들도 많이 알게 되었고, 그래서 나 나름 일간지 서평이라도 받아내려고 작업을 좀 했음에도 그 모양이었다. 솔직히 의외였고, 실망스러웠다.

그런데 곧바로 그 이유를 알았다. 기본적으로 내가 진지하게 탐구하고 주장하는 내용과 내 사회적 포지션이 맞지 않았기 때문이다. 내가 쓴 책은 그 내용을 높이 평가하는 내공 있는 학자 한두 사람 만 있어도 의미를 갖는 학술 논문이 아니라, 수많은 사람들이 공감하거나 실현할 힘이 있어야 의미를 갖는 사상·이념·정책 담론이었기 때문이다. 본래 사상·이념·정책 담론은 사회적 권위나 권력이나 조직과 결합해야 의미를 갖는다. 그런데 나에게는 아무것도 없었다. 생각해 보니 첫 번째 책의 반향이 컸던 것은 바로 대우자동차와 자동차 산업을 가장 잘 알고 회사를 책임질 사람들이지만, 여간해서는 그 목소리를 들을 수 없는 내부자들의 목소리였기 때문이다. 실제 첫 번째 책은 내가 골방에 앉아서 문헌을 뒤적여서 쓴 책이 아니라 수많은 내부자와 이해관계자들을 만나서 배우고, 토론하고, 연구한 성과를 모은 책이었다. 다른 세 권의 책은 학계나 정계나 경제계에서 어떤 포지션도 갖고 있지 못한 일개 서생의 목소리 이상이 아니었다. 그래서 언론의 외면이 이해가 되었다.

이를 확인하면서 나는 새삼 세월과 나이와 사회적 포지션의 중요성을 느꼈다. 정치 시장에서 통용될 경력을 미처 만들지 못한 386 진국들의 정치적 위기가 성큼 다가와 있다는 것을 느꼈다. 소리 없이 다가온 세월―이는 진입 장벽을 조용하지만 확실히 높여 놓는다―에 뒤통수를 맞는 느낌이었다. 자화자찬인지 모르지만, 내가 볼 때 386 세대 중에서(475세대도 마찬가지겠지만) 가장 치열하게 역사에 응답했던 사람들은 현장으로 간 사람들이었다. 특히 공장이나 탄광으로 간 사람이었다. 이들 대부분은 위장취업자였다. 교회, 농촌, 시민(환경)운동을 하러 간 사람들은 위장취업까지는 할 필요가 없었다. 특히 대학 밖에 운동 공간이 별로 없던 시절, 대충 70년대 학번들과 386 초반 학번들에게 최고의 실천 형태는 현장으로 가는 것이었다.

그래서 운동 물을 좀 먹은 사람으로서 일찍 교사로 임용된 사람들, 공무원이나 대기업에 취직된 사람들의 상당수는 현장

간 사람을 돕거나, 자신도 기득권을 버리고 조만간 현장을 가야 한다는 중압감을 이고 살았다. 마치 요즘 독실한 기독교 신자들이 여건만 되면 전문 선교사역을 해야 한다고 생각하는 것처럼. 당연히 익숙하지 않은 노동을 하느라 프레스에 손이 잘리기도 하고, 용접 불똥에 살이 타기도 하고, 어떤 친구는 기술을 배우러 들어간 조그만 공장에서 산업재해로 어이없는 죽음을 맞기도 하였다.

그럼에도 많은 현장파들은 현장에서 오래 버티지 못하였다. 20대 대학생 출신자들의 감각으로 보면 1980년대 현장은 너무나 열악했고(주로 열악한 곳만 채용을 했으니), 그래서 작은 불꽃만 있으면 활활 타오를 마른 풀밭처럼 느껴졌다.

반면에 전두환정권에 대한 민심의 이반이 극심하여 거리의 정치 공간이 넓었기에 생각과 행동이 쉽사리 가두화로 이어졌다. 그래서 노동조합을 만들고 임금인상 투쟁을 하는 것조차 경제주의, 개량주의로 치부될 정도였다.(서울노동운동연합을 통해 노동자, 학출 현장파들의 생각과 행동을 가두화로 이끈 대표적인 인물이 김문수와 심상정이다.) 또한 몸담은 현장 자체가 산업 구조조정의 영향을 크게 받는 중소기업이거나 비교열위 산업인 경우가 많아서 없어지거나 매우 쪼그라들어서, 우직한 현장파들도 꽤 있었지만 그곳에 뼈를 묻으려 해도 묻을 수가 없었다. 시간이 흐르면서 자신이 노동을 하러 현장에 온 것인지 운동을 하기 위해 노동을 하는 것인지 헷갈릴 정도였다.

어쨌든 386 세대 중에서 가장 치열했던 현장파들은 동세대들이 석·박사 학위를 따고, 유학을 가고, 회사원이나 자영업자로 한창 열심히 일할 시기에 공장 노동을 하거나 조직 사업 등을 하느라 인생의 황금기를 보냈다. 그런데 나를 포함하여 386 현장파들이 청춘을 바쳐 수행한 노동운동, 정치조직운동, 사상운동은 현재의 이들의 삶과 무관하거나 적어도 별로 의미 있는 자산이 아니다.(하지만 청년운동, 시민운동, 제도권 정당이나 교회에서 활동을 한 사람들은 좀 나은 편이다.)

386 현장파들이 청춘을 바쳐 수행한 운동은 대부분 지리멸렬해지거나 용케도 민주노총, 전교조, 전농, 민주노동당 등으로 조직이며 투쟁 성과가 약간은 계승되었을지라도 현장파들이 견지하던 정신은 거의 계승되지 않았다고 보아야 한다. 현장파들의 정신은 노동운동이 중소기업과 하청 협력업체 노동자를 포함한 전체 노동자와 민중의 이해와 요구를 대변하는 진보·개혁의 선봉부대 내지 주력군이 되는 것이었지, 이들이 재벌, 토건족, 지방토호, 각종 직능협회들과 비슷한 반열의 단기적이고 협소한 이익을 추구하는 집단으로 등극하는 것이 아니었다.

이념, 조직, 문화로 볼 때 별로 진보적이지도 개혁적이지도 않은 채로 확실한 소수파 정당으로 고착된 민주노동당과 진보신당도 현장파들이 가진 이상과는 너무나 거리가 멀다. 이들이 현장에 있을 때 사귄 선진 노동자들과 친밀한 교류를 하고 있는 사람도 별로 없다. 이래저래 현장파들에게 20대와 30대 초반은 사실상 인생의 공백이 되다시피 하였다. 물론 이들의 현장 체험과 좌절의 경험은 이들을 인간적으로 사상적으로 성숙시켜 준 측면은 있다. 이는 활용 여하에 따라 개인적으로, 정치적으로, 민족사적으로 엄청난 자산이 될 수도 있을 것이다. 하지만 현재까지는 거의 활용되지 않는다. 간혹 송영길이 선거 유세 때, 1986년 르망공장 용접공 생활을 얘기하면서 자신의 진정성을 어필하는 배경으로 활용하는 수준이다.

내 주위에는 40대 초중반이 되어 새로운 직장이나 직업을 찾아 헤매는 사람들이 좀 있다. 경력과 능력 여부에 상관없이 취직은 어렵다. 그래서 창업을 생각하는 사람들이 많다. 그런데 사업 아이템을 몇 개 붙잡고 사업 타당성을 찬찬히 따져 보면 무슨 업이든지 10년 이상의 경륜과 노하우가 필요하다는 것을 절감하게 된다. 가장 손쉽게 할 수 있어 뵈는 먹는 장사도 경쟁력 있는 독자 가게를 하려면 최소 10년의 올인과 노하우가 필요하다는 것을 절감하게 된다. 잘 나가는 음식점은 대개 어머니, 할머니, 시어머니, 시할머니 등 조상으로부터 물려받은 노하우가 있다. 그렇다면 이는 30년 혹은 100년 묵은 노하우라고 할 수 있다. 이런 내공이나 노하우가 없는 사람들은 대개 프랜차이즈로 눈을 돌린다.

가만히 보면 10년 이상의 내공이나 노하우 없이 약간의 자산으로 할 수 있는 사업은 프랜차이즈 가맹점을 내는 것뿐이다. 세상에는 공짜가 없으니 당연히 프랜차이즈에는 상당한 위험이 도사리고 있다. 가맹점을 열 가게를 임대하고 인테리어를 꾸미는 데 제법 돈이 들고, 원료(물품)도 본사로부터 비싸게 공급받으며, 좀 된다 싶으면 지근거리에 생길지 모르는 다른 가맹점을 걱정해야 한다. 잘될수록 우월적 지위에 있는 본사의 독점적 횡포를 걱정해야 한다. 그래서 한두 번 실패를 경험한 사람들은 프랜차이즈는 거대한 약탈 기구라면서 증오한다.

지금 어디서 무엇을 하건 역사에 대해 가장 치열하게 응답했던 유전자를 갖고 있는 사람들이 결코 외면할 수 없는 한국 정치판도 이와 다를 리가 없다. 아니, 이들을 포함하여 대부분의 사람들이 생각하는 정치판은 철저히 프랜차이즈 사업인지도 모른다. 스타트업 기업뿐 아니라 로펌, 의원을 낼 때는 곧 죽어도 독자 브랜드를 고집하는 사람들도 정치판으로 오면 김대중, 김영삼, 박근혜, 한나라당, 민주당의 프랜차이즈 가맹점을 너무나 당연시한다.

사실 그도 그럴 것이 과거의 정치 시장에서는 이들의 프랜차이즈 가맹점을 하지 않고, 독자 브랜드를 고집하던 모든 가게들이 사실상 망해 버렸기 때문이다.(민노당은 후미진 골목에 낸 라면집이라서 버티고 있다고 봐야 할 것이다.) 그래서 정치판에서 오래 굴러먹은 고참일수록 아무리 후져도 민주당이나 한나라당 프랜차이즈 외에 달리 길이 없다고 생각하는 사람이 많다.

사실 김영삼, 김대중의 대를 잇는 확실한 본사인 박근혜와, 10년 이상 당명을 바꾸지 않고 유지되는 한나라당을 보면 보수 동네에서 독립 가게를 세운다는 것은 지금도 꿈조차 꾸지 못할 일인 것 같기도 하다. 그런데 과연 진보, 개혁 동네에서 민주당 프랜차이즈 가맹점 전략은 유효할까? 역사에 대한 책임의식 하나는 퇴색되지 않았지만 재산을 많이 모은 것도, 전파를 많이 탄 것도, 유명 대학의 석학 자리를 차지한 것도, 지난 10년 동안 정당과 정부에서 괜찮은 경력을 쌓은 것도 아닌 386 현장파들에게는 어떤 의미가 있을까? 그리고 근본적으로 한국사회의 진보와 개혁에 어떤 의미가 있을까?

역대 주요 선거 결과와 민심의 흐름으로 본다면 한국의 정치 지형은 한나라당 수계水系와 민주당 수계가 커버하지 못하는 거대한 수계가 있다. 이 거대한 수계의 물이 모이는 강줄기가 어디를 향하느냐에 따라 정권의 향방이 결정되어 왔다. 이는 앞으로도 마찬가지일 것이다. 오랫동안 이 수계에 내리는 비는 민주화운동 세력과 민중운동 세력이 샛강으로 일부 받아내었다. 때로는 정주영과 박찬종이 샛강으로 일부 받아내기도 하였다. 2002년에는 이 수계에 흐르는 민심의 강물이 이인제, 정몽준을 기웃거리다가 후보단일화를 계기로 호남 수계와 합쳐져 참여정부를 탄생시켰다.

2007년에는 이 수계 대부분의 강물은 영남과 보수 수계로 흘러갔고, 일부가 문국현이라는 샛강으로 흘렀다. 민노당과 진보신당은 애초부터 수도 서울로 흘러오는 강이 아니라 임진강이나 동해안 쪽으로 흘러가는 개천일 뿐이다. 2007년에 한나라당과 문국현으로 흘러갔던 강물은 지금 다시 증발하여 엄청난 비를 머금은 구름이 되어 떠돌고 있다. 그럼에도 민주당과 민노당 수계로 내릴 조짐은 별로 없다. 그래서 지형으로만 보면 거대한 강 하나가 있어야 할 자리는 황량한 평원이 되어 있다. 한편 민주당은 한때 과반이 넘는 의석수를 자랑하다가 절반으로 졸아들었기에 엄청난 정치 예비군을 안고 있다. 이는 프랜차이즈 본사로서 매력은 없는데도 가맹점을 하려는 사람은 줄을 섰다는 것을 의미한다. 정작 심각한 것은 삐까번쩍한 세속적 성취를 이루지 않은 386 정치 신인이 천신만고 끝에 민주당 프랜차이즈 가맹점권을 따낸다 하더라도 민주당 수계에 흐르는 수

량을 별로 늘릴 수가 없다는 데 있다. 다시 말해 당의 지배 구조, 조직 기반, 조직 문화(영혼) 등으로 볼 때 각 가맹점권을 따낸, 수혈된 정치 신인들의 활약으로는 거대한 구름으로 떠도는 민심을 민주당 수계로 내리는 비로 바꿀 재간이 없기 때문이다.

1997년과 2002년의 성공 신화를 연출하려면 한나라당과 민주당이 갖지 못한 강력한 매력과 가치를 갖고 있어야 한다. 이 매력과 가치는 그리 심오한 것도 비밀스러운 것도 아니다. 민주화운동, 노무현, 문국현, 이명박, 오바마에게 환호한 대중의 심리를 찬찬이 뜯어보면 알 수 있다고 생각한다. 그것은 국가 경영 경륜(실력, 전문성), 진정성, 도덕성, 보수와 진보 양 이익집단에 짓눌린 청년세대와 미래세대의 기회, 진정한 자유주의·시장주의 정책, 사민주의의 합리적 핵심, 철저한 주권재민의 원칙 등일 것이다.

이는 벤처 투자, 부동산 투자 하듯이 몇몇이 팀 짜서 종목 잘 골라서 할 수 있는 일이 아니다. 동네 식당도 10년의 올인과 노하우가 필요한데, 국가 경영을 책임지겠다는 사람들이 그 정도를 각오하지 않는다는 것은 어불성설이다. 또한 국정의 다양한 분야를 커버하는 튼실한 전문가 네트워크와 전국을 커버하는 활동가 조직 없이 한다는 것 역시 어불성설이다.

지난 2006~2007년 위기가 기회이던 시기, 386 대표 정치인들은 자신의 고유한 빛을 내지 못하였다. 그 좋았던 시절에 정치사상(국가 개조 노선)을 중심으로 형성된 무슨무슨 파, 예컨대 사회투자국가파, 전투적 복지국가파, '청년을 위한 기회파(공평파)' 등을 만들지 못하였다. 그냥 좌파, 민주파, 진보개혁파로 남았다. 게다가 배지를 달았건 못 달았건, (나를 포함한) 정치권 386들은 과거 운동권의 대표 상품이자 오세훈에게도 있는 낭만주의를 쓰레기통에 던져 버렸다. 386 중에 문국현이 내지른 '허경영'스런 공약과 미성숙한 리더십에 '탁월하다'며 무릎을 친 사람이 적지 않음에도 자신의 안목과 착각의 근원에 대해 별로 심각하게 고민하지 않는 사람도 많다. 정치를 벤처 주식 투자처럼 여기는 풍토도 크게 바뀌지 않은 듯하다.

그렇기에 이대로 가면 특이한 역사적 상황이 빚어낸 386의 정치적 힘과 경륜은 민주당 세 명의 최고위원과 원희룡 등에게 달려 있을 수밖에 없다. 그런데 이들의 한계는 너무나 명백하다. 한국은 모순과 부조리가 너무나 강고하고 복잡하기에 잘 준비된 정당이나 정치조직 없이는 성공적인 국가 경영이 불가능하기 때문이다. 386을 포함한 민주화운동 세력이 정당을 만들거나(주도하거나) 문화를 만들거나 사상이념을 만들었으면, 대표 선수들 몇몇이 낙마해도 그 영혼을 계승한 다른 지도자(475일 수도 있고 7,80년대에 태어난 사람일 수도 있다)에 의해 그 꿈과 이상과 정서가 계승될 수 있다. 그러나 이것을 만들지 못한 이상 이들 대표 선수들의 낙마와 더불어 386은 역사의 뒤안길로 완전히 밀려 갈 수밖에 없다.

역사에 대해 가장 치열하게 응답했던 세대(386) 중에서도 가장 치열하게 응답했던 일군의 사람들(현장파)이 정치적으로 사장된다면, 민족사적으로 너무나 큰 손실이 아닐 수 없다. 이들이 내내 놀다가 아니, 열심히 돈을 벌다가 기회를 봐서 문국현의 등에 업히기 위해 부나방처럼 달려들었듯이, 2012년 즈음에 또 한 번 누군가의 등에 업히는 방식, 즉 프랜차이즈 가맹점을 꿈꾼다면 2007년을 또 한 번 반복할 수밖에 없다. 그리고는 소리 없이 다가와 뒤에서 덮치는 세월의 파도에 쓰러져, 그냥 흘려버린 지금 시기를 통탄할 수밖에 없다. 그러니 지금부터라도 긴 호흡으로 독자 가게를 할 요량으로 국가 경영 노하우를 쌓고, 네트워크를 만들고, 제대로 된 정당을 만들어 보자는 것이다. 생각하면 생각할수록 386과 민주화 세력이 후대를 위해 남겨야 할 최고 최대의 유산은 제대로 된 정당이다.

공화정을 부인하는
'표현의 자유'는 없다

최재기

공화정에 보장된 권리로 공화정을 죽이는가

21세기 대한민국에서는 주사파 운동권 광풍이 몰아치던 80년대에도 없던 '백두칭송위원회', '위인맞이 환영단' 등 온갖 해괴한 집단들이 등장하여 북한의 전체주의 전제집권자 김정은 일족을 띄운다고 난리이다. 이들은 탈북자들의 입을 틀어막으려 협박하고, 모든 국민들이 김정은의 방한을 '쌍수를 들고' 환영해야 한다고 선동하고, 방한에 반대하는 사람들을 위협하여 반대 주장에 재갈을 물리려 한다. 독재적 행태이다.

이들의 목적은 한 가지인 듯하다. 대한민국 국민들도 잔말말고 김정은정권의 수하에 들어가라는 것이다. 대한민국 국민들이 열심히 벌어서 김정은 전체주의 전제군주 정권의 안전을 보장하기 위한 자금을 대라는 것이다. 이른바 '체제 보장'을 하라는 것이다. 자신의 내심을 숨긴 교활한 일부 정치세력들과 종북 세력들은 그렇게 하는 것이 '평화'라고 강변한다.

대부분 국민들은 일부 교활한 정치세력과 종북 세력의 전위대 역할을 하는 이들 백두칭송위원회 등의 공개적 돌출 행동에 불안감을 느끼지만, 집권세력의 일각인 일부 변호사 단체 등에서는 '표현의 자유' 운운하며 이들을 비호하려는 움직임도 보인다. '표현의 자유'는 공화정 체제에서 비로소 보장된 권리인데, 전체주의 전제정을 받아들이자는 그들이 어떻게 표현의 자유를 보장받을 수 있는지 도무지 이해가 되지 않는 주장이다.

인간의 자유는 주로 개인이 누리지만, 개인이 추구한다고 하여 얻어질 수 있는 것이 아니다. 자유는 국가와 사회를 통해 비로소 확보되는 권리이다. 그래서 개인이 자유를 누리는 데는 내재적 한계가 있다. 우선 타인의 자유를 침해하는 자유는 사회적으로 용인할 수 없다. 또 자유권을 보장하는 체제를 부정할 자유(권)도 성립할 수 없다. 자명한 이치로서, 이런 자유권의 운영 원리는 프랑스혁명 당시 국민의회에서 제정 공포한 〈인간과 시민의 권리선언〉에서 최초로 체계화되었다. 이후 모든 공화주의 국가는 이런 자유권의 운영 원리를 반영하여 헌법을 만들었다.

법조인이라면 이러한 근대 헌법 질서의 탄생 원리 정도는 알 것인데, 공화정을 부인하고 전체주의 전제정을 세우자는 주장과 협박을 어떻게 '표현의 자유'로서 보장해야 한다고 주장할 수 있는지 이해하기 어렵다. 위협이나 협박은 타인의 자유를 직접 침해하는 것이고, 전제 군주를 찬양하고 전체주의 체제를 받아들이자고 선동하는 것은 자유권을 보장하는 공화정 체제를 부정하는 것이다. 공화정 체제가 부정되면 결과적으로 타인에게 보장된 자유권을 침해하는 셈이 되므로, 그들의 행위는 자유권의 남용이 명확하다 하겠다.

세계인권선언의 제일 위에 자리한 〈인간과 시민의 권리 선언〉에서도 권리의 남용에 대해서는 책임을 물어야 한다고 규정하고 있다. 백두칭송위원회 등의 행동에 대해서는 당연히 책임을 물어야 한다.

국가 및 국민의 가치관 정립 사업이 필요하다

'낡은 질서는 붕괴하였으나 새로운 질서는 아직 형성되지 않은 것이 진정한 위기이다.'

바로 지금의 대한민국이 그러한 상태에 빠진 것처럼 보인다. 해방 직후 우리 국민이 정치경제 체제를 선택할 자유가 있었던 것은 아니지만, 대한민국은 공화정 정치 체제와 시장경제 체제를 채택한 결과 반만 년 민족사 중 최대의 번영을 누리는 나라가 되었다. 그렇게 성립한 공화정 체제 때문에 보장된 권리를 악용하여 전체주의 전제정을 받아들이자는 세력이 활개를 치는 등 서로 모순되는 주장이 난무하는데, 이를 정리해야 할 국민들의 주류적 가치관 형성과 그 가치 실현을 주도해야 할 세력은 보이지 않는다. 그래서 지금이 위기의 시기라는 것이다.

가장 먼저 국가 및 국민의 가치관 정립 사업이 필요하다.

정치경제 체제라는 것은 개인에게는 생활양식으로 작용한다. 여기에 자기 완성을 위한 개인의 노력이 더해져서 국민 개개인의 가치관이 형성되는 것이다. 대한민국은 민주공화정(좁게는 자유주의) 정치 체제와 시장경제 체제를 통해 성장 발전해 온 나라이다. 그래서 국가적 가치관은 공화주의(내지 자유주의)와 시장경제라는 것이 될 것이다. 문제는 국민들의 자기의식이 부족하여 자신이 발 딛고 있는 체제와 국가적 가치의 소중함을 잘 인식하지 못한다는 점이다.

권력의 정당성이 없고, 또 인간의 본성을 거슬러가면서 정립한 정치경제 체제는 그 지배권을 정당화하고 강제해야 할 거대한 이데올로기 기구와, 거대한 관료기구를 운영할 수밖에 없다. 그래서 전체주의 국가에는 어마어마한 수의 공무원이 필요하다.

공화정 국가에서, 시장경제를 우선하여 정상적으로 민주공화정을 운영하는 정권은 적정 예산으로 경제 발전을 이루면서 얼마든지 국민경제를 운영할 수 있다. 그러나 시장경제를 부정하고 무책임한 선동으로 세금을 풀어 국민을 매수하려는 정권은 끝나고 나면 어마어마한 빚 덩어리와 인플레만 남길 뿐이다.

이 빚의 대부분은 지금의 10~30대가 열심히 벌어 세금 내서 해결하든지, 인플레를 유발하여 국민 전체의 부담으로 가렴주구하든지 해서 해결할 수밖에 없다. 그런데 지난 대통령선거에서 바로 이들 세대에서 무책임한 현 선동 정권의 지지가 높았다는 점은 역사의 아이러니라 하지 않을 수 없다. 가치관 정립이 안 된 세대의 비극이라 하겠다.

무엇이 정의인지
이 나라에 묻는다

노환규

내 가족이 잘못했을 경우에도

'정의란 무엇인가' 라는 질문은 내게 너무 거창하다. 하지만 무엇이 정의인가에 대해 생각해 볼 필요는 있을 것 같다. 아래의 글은 모두 가상 상황이다.

운동경기가 열린다. 내 모교 출신 선수와 다른 학교 출신 사이에 시합이 열렸다. 당연히 나는 내 모교 출신에게 마음이 끌린다. 그런데 이 친구는 운동을 시작한 지 얼마 되지 않았다. 반면, 다른 학교 출신의 다른 선수는 오랫동안 열심히 경기를 준비해 왔다.

실력만 따진다면 내 모교 출신 선수가 지는 것이 마땅하다.

나는 내 모교 출신 선수가 재수 좋게 이기기를 바라야 하나, 아니면 오래도록 땀 흘려 노력해 온 다른 학교 출신 선수가 이기기를 바라야 하나? 혹은 누구도 응원하지 말아야 하나? 이 중 어느 것이 정의인가?

싸움이 벌어졌다. 내 가족과 타인 간의 싸움이다. 그런데 나는 내용을 알고 있다. 사실 내 가족이 잘못했다. 내 가족이 거짓말을 했고, 따라서 법적으로도 윤리적으로도 내 가족이 잘못한 책임이 크다. 이때 나는 가족이라는 이유로 내 가족을 편들어야 하나, 아니면 억울함을 당한 모르는 사람의 편을 들어야 하나? 아니면 모르는 척해야 하나? 이 중 어느 것이 정의인가?

맘 놓고 내 편을 드는 것은, 적어도 그것이 공정한 상황에서 벌어지는 일일 때 가능한 일이다. 무조건 어떠한 상황에서도 내 편을 드는 것, 심지어 내 편이 정의롭지 못한 상황에서도 내 편을 응원하는 것, 그것이 정의로운 것인가. 나는 그것이 궁금하다. 그것이 정의라고 확신하고 있는 사람들의 심리가 궁금하다.

지하철 플랫폼의 딜레마

술에 취한 여성이 비틀거리다가 지하철 플랫폼 아래로 떨어졌다. 열차가 곧 들어올 것이고, 이대로라면 그 여성은 열차에 치어 사망할 것이다. 나는 그와 가장 가까운 곳에 서 있을 뿐 아니라 주변에 그녀를 구할 만한 사람은 나밖에 없는 상황이다. 그런데 나는 허리 통증으로 치료받는 중이라 그녀를 들어 올릴 수 있을지에 대한 확신이 없고, 게다가 열차가 언제 플랫폼으로 들어올지 모르는 상황이다. 내가 잘못되면 내 가족 모두 불행해진다.

이 상황에서 내가 플랫폼 아래로 뛰어드는 것이 정의로운 일인가, 아니면 뛰어들지 않아 내 안전을 지키는 것이 정의로운 일인가? 혹은 둘 모두 정의로운 것인가?

세상의 모든 나쁜 사람을 척결할 수 없고, 세상의 모든 부정을 해결할 수 없다. 그렇다는 이유로 내 한 몸 잘 건사하고 나 하나 세상에 해가 되지 않도록 살아가는 것이 정의로운 것인가, 눈에 띄는 대로 세상의 나쁜 사람들의 생각을 바꾸거나 그들로 인한 사람들의 피해를 줄이기 위해 노력하는 것이 정의로운 것인가?

오산의 국회의원과 사회 정의

사람이 사람답게 살려면 주 52시간 이상 일을 해서는 안 된다는 것이 대한민국 사람들의 여론이라며 정치인들이 이를 법제화했다. 그런데 의사들은 예외이다. 의사는 사람 살리는 일을 한다는 이유란 것이다. 의사는 사람을 살리는 중요한 일을 하기 때문에 주 52시간 이상 노동 금지의 예외 조항에 묶어 두는 것이 정의인가, 아니면 의사도 사람이고 인권에 예외가 없어야 하므로 의사의 근무시간도 주 52시간 이내로 제한하는 것이 정의인가?

오산시를 대표하는 국회의원이 지역 민원을 해결하기 위해 보건복지부 장관을 만나 병원 개설 허가 취소를 종용하고, "일개 의사가 감당할 수 없는 수준의 혹독한 대가를 치르게 될 것", "3대에 걸쳐 재산을 다 털어내야 할 것"이라는 등의 막말을 쏟아냈다가 의사들의 대대적인 저항에 직면했다.

그가 코너에 몰린 바로 그 즈음에, 그리고 최대집 대한의사협회장이 의료제도 개혁을 요구하며 단식투쟁에 나선 즈음에 난데없이 8년 전 의사 사이트에 올랐던 익명의 글이 언론에 이슈화되고 실검에 오르면서 의사들에 대한 비난 여론이 펼쳐졌다. 그 글의 내용이 사실이 아닐 뿐더러 8년 전 익명 게시판에 올랐던 글이 이 시점에 이슈화된 것에는 의혹이 있다고 대중에게 전달하는 것이 정의로운 것인가, 글의 사실 여부를 떠나 이같은 일이 벌어지게 된 것에 대해 부끄러움을 느끼고 사과하며 반성하는 것이 정의로운 것인가?

수많은 사람들이 입에 정의를 달고 사는 사회이다 보니, 너도 나도 자신이 정의롭다 확신하는 사회가 되었다. 자신이 정의롭거나 또는 정의로운 말을 하고 있다고 확신에 찬 여의사 한 사람이 정의에 대한 의문과 회의를 던져 준다.

내가 정의에 대해 아는 것은 오직 한 가지다. 사람들이 말하는 정의는 자신의 처지에 따라 달라진다는 사실 그것 하나이다.

유승준의 괘씸죄와 대한민국의 거짓말

국민의 70%가 유승준의 입국을 반대한다는 여론조사 결과가 나왔다고 한다. 대한민국에는 형법에 없으면서도 다른 나라에서는 찾아볼 수 없는 죄가 있다. 바로 '괘씸죄'이다.

우리는 언제 괘씸함을 느낄까? 배신을 당할 때이다. 거짓말에 속았을 때이다. 유승준도 군대에 가겠다고 약속했다가 그 약속을 이행하지 않음으로써 전국민의 '괘씸죄'를 발동시켰다.

그러면 왜 우리나라 사람들은 유난히 '괘씸죄'에 민감하게 반응하는 것일까? 혹시 그것은 자주 속기 때문이 아닐까?

한국과 일본의 거짓말 범죄율을 살펴보자.(2000년도의 통계 – 대검찰청 발간 『檢察年鑑』, 『犯罪分析』, 대법원 발간 『司法年鑑』, 일본 법무성 발간 『檢察統計年報』 인용.)

1. 위증죄 기소 인원 대한민국 1198명, 일본 5명. 인구비 감안 시 가벌성 있는 위증범행의 발생율 일본의 671배

2. 무고죄 기소 인원 2965명, 일본 2명. 인구비를 감안 시 가벌성 있는 무고범행 발생율 일본의 4,151배

3. 사기죄로 기소된 인원 대한민국 50386명, 일본 8269명. 인구비를 감안 시 가벌성 있는 사기범행 발생율 일본의 17배

'대한민국은 사기 공화국이다'라는 자조 섞인 푸념을 할 정도로 어쩌면 우리에게 거짓말은 익숙한 것일지도 모른다.

SBS 〈정글의 법칙〉 제작진은 멸종위기종으로 보호 대상인

대왕조개를 채취, 시식하는 장면을 방영했다가 문제가 되자 '몰랐다'고 해명했었다. 그러나 오늘자 신문에는 제작진 측이 촬영 전에 태국에 '사냥은 없을 것'이라고 공문을 보냈다는 사실이 뒤늦게 밝혀졌다는 기사가 올라왔다. 거짓말을 한 것이다. 우리 국민들은 이 거짓말에는 분개를 할까?

수많은 정치인들이 거짓말을 해왔다. 그런데 우리 국민들은 유독 유승준이라는 가수에게는 거침없이 괘씸죄를 적용해야 한다고 요구를 하면서 정치인에게는 관대하다. 유승준의 거짓말, 또는 약속 불이행은 불법이 아니다. 그러나 SBS 〈정글의 법칙〉 제작진의 약속 불이행은 불법이다.

하나의 민족, 두 개의 국가, 하나의 운명

우리는 명백히 감성이 이성을 앞서는 민족이다. 그것이 좋을 때도 있다. 감성이 한껏 발휘되는 바로 그 순간 말이다.

그러나 그 순간이 지나면, 결과는 후회스러운 경우가 대부분이다. 우리는 그런 민족이고, 그런 성향을 한껏 이용하는 정치인들과 함께 공멸의 길을 가고 있는 것이 아닌가 하는 생각에 머리칼이 쭈뼛해진다.

100여 년 전에 살아 보지 않아서 500년 조선의 역사를 말아먹은 조선 말기의 시대상이 어땠는지, 5000년 역사 중 가장 수치스러운 운명을 어떻게 맞게 되었는지를 몰랐었다. 그런데 지금 깨닫기는 내 인생에서 5000년 역사 중 한반도가 가장 찬란

했던 시대를 경험했고, 그것이 몰락하는 변곡점에 서있다는 것이다.

조선인은, 북조선과 대한민국이라는 두 개의 나라를 만들었다. 김일성 왕조를 모신 북측 반도에는 자유와 인권이 무너진 오늘의 북조선이 만들어졌고, 이승만·박정희 대통령이 이끈 남측 반도에는 오늘날의 번영된 대한민국이 만들어졌다.

하나의 민족이 극명하게 대조되는 다른 국가를 만들어낸 것이다. 차이를 만든 것은 리더였다. 리더가 국가의 운명을 바꾼 것이다. 그러나 70년이 지난 지금 남측 반도의 조선인들은 오히려 대한민국을 번영으로 이끈 리더들을 배척하고, 북한 정권을 추종하는 이들을 리더로 선택했다.

역사에서 교훈을 얻지 못하는 국민은 불행한 역사를 필히 반복하게 될 것이다.

정녕 민주당의
20년 집권을 바라십니까?

김대호

'나경원 의원님께 묻습니다. 5.18 민주화운동이 폭동입니까?'

내가 사는 동네에 걸린 플래카드 문구이다. 출근길에 눈에 잘 띄는 위치에 보란 듯이 현수막이 걸려 있었다. 더불어민주당으로서는 계속 물고 늘어질 만한 일이다. 물론 과유불급이지만, 이렇게 기회 포착에 능하고 박근혜가 얘기하던 '진돗개처럼 질기게 물고 늘어질 줄 아니까' 집권당이 되었다.

자유한국당과 바른미래당에는 이런 역동성과 집요함이 잘 보이지 않는다. 행복은 성적순이 아닐지 몰라도 집권은 싸움 능력순인 듯하다.

그런데 '사당 호남향우회' 이름으로 붙은 이 플래카드의 문구는 뜬금없다. 저런 식이면 "(문통의 능라도 연설 내용을 들먹이면서)

문재인 대통령님, 북한이 저 지경 된 것이 민족의 자존심을 지키기 위한 것입니까?" 하고 오만가지 정치적 공격이 가능하다.

저런 현수막은 정치적으로도 감각이 뒤떨어지고 법적으로도 붙여서는 안 될 일이다. 동작구청은 사당호남향우회 명의의 현수막을 조속히 떼어내야 한다. 그렇지 않으면 직무유기로 고발 당할 수 있을 테니까.

이렇게 적고 보니 정말 한심하기 이를 데 없구나. 직권남용, 직무유기, 배임, 사전 선거운동, 선거 중립, 정치적 중립, 명예훼손 등은 이현령비현령 법(형벌)이다. 이런 법을 마구잡이로 휘두르면 어떤 일이 벌어지겠나? 모든 정치가 사법화司法化되다시피 하고, 법이 집권세력과 여론의 무기로 변질되기 십상일 텐데….

그리하여 정권이 바뀌고 여론의 풍향이 바뀌면 치졸한 피의 복수극이 벌어진다. 준 만큼 되돌려받는다. 그러다 정권과 여론이 바뀌면 또 피의 복수극이 시작되고… 시작되고! 내가 문재인정부에 분개하는 것은 이런 조선식 사화 정치의 빗장을 판도라 상자처럼 열어 버렸기 때문이다. 여기까지도 심각한 얘기이지만, 사실 이런 얘기 하려고 이 글을 쓰는 것은 아니다.

한국민의 정치적 지지와 응징의 분노를 좌우하는 것은 보수(우파)와 진보(좌파)가 아니라 옳음(道=正)과 그름(無道=邪=非)이다. 이것이 선과 악, 적(彼)과 아, 정의와 적폐 등으로 변주된다.

보수와 진보보다 더 선차적인 정치적 구분선이다.

밖으로는 중국과 일본 같은 강력한 외세에 부대끼고, 한반도 안에서는 활개 치는 혹독한 전제적 권력에 시달리다 보니 약자의 처지로서는 본능적으로 도리나 정의, 즉 명분을 방패삼아 저항하는 것이 생존전략이다. 제국을 만들어 본 민족은 옳음과 그름보다는 힘과 실용을 주요한 판단 기준으로 삼는다. 국제관계나 국내의 정치·경제 사안도 힘과 실용을 잣대로 접근한다.

북한이 거지 짓에 조폭 짓을 하면서도 당당한 것은 자신들이 민족적 자존심을 지키는 '정正'과 '도道'를 체현하고 있다고 믿기 때문이다. 반일감정에 휩싸여 이 나라의 모든 부조리가 친일 청산을 이루지 못한 데서 기인한 것인 양 앵무새처럼 친일파 타령만 되풀이하는 인간이 많은 것도 정사正邪적 세계관과 가치관이 풍미하기 때문이다.

우리 민족에게 정말 못된 짓을 자행하고도 일본이 진정한 사과를 하지 않는다고 국제 무대에서 외치면, 유럽과 북미를 비롯한 선진국들 반응이 어떨 것 같은가? 아마 뜨악한 표정으로 '저게 뭐미?' 할 것이다. "힘이 약해서 당했으면 힘을 기를 생각을 해야지 지금이 때가 어느 땐데, 쯔쯧!" 하며 혀를 찰 것이다. 심지어 잦은 외세 침략으로 식민지 경험을 한 폴란드조차도 동조하지 않을 것이다.

세상을 옳음과 그름으로 보는 것은 한국 특유의 갈라파고스적 대중 정서이다. 대한민국 현실에서는 강력한 분노와 공감을 자아내기 때문에 도저히 무시할 수 없는 정서이다. 그런 가운데 대중적으로 옳음(도)과 그름(무도), 정과 사 판단이 거의 끝난 사안들도 있다. 이를테면 '대한민국의 건국은 옳고, 산업화도 옳다. 하지만 이를 주도한 이승만과 박정희의 행위는 공7, 과3이다. 이를 역행한 김일성과 북한은 무도無道 내지 사邪이다' 같은 쟁점들이다.

솔직히 나를 포함한 1980년대 운동권은 대한민국 건국과 산업화를 인정하지 않았다. 하지만 점차 세계를 보는 안목이 커지면서 인정하지 않을 수 없게 되었다. 물론 아직도 이를 인정하지 않는 존재가 있다. 통진당(현 민중당) 부류이다. 민주와 진보로 장사하는 현실 정치인 중에서도 여전히 인정하지 않는 사람들이 있겠지만 감히 발설하지는 않는다. 이승만과 박정희의 그늘이나 건국과 산업화의 그늘을 얘기하는 사람은 있을지라도 이를 정면 부정하는 사람은 드물다. 대중의 판단을 정면 거스르려는 사람은 없다.

마찬가지로 4.19와 5.18 그리고 6월항쟁으로 대표되는 민주화운동은 옳으며 이를 폄훼하는 것은 그르다. 조광조가 조선 선비의 사표가 되었다는 사실을 부정하지 말라. 그뿐 아니라 노무현 탄핵은 그르고, 박근혜 탄핵은 옳다. 그만큼 우리나라 사람들이 옳음에 대한 집착이 강한 민족이라는 얘기다.

하는 짓으로 보면 박근혜가 문재인보다 민주공화국의 가치를 훨씬 덜 훼손했다 하더라도, 당시 대중은 박근혜의 행태를 도저히 용납할 수가 없었다. 대중은 신이 아니니까 과도한 요구나 기대 또는 과도한 부정이나 폄훼를 할 수 있다. 하지만 이를 수용하고 차후에 바로잡는 것이 현실 정치세력의 지혜이다.

바로잡는다고 해서 과거의 대중적 판단을 정면 부정하는 것이 아니다. 정상 참작하여 과도하게 부정되었거나 폄훼된 것을 회복시킬 뿐이다. 노무현과 노무현정부에 대해서 그랬던 것처럼. 또 시간이 가면 이명박·박근혜정부에 대해서도 마찬가지일 것이다. 그런 반전의 일등공신은 아마도 상상을 초월한 폭정과 실정을 저지르고 있는 문재인정부가 될 것이다.

대한민국을 책임지겠다는 정치 집단은 대한민국 건국과 산업화를 부정하지 말라. 마찬가지로 5.18과 박근혜 탄핵을 부정하지 말라. 이러한 토대 위에서 문재인정부와 민주당과는 차원이 다르게 보수적 가치와 진보적 가치를 결합해 미래지향적인 국가 비전을 제시해야 한다.

그렇지 않고 5.18과 박근혜 탄핵을 부정하고 보수우파와 진보좌파의 대결 구도로 계속 간다면 오히려 경제 자살, 고용 학살, 국방 자폭 등을 자행하는 문재인정부와 민주당의 20년 집권을 돕는 일등공신이 될 것이다.

6부

386을 죽여야
대한민국이 산다

우리가 문재인과
586 운동권들의 게임 대상인가

Adrien Kim

평생 정당과 시민단체에서 남들이 벌어다 주는 돈으로 먹고 살아온 586 운동권들이 현 청와대의 핵심이다. 생전 생산성 있는 사업장을 만들어 고용 한 번 안 해 본 이들이, 자기 자본을 전부 상실할지도 모르는 위험을 끌어안고 대출과 투자를 유치해 기업을 세우고 공장을 돌려서 부가가치를 창출하고, 수출을 통해 외화를 벌어오는 사람들의 현실을 신경 쓸 턱이 있겠나? 그렇다고 기업에서 제대로 된 근로를 해본 적은 있는가? 그러니 근로자의 현실도 알지 못한다.

자기 계산, 자기 위험으로 돈을 벌고 대출을 일으켜 자영업 점포라도 운영해 본 사람들이라면, 최저임금에 대해 1만 원은 되어야 한다는 등 최저임금 줄 능력 없으면 사업 접으라는 등, 한 술 더 떠 가격도 올리지 말고 고용도 줄이지 말라는 말을 할 수 없다. 자기들은 뭐 하나 해봤다가 잘못되면, "응 아니면 말고" 하고 다시 리셋하면 되는 시뮬레이션 게임의 세계에 있어서 저런 한가한 예송논쟁이나 하고 있겠지만, 사업자와 자영업자들에게 적자와 도산은 현실이고, 인생을 나락으로 떨어뜨리는 위기이기 때문이다. 이게 바로 문재인의 통치 방식으로, 다음 두 문장으로 정리할 수 있다.

1. 뇌내망상과 안방 논의 결과 자기들이 하는 건 정의이니 무조건 지른다.
2. 질러 놓고 안 되면 절대 사과, 철회는커녕 다른 땜질로 무리수를 더한다.

자기 사람들 태양광 사업으로 한몫 잡게 해주고 싶은 동기였는지, 이상한 판타지 영화 보고 대통령이 초등학생 수준의 반응을 보였는지 그 동기는 나중에 밝혀지겠지만, 어쨌든 멀쩡하게 잘 짓고 있던 신고리원전의 공사를 갑자기 중단시킨다. 현실적으로 불가능하고, 반발이 심하니 공론화위원회라는 대통령 어르신 체면 차리기용 출구 전략을 마련해 반원전 여론몰이를 해보지만 결과는 안 되는 걸로 나온다. 결국 공사 중단 비용 1천억 원 만 날려 먹고 신고리원전은 공사를 재개한다. 물론 대통령 나으리 체면과 태양광 이권은 지켜져야 하니 다른 원전 추가는 중단이라며 잘못은 끝까지 인정하지 않는다. 잘못을 인정하고 사과하는 순간, 박살이 난다는 것을 503(박근혜 대통령 수인번호)을 보고 알았기 때문이다.

탈원전 선언, 원전에 대한 흑색선전 후 해외 원전 수주해 놓은 게 문제가 되니 부랴부랴 청와대 실세를 UAE로 보내어 또 땜질을 한다. 왜 갔냐니까 전임 정권 핑계를 대다가 이게 안 통하니 또 다른 핑계를 대고 계속 말이 바뀐다. 역시 잘못은 인정하지 않는다.

결국 전력 공급 로드맵 다 무시하고 원전 중단시키니 그 결과가 발전량 부족으로 바로 나타난다. 이제 공장을 멈추란다. 조업 손실, 매출 손실, 수출액 감소 등 이 정권이 책임질 건가? 공장 못 돌리는 시간 동안 최저시급 적용 안 하고 임금 제로로 해서 비용을 줄여 줄 건가? 그 근로자들의 수입 감소는 원전 의사결정한 문재인이 사비로 때워 줄 건가?

문재인과 청와대가 보상해야 하는 거 아닌가. 아니 보상한다고 쳐도 어차피 그거 또 세금이니 남의 돈으로 생색내기이다. 결국 한국 경제 전체로서는 그만큼 생산과 소득이 줄어들고, 국민 전체 후생이 줄어드는 셈이다.

국민소득 3만 달러 수준의 비슷한 국가들(이탈리아, 스페인)은 최저시급이 없거나, 한국의 3분의 2 수준이다. 문재인정권은 이들 국가와 대비 현격하게 높으며 1인당 생산성을 크게 상회하여 한국의 산업 체력이 감당할 여력이 없는 7530원(주휴 수당 포함시 9036원)의 최저시급을 설정해 놓았다. 국민소득 6만 달러 짜리 국가들 최저시급 보며 봐라 저렇게 올리자고 할 거면, 동남아 국가들은 한국을 보며 봐라 저렇게 올리자고 해야 하나?

이 최저시급이 현실적으로 감당 불가능하다고 현장에서 반발하자, 또 땜질 처방으로 당장 1년은 정부가 보조해 준단다. 한 마디로 보조받는 비율만큼 나랏돈이 지출되니 1년치 계약직 공무원들을 늘린 셈이다. 그런데 1년짜리 대책 믿고 고용, 투자를 하라고? 임금만 늘어나나? 지원금 받으려면 4대 보험료의 근로자와 고용주 부담분이 또 추가된다. 문재인 당신 돈으로 하는 가게라면 그렇게 하겠나?

그럼에도 불구하고 4대 보험 추가 부담해서(보조금보다 이게 더 클 거다) 보조금 받는 사업장들에는 또 다른 위험이 있다. 내년부터는 어쩔 건가? 계속 이렇게 한다는 게 지속 불가능하다는 건 산수를 할 줄만 안다면 삼척동자도 안다. 세금으로 계속 때우겠다고? 그래서 증세 증세 하는 건가? 게다가 지금보다도 33%를 더 올려 1만 원을 만들어 놓겠다고 했는데 그건 어떻게 감당할 건가? 물론 사과와 철회는 없다. 또 새로운 땜질을 해낼 거다.

근로자는 근로자대로 문제이다. 전에는 11~18시까지 널널하게 근무하던 파트타임이 갑자기 13~18시로 바뀐다. 12~13시 한 시간 런치타임은 날아갔다. 6시간 일하고 7시간짜리 시급을 받다가, 5시간 일하고 5시간 시급을 받게 된 거다. 4명이 하던 파트타임은 3명으로 줄이고 1명이 일할 몫이 늘어난다. 어쩔 수 없다. 안 그러면 적자로 가게가 문을 닫든지, 아니면 업주의 부인과 자녀가 나와서 가게 봐서 인건비 줄여야 한다. 근로자는 그만두면 되지만, 업주는 아니면 자기 돈 다 날리고 거리에 나서야 한다.

업주는 자기 자본 손실 위험에 4대 보험 신고, 세금, 온갖 것들 다 두드려 맞는데 업주가 일하는 시간 대비 시급이 5천 원도 안 되는 현상이 벌어진다. 물론 업주의 시급은 정권의 신경 쓸 바가 아니다. 갑자기 월세 타령하며 이제 점포 주인을 조지려 든다. 점포 주인은 점포 주인대로 열심히 번 돈 '시세 하락/공실 위험' 무릅쓰고 대출까지 받아 월세로 생활하며 원리금 갚고 있는 중이다. 이 점포가 빈다든가, 점포 주인의 매입가 대비 점포 가격이 하락해 손해를 본다고 해도 물론 이 역시 정권이 신경 쓸 바는 아니다.

고용을 줄이지도 말라, 근로 규칙을 바꾸지도 말라, 가격을 올리지도 말라, 하지만 임금은 올려라.

그런데 공장은 돌리지 마라. 문 각하(문재인 대통령)의 탈원전에 동참해라. 하지만 휴업 손실은 책임지지 않겠다.

대체 지금 뭐 하자는 건가? 국가, 경제, 근로자, 사업가가 문재인과 청와대 586 운동권들의 게임 대상인가?

20190826
조국이라는 조명탄

나연준

　조국은 러시아 전통 인형 마트료쉬카를 닮았다. 그의 과거가 하나하나 벗겨질 때마다 새로운 의혹은 새로운 모습으로 등장했다. 조국 관련 각종 의혹과 별개로, 그를 둘러싼 86세대와 자칭 진보적 지식인들이 청년세대를 대하는 태도가 흥미롭다. 86세대는 평상시 자신에 대한 청년세대의 비판을 수긍하는 척, 공감하는 척, 반성하는 척해 왔다.

　그러나 비판이 '86세대가 허락한 수위'를 넘어서자마자 격하게 반응하고 있다. 노골적으로 혹은 우회적으로, 심지어 막말을 배설하고 있다. 그리고 온갖 정황과 전제를 끼워 넣고 물 타기를 하더라도 본질은 '우리에 대한 너희의 비판을 기각한다'이다.

　문재인정권 출범 이후 청년세대는 86세대와 자칭 진보세력이 자신에게 어떠한 존재인지 헷갈려하고 있었다. 시야가 어둑해진 개와 늑대의 시간을 보내던 중, 조국이라는 조명탄이 터졌다. 갑자기 밝아진 세상에서 우리는 86세대의 위선과 그것을 은폐하려는 구세대의 카르텔을 보고 있다.

시인 안도현은 조국을 비판하는 사람들에게 '승냥이떼'라고 막말을 했다. 그러나 '늑대가 나타났다'는 양치기 소년의 외침이 오히려 늑대의 부존재를 증명하듯, 진짜 늑대는 다른 편에 있었다. 진짜 늑대와 승냥이는 86세대와 이들을 비호하는 안도현 자신이다.

진보적 지식인의 군상들

어디 저런 사람이 안도현 혼자뿐인가? 변상욱은 페이스북에다 '반듯한 아버지 밑에서 자랐다면 수꼴마이크를 잡게 되진 않았을 수도'라며 광화문에서 연설한 청년을 조롱했다. 아무리 꼰대여도 부모 '패드립'은 하지 않는다. 이게 꼰대의 금기이다. 철없는 중학생이나 부모 안부를 물으며 감정을 배설한다. 그런 점에서 변상욱은 나이는 꼰대이지만, 내면은 중학생 수준에 머문 것이다. 이런 자가 공중 앞에서 '말'을 다루는 앵커란다.

눈여겨볼 건 '수꼴'이라는 표현이다. 십 년 전 나는 20대였다. 당시 진보세력은 자신을 지지하지 않는다는 이유로, 우리 20대 청년을 '개새끼'라고 불렀다. 그러다 촛불이라도 들면 다 중지성이니, 성숙한 미래세대니 하며 상찬을 쏟아냈다. 또한 저들은 박근혜정권 때 '헬조선'이란 말을 입에 달고 다니며 청년세대를 위하는 '척' 했다.

'헬조선'을 살아가는 청년들에게 눈물을 흘리면서 공감하는 척하다가, 또 청년이 자신의 편에 서있을 때는 듣기에도 황송한 칭찬을 하다가도, 반대편에 서면 '개새끼'와 '수꼴'로 매도해버렸다. 이것이 86세대와 자칭 진보적 지식인들이 청년세대를 다루는 방식이다.

김민웅은 이러한 사고방식을 날것으로 보여 주었다. 최순실 사태 때 그는 "사악한 질서를 확실하게 뒤집어엎어야 한다"며 "(탄핵을 위해) 젊은이들도 다 모여서 논의해야 한다"고 주장했다. 그로부터 불과 3년이 지나자 그는 "적폐들에게 조국을 먹잇감으로 넘기겠다는 자들은 그가 누구든지 이제 적敵"이라고 선언했다. 그에게 청년이란 당파적 이익을 위해 동원 가능한 '자원'이고, 동원할 수 없으면 '적폐'에 불과한 것이다.

2017년 4월 19일, 전우용은 "이번 촛불집회 때도 '나라가 이 지경인데 수험 준비만 할 순 없었다'는 고등학생들이 많았다"고 상찬했다. 2019년 8월 24일, 전우용은 그 고등학생들이 대학생이 되어 조국을 비판하자 "요즘 대학생들에게서 이런 '부채의식'과 '의무감'을 보기 쉽지 않다"고 일갈했다. 그가 말한 '부채의식'과 '의무감'이란 무엇인가? 결국 자기 진영을 위해 묻지도 따지지도 말고 희생하라는 식의 노예적 덕목일 뿐이다.

사태를 당파성으로 몰아가는 사람 중 이외수를 빼놓을 수 없다. 그는 조국을 비판하는 사람들을 보며 "공자님을 위시한 역대급 도덕군자들이 한꺼번에 환생을 했나"라며 비꼬았다. 그러나 도덕군자의 환생은 우리가 아닌 조국이었다. 다만 군자다움이 SNS를 벗어나지 못했을 뿐이다. 피와 살이 도는 현실의 조국이 관복官服을 갈아입으려는 찰나, 옷자락에서 그 동안 삥땅친 엽전이 쏟아졌다. 조국 같은 위군자僞君子와 부유腐儒를 비웃을 권리는 공자님뿐만 아니라, 나 같은 소인배에게도 있다.

사구체 논쟁으로 유명한 이진경은 "입시에 쩐 국민들의 원한을 감정을 자극하여 선동하는 '넘'들", "조국에 달려들어 난리치는 것을 보면 원귀들의 나라"라고 운운했다. 우리의 탈근대주의자 이진경이 원귀에 감응하는 '영매靈媒'에 된 이유는 다른 데 있지 않다. 진영논리에 빠져 있기 때문이다. 그러니 자기 쪽의 잘못을 보지 못하고, 비판의 목소리를 원한에 찬 투정쯤으로 인식하는 것이다. 진영논리가 이진경을 '영매'로 만들었다면, 공지영은 '신민臣民'으로 만들었다. 그녀는 "문프께 이 모든 권리를 양도"했다고 뜬금없는 선언을 했다.

전우용은 서울대와 고려대의 촛불시위를 보고 "집회에 모인 학생들 중에 '자기소개서'를 저 혼자 쓴 학생이 몇 명이나 될지 궁금"하다고 페북에 글을 올려 학생들의 분노를 자아냈다. 심지어 "고려대 학생들의 합격 루트 전반을 조사하자"고 얼토당토않은 소리를 해댔다. 조국 딸의 진학과 관련된 각종 의혹을 고려대와 자소서로 축소시킨 다음 '너희도 똑같지 않냐'라고 반문하는 전형적인 물 타기이다.

게다가 '합격 루트 전반을 조사'하자는 말은 이미 시중에 나온 정보만으로는 조국의 잘못을 곧이곧대로 인정하지 않겠다는 뜻이다. 전우용 말대로 합격에 대한 전반적 조사가 이루어지기도 어렵겠지만, 이루어진다고 해도 이런저런 지적을 하며 불신해 버리면 그만이다.

아마 전우용은 조국 딸의 진학 과정이 다른 학생들과 '같은' 문제가 있었다는 결론을 원할 것이다. 그 전까지 '불가지론자'로 있을 것이다. 이것은 김어준이 2012년 대선 개표기와 세월호를 바라보는 태도와 동일하다. 이미 결론을 정해 놓고 거기에 부합하지 않은 '사실'을 갖은 핑계로 거부하면서 본인에게 유리한 '썰'을 만드는 방식이다. 데카르트는 확실한 지식의 근거를 위해 '방법론적 회의'를 했다면, 이들은 확실하게 우리 편을 보호하기 위해 '목적론적 회의'를 하고 있는 것이다.

이처럼 언론인, 문인, 학자들이 저마다 조국을 구하기 위해 나서고 있다. 때로는 꼰대로, 때론 영매로, 때론 기억상실 환자로, 때론 불가지론자로 행세하지만, 결국 진영논리에 경도되어 우리 편 '조국'을 구하려는 86세대 카르텔의 구현자일 뿐이다.

입시제도 탓하는 진보세력

이상에서 보듯이 진영논리를 날것으로 전시하는 지식인이 있는 반면, 이진경, 박노자, 장은주처럼 입시제도를 소리 높여 비난하는 이들도 있다. 입시제도 개혁이 이들의 평소 지론인지 여부와 상관없이, 이와 같은 입장은 조국 '자녀 문제'를 '제도 문제'로 곡해하는 데 활용될 수 있다. 대깨문들은 이러한 곡해를 통해 모두를 입시의 죄인으로 만들고 조국에 대한 비판 자격을 강탈해 버리고자 한다.

"우리 모두 죄인이다. 누구도 욕하자 말자."

이것이 바로 대깨문들이 원하는 '그림'이다.

지금 절도 사건이 발생했으면 범인을 잡고 수사를 하면 그만이다. 그런데 저들은 여기서 사유재산제도의 문제를 지적하는 꼴이다. 사유재산이 있기 때문에 불평등이 있고 불평등이 있기에 절도가 일어날 수 있다는, 그래서 절도범 개인의 잘못을 제도의 결함으로 바꿔치기 하려는 수작이다.

현행 입시제도를 어떻게 바꿔야 하는지는 이 글의 주제가 아니다. 다만 현행 입시제도가 어떻게 정착, 지속되었는지는 짚고 가야 한다. 지금 문제되고 있는 수시전형이 어떻게 탄생했나?

2000년 기준으로 수시전형은 5% 수준이었다. 그러다가 2002년을 기점으로 수시가 30%가 되더니, 2007학년도 50%를 돌파하고 2019학년도는 무려 76%를 상회했다.

수능시험을 통한 정시 위주의 선발제도가 수시로 격변하게 되었던 단초는 진보세력 자신에게 있다. 하나만 잘해도 대학에 갈 수 있다는 둥, 줄 세우기 교육은 안 된다는 둥 갖가지 진보적 교육 아젠다를 실제 대입 정책에 반영했다. 그리고 입시에 대한 권능을 일선 고등학교에게 배분하여 죽어가던 공교육에 산소마스크라도 대보려는 국가권력의 얄팍한 계산도 있었다.

그런데 문제가 발생했다. 수시는 전형이 복잡하다. 옛날처럼 교과서와 참고서 열심히 본다고 잘되는 판이 아니다. 학생에게 최적화된 전략을 짜기 위해서는 정보가 필요했다. 부모의 재력은 '정보의 비대칭'으로, 정보는 입시의 전략과 결과로 반영되었다.

서민 부모는 전문직 이상의 남편을 둔 아줌마의 정보력을 따라갈 수가 없다. 서민의 자식이 철밥통 공무원 학교 선생에게 진학 지도를 받을 때, 부잣집 자식은 수백만 원을 호가하는 정교한 입시설계 컨설팅을 전문 사교육시장에서 '구매'했다. 그 결과 수시전형은 정시와 비할 수 없는 부모 재력·인맥의 아사리판이 되고 만 것이다.

이 아사리판에서 승자는 일선 고등학교와 교사들이었다. 이들은 학생부종합전형을 내세워 입시의 권능을 행사할 수 있었다. 사교육시장도 승자였다. 전형이 복잡할수록 입시 패키지 상품은 잘 팔려 갔다. 공교육과 사교육은 수시를 매개로 기생적 동맹관계를 맺었던 것이다.

재력 있는 부모와 그 자식도 승자였다. 이들은 실력보다 많은 것을 챙겼다. 피해자는 대다수의 학생과 서민이었다. 이들은 부족한 자원을 쥐고서 사실상 패배가 확실한 싸움터로 절망에 찬 오기를 품고 뛰어들 수밖에 없었다.

다시 처음으로 돌아가자. 누가 입시를 이 지경으로 만들었는가? 진보 교육 운동가와 시민단체, 진보 집권세력이다. 누가 수시전형 판에서 승리를 했는가? 출세한 86세대와 그 자식들이다. 누가 이 판에서 돈을 벌었는가? 일찍이 사교육시장으로 진출한 86세대이다. 본인들이 만든 판에서 본인들이 승리하고 본인들이 판돈을 쓸어갔다.

그럼에도 86세대 좌파를 비롯한 자칭 진보적 지식인들이 이제 와서야 수시전형을 비판하고 있다. 자기들끼리 거하게 한판 해먹고 문제가 터지니 세상 순진한 표정을 지으며 손절에 들어가고 있는 것이다.

그리고 언제나 그렇듯이 저들은 꼰대 같은 충고를 덧붙인다. 2030세대의 저항이 사실은 학벌주의라느니, 왜곡된 능력주의라는 둥, 명문대의 상징자본을 위한 것이니 하면서 말이다. 그래, 그 잘난 학벌 30년 동안 우려먹은 자들이 누구인가? 그 인적 네트워크를 자본으로 삼아 호의호식했던 자들이 누구인가? 바로 86세대 운동권 아닌가?

만 번 양보해서 지금 서울대와 고려대의 시위 대열에 86세대들이 지적하는 부정적 요소가 있다고 한들, 똑같은 것이 2016년 이대생의 시위에는 없었겠는가? 같은 대학생의 시위이고, 입학과 학사행정 공정성에 대한 요구이다.

그럼에도 2016년 이대생의 시위는 위대한 '투쟁'이고, 2019년 서울대와 고려대의 시위는 이기적 '투정'이란 말인가? 바뀐 건 아무것도 없다. 단지 창끝이 겨누는 방향만이 달라졌을 뿐이다. 86세대는 지금 창끝이 자신을 향하고 있다고 '투정'하고 있는 것이다.

못난 구세대들

대깨문들은 서울대와 고려대의 시위를 보면서 온갖 악담을 퍼부었다. 도서관에서 공부나 해라, 배후가 누구냐, 마스크는 왜 썼냐, 정치적으로 선동 당했네 하면서 말이다. 그런데 이 소리는 1980년대 신군부가 학생운동권에게 했던 말이다. 깨진 대가리 속에서 대깨문의 친부親父가 보인다. 저들이야말로 '독재의 사생아' 들이다.

한편, 86세대도 잘못했고 이를 비판하는 2030세대도 문제라는 양비론자가 등장한다. 여론이 타오르니 맞서기 두렵고, 그렇다고 자기 진영에서 이탈하기도 싫은 것이다. 양쪽에 쓴소리를 흘려 가며 자기 자신의 '고매함'을 챙기려는 족속들이다. 지금 이 사태의 발단이 무엇인가? 누가 사태를 키우고 있으며, 누가 진영논리로 사태를 왜곡하고 있는가? 진보세력 아닌가? 맥락을 거세한 앙상한 양비론이야말로 비루한 먹물들의 은둔처이다.

진보 운운하는 자들 속에서도 꿋꿋하게 침묵을 지키는 사람들도 있다. 지금 전교조는 뭐 하고 있나? 전교조를 비롯한 민교협, 참교육학부모회, 학벌없는사회, 사교육걱정없는세상 등 교육 관련 시민단체들은 조국 딸의 문제가 터진 지 일주일(8월 26일 현재)이 되도록 조국을 비판하는 성명서 한 장을 못 내고 있지 않은가?

평소 교육 문제는 물론 온갖 사회 갈등에 득달같이 몰려들던 저들이 지금은 아무 소리를 못 한다. 침묵은 또 다른 언어이다. 저들의 침묵은 사실상 자신들이 관변단체이자 진영의 유불리에 따라 동원되는 패거리라는 자기고백일 뿐이다. 만약 보수정권 때 같은 일이 터졌다면, 이미 광화문에 저들의 깃발과 단상이 있을 것이다.

앞서 열거한 자칭 진보적 지식인과 온갖 대깨문들, 온갖 시민단체들은 모두 86세대 좌파의 카르텔이다. 지금 조국이라는 존재는 86세대가 잘못 쏜 오발탄이겠지만, 우리에게는 조명탄이다. 조명탄의 섬광이 퍼지자 카르텔의 추악한 실상이 낱낱이 드러나고 있다.

같은 민족 아닌,
같은 이념끼리

최재기

누구를 보호하였는가

중립적인 사람으로 가장해야 자신의 말이 잘 먹힌다는 것을 알고서 자신은 정치인이 아니라고 주장하지만, 기실 온갖 영역의 정치활동을 하는 노무현재단 이사장 유시민과, 1980년 당시 이른바 '서울역 회군'의 주인공으로 이후 운동권 내부에서는 논란의 대상이 된 심재철 간에 과거 학생운동권 시절 공안합수부에서 작성한 진술서 문제로 논란을 벌인 것을 얼마 전 보도를 통해 들었다.

나는 이들 중 누가 더 운동가로서 올바른 자세를 견지했고, 누가 더 운동권 수칙을 잘 지킨 것인지 대해서는 별 관심이 없다. 내가 주목하는 부분은 이런 공방 와중에 유시민이 "내 진술서에는 보호해야 할 조직은 숨긴 채 공개된 조직 관련자들만 진술했다"고 자랑한 부분이다.

그래서 물어보자. 유시민은 대체 어떤 조직을 보호하였나?

40년 전 사건이라 이미 공소시효가 완성되어 실명이 공개되더라도 그 조직에 관여한 사람이 법적 처벌을 받을 일도 없고 사회적 파장도 없을 것이니, 지금이라도 국민들에게 자신이 보호한 조직이 누구였는지 이실직고하기 바란다.

운동권 핵심부가 보호한 조직이 누구였는지에 대한 이런 고백은, 양심이 있는 운동권 출신 인사들에게는 자신의 과거 활동의 본질적 의미를 반성해 보는 계기가 될 것이고, 운동권 중 일부가 여전히 우리 사회 내에서 국민들의 대의자를 자처하고 있어, 주권자인 국민들이 자신이 선택한 대의자들의 본질을 파악하는 데 도움이 될 것인 만큼 이런 이실직고는 가치가 있는 일이다.

짐작컨대, 당시 운동권이 보호하려 한 조직은 이른바 '혁명조직'의 산하 조직이었을 것으로 보인다. 레닌의 조직이론에 따르면, 혁명조직인 공산당은 작으면 작을수록, 외곽 조직인 전대협을 비롯한 대중운동 조직은 크면 클수록 좋다고 한다. 그런 혁명조직의 산하 조직을 보위했다면, 전대협이나 전농 등 대중운동 조직은 혁명조직의 외곽 조직이었지, 공화주의 국가가 칭송할 이른바 '민주화운동' 조직은 아니었던 셈이다.

당시 운동권들은 우리 사회는 '계급모순'과 '민족모순'이 중첩되어 작용하고 있으므로, 우리 사회를 근본적으로 바꾸기 위해서는 '민족해방민중민주혁명'(NLPDR)을 해야 한다고 주장하였다.

이런 혁명운동을 보위하기 위해서 대중조직인 총학생회는 혁명조직의 산하 조직이 '지도'해야 하기 때문에 이른바 '민주집중제'로 총학생회를 운영할 수밖에 없었다고 주장한다.

조선로동당의 당면 목적은 공화국 북반부에서 사회주의 강성대국을 건설하며 전국적 범위에서 '민족해방민주주의혁명'의 과업을 수행하는 데 있으며 최종 목적은 온 사회를 주체사상화하여 인민대중의 자주성을 완전히 실현하는 데 있다.

– 〈조선로동당 규약〉 전문 중

학생운동 좀 했다고 자랑하는 분들에게 묻겠다. 당시 전대협 등 학생운동권이 보호해야 할 세력으로 감쌌던 혁명조직격인 지도부가 주창한 '민족해방민중민주혁명'(NLPDR)과 위 조선로동당 규약 전문에 나오는 '민족해방민주주의혁명'은 어떻게 다른가?

당은 민주주의중앙집권제 원칙에 따라 조직하며 활동한다.

– 〈조선로동당 규약〉 제2장 '당의 조직원칙과 조직구조' 중 제11조

또 학생운동권이 그토록 조직 보위의 규율로 강조했던 '민주집중제'와 위 조선노동당 조직원칙이 같은 것인지, 달랐다면

어떻게 다른지도 묻고 싶다. 유사한 운영 방식으로 세력을 키웠던 전농 등 운동권의 다른 조직들도 위 조선노동당의 조직원칙과 자신들의 조직원칙이 같은 내용이었는지, 달랐다면 어떻게 다른지 설명할 수 있어야 할 것이다.

만약 당시 운동권이 추구한 이른바 '혁명' 과업과 조직원칙이 조선노동당의 그것과 같다고 한다면, 운동권 조직들은 조선노동당의 하부 조직에 불과했다고 평가할 수밖에 없다. 과거 그런 활동을 한 사람들이 지금 와서 자신들의 활동을 '민주화운동'이라고 포장하더라도, 민주공화국 국민들이 낸 세금으로 이들을 '민주화 유공자'로 포상할 수는 없는 것이다.

통일전선전술과 전체주의

북한은 정부보다 당 우위의 정치경제 체제를 가진 나라이다. 세계적으로 모든 현실사회주의 국가에서 '세기와 더불어' 사라진 전체주의 체제를 북한은 21세기에도 온전히 고수하고 있다. 전체주의 체제에서는 정부나 국가기관보다 당 규약이 더 중요하다.

조선노동당 규약에 규정한 '민족해방민주주의혁명'의 슬로건은, 과거 전체주의 체제인 스탈린 체제를 보위하기 위해 불가리아 공산주의자 게오르기 디미트로프 등 국제공산주의자들이 앞장서서 만든 인민전선(popular front)과 비슷한 시기 소련 내에서 개념화한 통일전선(united front) 전술 개념에 근거하여, 한반도에 적용하기 위해 북한 공산당이 만든 정치 슬로건이다.

그래서 이른바 '민주화운동' 권문세족들에게 묻는 것이다. 영어로 표기하면 사실상 같은 것인 조선노동당 규약의 '민족해방민주주의혁명' 슬로건과 80년대 운동권들이 혁명이념이라 지칭했던 '민족해방민중민주혁명'(NLPDR)이 어떻게 다른 것인지 설명해 보라는 것이다.

통일전선으로 보위한 전체주의 체제는 순수한 악惡 그 자체이다.

전체주의자들은 먼저 인간의 상식을 파괴한다. 자유로운 영혼이 있어 개성을 가진 시민을 동질적인 하나의 인격체만 가진 대중으로 바꾼다. 테러와 숙청을 통해 사회적 존재인 인간을 '고립'시키고, 마침내 인간성의 본질을 파괴하고, 인간을 자신의 오감과 경험이 아니라 이데올로기가 강제하는 육감으로 살아가도록 강제한다.

전체주의의 두 지배자들(히틀러와 스탈린)은 이데올로기를 '무기'로, 즉 '국민들이 자발적으로 테러 운동과 보조를 맞추도록 스스로 압박하게 만들 무기'로 전환했다.

한 사람(히틀러)은 자신이 '얼음같이 차가운 추리력'에서 최고의 재능을 가졌다고 자랑했고, 다른 사람(스탈린)은 '자신의 변증법적 무자비함'을 자랑했으며, 두 사람 다 이데올로기적 함의를 논리적 일관성의 극단으로 밀고 가기 시작했다. 그 논리적 일관성은 순수한 악을 낳았다.

전체주의의 총체적 지배의 기초인 '계급 없는 사회'나 '주인 인종'과 같은 이데올로기적 사유는, 인간은 경험에서 배울 것이 아무것도 없으며, 인간이 오감으로 지각하는 현실을 부정하고, 이데올로기에서 연역한 '더욱 진실한' 가상의 현실에 의지하도록 만든다. 그래서 히틀러와 나치는 아무런 양심의 가책 없이 독일과 점령지에서 유대인과 기타 '열등한' 인구를 '최종 해결'하였고, 스탈린은 자국민 20% 이상을 아무 거리낌 없이 잔혹하게 숙청한 것이다.

이리하여 공화정에 익숙한 국민은 도저히 납득할 수 없는 인간형이 탄생한다. 오랜 공산주의자인 볼셰비키에 대한 숙청 과정에서, 희생자들은 자신들이 저지르지 않은 죄까지 '자백'하고 형장의 이슬로 사라진다. 북한의 장성택 등이 숙청될 때도 같은 논리가 작동되어 장성택은 반역죄 등을 '자백'하고 고사총 세례를 받았다. 무죄추정의 원칙에 따라, 설혹 자신이 저지른 죄라 하더라도, 재판에서 자신에게 불리한 진술은 하지 않아도 되는 공화주의 체제에서 살아온 시민들은 도저히 이해할 수 없는 장면이다.

우리는 역사가 계급투쟁이라는 전제에 동의하고 투쟁의 선도적 역할을 당이 수행한다는 데 동의한다. 그러므로 역사적으로 당은 항상 옳았다는 것을 너는 알고 있다(트로츠키의 말을 빌리면, '우리는 당과 더불어 그리고 당에 의해서만 항상 정당할 수 있다. 왜냐하면 역사는 정당할 수 있는 다른 방법을 제공하지 않았기 때문이다.'). 이런 역사적 순간에, 다시 말해 역사법칙에 따라 그 법칙을 알고 있는 당이 처벌해야 할 죄가 당연히 저질러져야 한다. 이 범죄를 위해 당은 범죄자가 필요하다

(…) 그러므로 너는 죄를 짓든지 또는 범죄자의 역할을 맡으라는 당의 부름을 받든지 둘 중 하나를 택해야 하고, 두 경우 모두 너는 객관적으로 당의 적이 된다.

– 『전체주의의 기원』(제2권 제13장, 한나 아렌트)

논란의 여지없이 순수한 악이 탄생한 것이다. 악은 타도의 대상이지 연대와 교류의 대상이 아니다.

정치적 이데올로기적 당의정

당의정糖衣錠의 사전적 의미는 '쓴 약을 먹기 좋게 겉을 당분으로 싼 알약'이다.

대중에게 자신은 전체주의자 또는 주사파가 아니라고 내세우면서 결과적으로 전체주의자들의 사업을 돕고, 전체주의를 대중이 쉽게 받아들이도록 그 자체를 감싸는 '설탕 성분으로 만든 옷'(糖衣)의 역할을 하는 집단을 뭐라 불러야 할까? 정치적 이데올로기적 당의정이라고 불러야 합당할 것이다.

우리 운동권 중에는 자신은 좌파입네, 주사파와 아무 관련이 없는 양 내세우면서, 결과적으로 주사파나 전체주의자를 돕는 세력이 많다. 지금도 권력 주변에서 자신은 학자, 교수, 시민단체, 방송 신문사 직원이지 주사파가 아닌 듯 가장하면서 권력의 단물을 빨고 있는 이런 집단들을 쉽게 볼 수 있다. 특히 기타 정당들 속에 많이 보인다.

당의정 속의 쓴 약을 분별하는 것은 자유와 책임을 존중하는 시민들의 몫이다.

이른바 '민족모순'

우리 말 '민족民族'은 온갖 이미지를 담을 수 있는 요술적 용어이다. 정확하게 사용하지 않으면 자신의 입장과 주장을 착각하게 만든다. 소련 공산주의자들은 이른바 '사회주의 조국' 소련을 보위하기 위하여 '민족해방'이라는 슬로건을 즐겨 활용하였다. 모두 소련의 이익과 소련 내 전체주의 공산 관료들의 권력 유지에 필요했기 때문이지 식민지 인민들의 미래를 생각하여 주창한 게 아니다.

우리말로 표현하면 모두 '민족'이라고 표기해야겠지만, 영어로 'nation'은 '특정 영토를 지배하는 정부 아래에 통일된 국민'이라는 의미를 갖고 있다. 그에 반해 영어로 'ethnic group'은 '공동의 역사, 문화와 관습을 가진 인종적 집단'을 뜻한다. '민족해방'이라는 말의 민족은 영어로 'nation'에 해당하고, '우리민족끼리'라는 말의 민족은 영어로 'ethnic group'을 뜻한다.

'민족모순'이라는 말은 북한 정권이 자신들의 정치적 목적을 달성하기 위해서 '민족'이라는 단어가 가진 이런 이중적 의미를 얼버무리면서, '모순'이라는 모택동의 용어를 덧붙여 마치 세상을 바로잡는 대의를 위한 사업을 하는 것처럼 가장하기 위해 만든 조어造語이다.

'nation'이라는 의미에서 북한과 대한민국은 같은 민족이 아니다. 북한정부는 북한 영토를, 대한민국정부는 남한 영토를 통일되게 지배하였다. 정치적 의미가 강조된 개념인 'nation' 이나, '국민국가'(nation state) 개념으로는 남북한 동족을 포괄할 수 없다.

그런 점에서 위 조선로동당 규약에 '… 공화국 북반부에서 사회주의 강성대국을 건설하며 전국적 범위에서 '민족해방민주주의혁명'의 과업을 수행하는 데 있으며…"라는 주장을 하면서, 한편으로 '우리민족끼리'를 주창하는 것은 그야말로 모순이다. 의미가 다른 민족이라는 말을 구분하지 않고 사용하면서 인민을 현혹하고 있는 것이다.

공화국 북반부 영토를 지배하는 정부인 '사회주의 강성대국'은 남한 지역 영토를 지배하는 정부인 '민주공화국' 대한민국의 영토와 국민을 포괄할 수 없다. 따라서 남북한이 동족임을 전제로 '우리민족끼리'를 주장하려면, 북한 정권은 정치적 단결을 위해 조성한 '김일성민족'이라는 주장을 포기해야 하고, 역사적 인종적 개념의 'ethnic group' 의미에 가까운 '한민족' 개념으로 용어를 통일해야 한다(동족의 역사를 살펴 남북이 동의할 수 있는 다른 명칭으로 수렴해도 좋다).

21세기는 지식경제 시대로서 공화주의와 시장경제가 더욱 중요해지는 시대이다. 그래서 21세기에 한반도에 사는 동족이 직면한 '민족(ethnic group)모순'은 북한의 정치경제 체제를 공화주의와 시장경제 체제로 전환하는 데 달려 있다. 남한 지역은 이미 공화주의와 시장경제 체제를 채택하고 있으므로, 북한의 체제 전환 문제가 '민족모순'의 핵심 과제가 될 수밖에 없다. 이런 분별도 없이 일부 운동권이 사용하는 '민족모순'이라는 얼치기 용어는 폐기할 때가 지나도 한참 지났다.

이른바 '강남좌파'

우리나라 8,90년대 운동권은 세계적으로도 그 유례를 찾기 어려운 시대착오 집단이다. 그들은 공화정과 시장경제 체제를 바탕으로 자신들의 선배 세대들이 피땀 어린 노력을 통해 이룩한 경제개발의 성과를 누리기만 하고, 그 성과를 가져온 선배 세대들의 노력은 폄훼한다. 현실사회주의 정치경제 체제를 채택한 다른 나라들이 모두 체제 실패를 반성하고 체제 전환에 몰두하고 있을 때, 내심으로는 전체주의인 스탈린주의 아류인 후진적인 모택동주의나 김일성주의를 신봉하면서 감성팔이와 선동으로 국민들을 현혹시켜 자신들의 권세를 누린 집단이다.

이들 운동권 집단은 당시 대부분 대학을 다녔다. 선배 세대들의 희생과 선배 지도자들의 선견지명으로 대한민국 경제가 본격적인 성장 국면을 맞아, 운동권들은 대학 졸업장만 있으면 이 사회 각 영역에서 중추적 자리를 꿰찰 수 있었다. 데모할 수 있는 특혜에 이어 좋은 일자리 특혜까지 누리게 된 것이다. 이렇게 하여 '강남좌파'가 탄생한 것이다.

사실 나는 데모할 수 있는 대학생이어서 특혜를 받았다. 나 같은 사람만 있었으면 대한민국은 벌써 망했다. 농사 안 짓고, 공장에서 일 안 하고, 기업도 안 하고 전부 다 데모만 했으면 나라 안 망했겠나. 사회는 다양한 부문에서 다양한 노력이 총화를 이뤄 발전한다.

– 조선일보, 2019. 6. 2.

장기표의 고백이다. 장기표처럼 586 운동권들도 '데모할 수 있는 특혜'를 맘껏 누리던 자들이다. 선배 세대들의 노력으로 축적한 잉여가치, 즉 국부國富를 바탕으로 그들은 대학을 다녔고, 데모를 할 수 있었다. 그러면 당연히 자신들에게 교육받을 기회를 제공한 선배 세대들을 존중하고, 자신들이 누린 만큼 책임지고 국부를 늘려 후손들과 사회에 돌려주어야 한다. 그러나 우리나라 운동권에게 그런 양심이나 품성은 처음부터 없었다.

마르크스의 계급이론에 의하면 '존재가 의식을 규정한다', 즉 그 사람의 사회적 위계상 존재가 그 사람의 계급의식을 결정한다는 것이다. 이런 점에서 이른바 '강남좌파'는 존재를 배반한 의식을 가진 자들인 셈이다. 혁명 정권이 들어선 다른 나라의 경험에 비춰 볼 때, 전체주의 수령 세상이 되면 이들은 제거되어야 할 첫 번째 대상이 될 것이다. 자기 자식은 외고나 특목고 보내고, 심지어 일찍부터 미국 유학을 보내어 아예 미국 국적을 갖게 하면서도, 다른 시민들에게는 '혁신학교'가 옳다고 주장하고 반미反美를 선동하는 식이다. 그들의 영혼은 존재를 배반한 허위의식(false consciousness)으로 가득 찬 만큼 하는 말마다 모두 거짓말이 될 수밖에 없다.

'지옥으로 가는 길은 늘 선의로 포장되어 있다.'

지금 이 나라에는 상식으로 여기고 있던 공화주의와 시장경제 체제가 말살될 위험에 처해 있다고 느끼는 국민들이 많아지고 있다. 지식인은 제 본분을 잊고 자신의 이익만을 좇아 곡학아세에 열중하고, 방송 신문들은 권력 비판과 사실 전달이라는 언론 본래의 역할을 버리고 권력 뒤치다꺼리하면서 권력의 꿀을 빨고 있다.

사고는 청와대가 치고서 뻑 하면 국민의 공복인 공무원들의 휴대폰을 털고, 헌법을 무시한 채 대통령 권력을 무한대로 확장하려는 행위에 대해서는 단호히 제어해야 할 사법부가 오히려 정권에 동조하여 스스로 법치주의를 무너뜨린다. 집권당 대표가 요구한 대로 조작한 여론조사를 아무런 양심의 가책도 없이 배포하는 자칭 여론조사 전문가가 판을 치는 등 민주공화국의 상식이 무너져 내리고 있어 많은 국민들이 불안해 하고 있다.

'강남좌파'들의 미사여구로 포장한 거짓말을 분별하지 못한 국민 자신들의 책임이 크다.

공화주의 색깔론을 강화해야 한다

요즘 홍콩이 난리다. 인구 700만 명의 도시에서 200만 명이 거리로 나섰다. 범죄인 송환법(extradition bill) 입법을 폐기하라는 것이다.

중국 공산당이 임명한 행정장관 캐리 람(Carrie Lam)을, 홍콩 인들은 She Jin-ping이라고 조롱한다. 시진핑의 영문 표기 Xi Jinping에서 Xi를 She로 대체한 것이다. 여자 시진핑이라는 의미일 것이다.

홍콩 당국은 대만에서 살인죄를 저지른 범죄인을 대만 당국의 요청에도 송환할 법이 없기 때문에 범죄인 송환법을 만들었다고 주장한다. 국제적 규범을 내세운 그럴 듯한 해명이다.

그러나 이 법안에는 범죄인 송환 대상 지역에 중국 본토를 포함하였고, 홍콩 인들은 이 법이 중국 공산정권에 저항하는 사람들을 '범죄인'으로 규정하여 언제든 중국 본토로 송환하려고 만든 법이라고 보고 있다. 공화정 체제가 보장한 자유를 누리던 홍콩 사람들은 '실종 인민공화국'인 중국 본토로 송환될 수 있다는 사실에 엄청난 공포를 느꼈다. 수백만 명이 거리로 뛰어나온 배경이다.

그 동안 중국 공산당 정권은 홍콩이나 대만도 중국 영토였다고 주장하면서 홍콩은 영국으로부터 반환받았지만, 대만은 수시로 병합할 수 있다고 위협하고 있다. 그러면서도 이 지역 인민들의 환심을 사기 위해 자신들은 홍콩이나 대만 인민들의 자율적인 정치경제 체제 선택을 존중한다는 듯이 말하였다.

이 지역 인민들은 그 동안 공화정과 시장경제 체제로 자신들의 생명과 자유와 재산을 보장받아 왔지만, 전체주의 체제인 중국으로 귀속되면 이런 자유와 권리가 모두 사라질 수 있다는 불안감을 갖고 있었다. 이때 공산당이 동원한 것이 일국양제一國兩制론이다. 홍콩이나 대만에는 중국과 달리 공화정과 시장경제 체제를 보장하겠다는 것이다.

이번에 중국 공산당 정권은 송환법 제정을 통해 자신의 속내를 드러냈다. 일국양제는 선전 구호일 뿐, 실제로는 공화체제의 시민적 권리를 보장해 줄 수 없다는 것이다.

홍콩 데모는 대만의 국민당 세력들을 크게 격발시켜, 중국 정권의 민족 공세에 반대하는 입장을 분명히 하게 되었다. 대만인 출신이 주축인 민진당民進黨 세력과는 달리, 중국 본토 출신이 주축인 장제스(蔣介石)의 후손 정치세력 국민당은 그 간 자신들이 누린 정치경제 체제보다 민족이 더 중요하다는 사고를 가지고 있었다. 하지만 이번 홍콩 사태를 보고 이들마저 공산주의의 위협을 절실하게 깨달은 것이다.

돌이켜보면 중국의 '일국양제'는 처음부터 실현 불가능한 정치적 프로파간다였다. 공화주의와 시장경제 체제는 전체주의와 집산경제 체제와 양립할 수 없다.

마찬가지로 북한의 전체주의 전제정 체제와 대한민국의 공화주의 시장경제 체제는 양립할 수 없다. '일국양제'와 마찬가지로 '낮은 단계 연방제'든 '높은 단계 연방제'든, 양립할 수 없는 정치경제 체제를 양립 가능한 듯이 말하는 것은 선동 구호에 불과한 거짓말일 뿐이다.

많은 나라에서 자신들의 체제를 상징하는 색깔을 이용하여 인민들의 정체감과 단결심을 키우고 있다. 중국 공산당에 저항하는 홍콩 인민들은 자신들의 공화주의 색깔을 레인보우라고 주장한 적이 있다.

우리 국민들 속에는 지금 자신들의 선택 잘못에 따라 체제에 대한 불안감이 커져 가고 있다. 이런 실수를 반복하지 않기 위해 인민들이 쉽게 단결할 수 있는 상징 색깔로 공화주의와 시장 경제 체제를 표시할 수 있다면, 공화주의 색깔론은 더 강화해야 한다. 빨갱이들이 색깔론 공세를 하면 오히려 더 강력한 색깔론으로 응수해야 한다.

386 세대의
가마우지 낚시

임형빈

'아재들의 노예'로 살아가는 80년대생, 386 세대에게
유감 있다

TV 시청을 즐기지 않은 지는 오래 됐지만, 그래도 한가한 주말은 누구의 인생에나 가끔 찾아오기 마련이다. 모처럼 늦잠을 충분히 자고 일어난 어느 주말 오후, 무심코 유튜브를 실행시켰다. '요즘엔 누가 어떤 걸로 웃기나? 심심한 나를 제발 웃겨줘'와 같은 기대를 하고 프로그램 리스트를 열었는데, 순간 내가 잠이 덜 깬 나머지 꿈속에서 과거로 돌아와 있나 하는 생각이 들었다.

〈해피투게더〉에서는 유재석이 이름도 가물가물한 동년배 아재들을 모아놓고 옛날이야기를 하고 있었고, 〈무한도전〉에서는 유재석이 여전히 박명수에게 시덥잖은 시비를 걸고 있었다. 스크롤을 계속 내려 보니 〈아는 형님〉에서는 강호동이 소리를 꽥꽥 지르고 있었고, 그 방송사의 다른 프로그램에서는 이경규와 함께 밥을 얻어먹으러 다니고도 있었다.

혹시나 해서 방영 일자를 확인했지만, 대부분 반년 이내에 방영된 최신 VOD들이었다. 2000년대 초반, 그러니까 내가 20대 초반일 때 방송의 중심이던 사람들이 지금까지 다 그대로 중심이었다.

그토록 유행과 인기가 빨리 바뀌던 젊은 층 대상 예능 프로그램들의 메인 MC 및 고정 패널들이 20년이 다 되어가도록 변화가 없다는 건 다소 충격이었다.

2000년대 초만 해도, 중장년의 연기자나 가수들이 TV 예능 프로그램에 게스트로 나오는 경우는 드물었다. 〈동거동락〉이나 〈천생연분〉처럼 청춘 스타들이 떼거리로 나오는 방송이 히트했고, 〈일밤〉 같은 프로그램의 게스트도 다 젊은 연예인들이었다. 4, 50대가 지금처럼 방송의 중심이 아니었고, 혹시 나오면 채널이 돌아갔다. 정확히 말하면 우리가 안 봤다.

그런데 이젠 TV 예능에 나오는 게 다 소위 '아재'들이다. 박명수, 유재석은 물론이고 심지어 지석진이 아이유, 수지와 함께 뛰어다니며 게임을 한다. 더 신기한 것은, 자주 나오는 출연자들 대다수가 막상 그들 2, 30대에는 인기가 그리 많았던 스타들이 아니란 것이다. 그럼에도 젊은 층에서 그 프로그램들을 즐겨 보고, 아예 프로그램에 대한 팬덤이 생기는 지경이란 건 나로선 참 이상한 일이다.

도대체 언제적 강호동인가 싶고, 웃기는 방식은 진부한데도 메인 MC 자리에서 내려오지 않는다. 이경규, 박명수, 강호동이 이렇게 계속 뛰면 젊은 후배들이 치고 올라갈 기회는 없다. 막상 자신들은 30대 때 서세원, 주병진 같은 선배들의 빈 자리로 치고 올라갔지만 오히려 그래서일까? 그들은 후배들의 도전을 허용하지 않는다. 대신, 윤정수니 지석진이니 하는 막상 젊을 땐 무명에 가까웠던 자기 친구들을 서브 MC로 끌고 들어와서 서로 치고 받으며 출연진 카르텔을 구성한다.

물론, 프로의 세계에서 각자가 자기 자리 오래 지키려고 노력하는 것은 당연하다. 나이 들었으니 무조건 브라운관에서 비키라는 요구는 불합리하다. 그러한 출연진을 구성하는 PD들로부터는 그렇게 해야 시청률이 나오는 걸 어떻게 하느냐는 반론도 예상할 수 있겠다.

그러나 2000년대 초반을 주름 잡았던 〈개그콘서트〉는 모두 새로운 얼굴로 채워진 프로그램이었고, 개그맨은 재능과 감각으로 가장 빠르게 대중의 주목을 받을 수 있는 직종이다. 아무나 스타가 될 수 있는 것은 아니지만, 스타가 아니어도 웃길 수 있다는 것은 이미 검증된 사실이란 얘기다. tVN 등에서 주목받는 권혁수, 정상훈 같은 젊은 예능인들의 재능과 감각은 공중파 방송에서 뛰어다니며 힘들어하는 걸로 웃기는 '아재'들과는 비교할 수 없는 것이 사실이다.

젊다는 이유로 더 우대를 받아야 한다고 말할 수는 없지만, 적어도 기회는 공정해야 하지 않을까? 중장년 개그맨들이 CP급 PD들과 동세대 친구로 엮여서 암묵적인 카르텔을 만들고 후배들을 줄 세워 맘에 드는 후배에게만 한정적으로 방송 출연하도록 좌우하는 행태는 어떻게 봐도 바람직하지는 않다고 본다.

심지어 그런 짓을 뒤에서 '암묵적'으로 하는 게 아니라 공공연히 누가 누굴 어디에 꽂았네 어쩌네 하며 방송에서 떠드는 건 정말 '자기 견제'가 안 되는 작태이다. 한 때는 '라인업' 같은 프로그램 포맷까지 만들어서 그런 '라인'의 존재를 공식화한 적도 있었던 건 정말 기가 차는 노릇이다.

> 소위 '라인'이 없다면 방송에 나오는 게 불가능할 김경민 같은 사람들이 그 프로그램에 꽂힌 게, 김용만이 실제로 연출진에 부탁을 해서라는 얘기를 날 것으로 내보내는데, 그렇게 나와서 한다는 짓이라고는 입사 선배라고 후배 개그맨에게 '똥군기' 잡는 것이 다였다. 사실 그 예능 PD라는 사람들이 보통 사회에 관한 목소리를 낼 때는 그렇게 정색하고 정의의 사도 코스프레를 한다는 걸 생각해 보면, 그들은 타인의 윤리를 견제하는 데에만 시간을 쏟는 환경에 있어서 수치심이 기능하지 않는 모양이다(허지웅 트윗 인용).

방송 얘기가 조금 길어졌는데, 실은 이게 현 한국사회의 적나라한 단면을 보여 주는 현상이라고 본다. 사실, 어느 분야나 그렇지 않은가 말이다. 젊은 의사들은 전문의를 따고 팔로우를 몇 년씩 해도 교수 자리 얻기가 쉽지 않고, 회계사들은 빅펌 디렉터가 되도 밤을 새며 일을 해야 한다. 방송 제작에서조차 작가, AD, FD들은 최저임금 같은 소리는 남의 나라 얘기인 듯 혹사당하며, 자동차 공장에선 동일 업무를 하면서도 정규직 '아재들' 대비 반토막 월급을 감내해야 한다. 사회의 모든 꿀과 직업적 안정성은 다 586이 누리고 있는 반면, 사회 각 분야에서 80년대생들은 시쳇말로 '뺑이'를 친다.

여기서 주목할 포인트는 20여 년 전 386이라 불리던 신진세대는 사회 곳곳에서 기성세대들과 싸우며 자기 자리를 비비고 들어앉은 반면, 380(30대, 80년대생, 00년대 학번) 세대들은 이제 기득권이 된 그 운동권 세력을 추종하면서 열렬한 지지를 보내고 있다는 점이다.

자신들의 인생이 괴로운 이유는 바로 그들이 자리를 내놓지 않아서이고, 말하자면 요즘 화제가 되고 있는 이른바 '지대 추구' 때문인데, 그 자리에 앉아 있는 사람들에게 내 자리 내놓으라고 말은 못 하고, 공연히 '친일파' 운운하며 허수아비를 때린다. 아니, 도대체 일제가 물러간 45년에 겨우 성인이 되었을 25년생들조차 다 죽은 이 시점에 친일파가 무슨 잠꼬대인가? 본인이 올라가야 할 자리에 과연 친일파들이 앉아 있기라도 한가 말이다.

이런 386들의 행태를 보노라면 해외의 가마우지 낚시가 떠오른다. 조르지 않을 정도로 목을 실로 묶은 가마우지를 풀어놓으면, 배가 고픈 가마우지는 열심히 물고기 사냥을 한다. 작은 물고기는 목을 넘겨서 배를 채울 수 있지만, 큰 물고기는 삼키지 못해 목에 걸려 어부의 차지가 되는 것이 이 낚시의 기전이다.

목을 묶은 실이 수초 등에 걸리거나 하면 가마우지가 물에 들어갔다가 익사할 수 있기 때문에, 그 실은 세게 당기면 끊어지는 소재를 쓴다. 그래서 실이 끊어지면 가마우지는 자유를 얻는가?

그렇지 않다. 실을 끊은 가마우지는 주인에게 다시 돌아오고 기꺼이 목을 내밀어 다시 사냥 노예로 돌아간다.

자신들의 지대를 공고화하기 위해 젊은이들이 상위 계층으로 진입할 수 있는 사다리는 다 걷어치우고, 푼돈 최저임금이나 올려주겠다는 데 좋다고 열광하는 380 세대는 바로 이 가마우지에 다름 아니다. 지난 촛불시위와 대선에서, 예전 아이돌 팬클럽이 쓰던 형광지와 하드보드를 이용한 응원 문구판이 유행했다. 그게 바로 이 380 세대들이 만들어낸 소품들이다. 가마우지처럼 586에게 권력을 물어다 주었지만, 실제로 삼킬 수 있는 건 3센티미터 미만의 작은 물고기뿐인 것을 깨닫지 못하고 절대적 충성을 보이는 것이다.

사실, 20년 전의 386 세대는 앞 세대가 만들어 놓은 산업화의 발판을 딛고 최초의 '지식인' 세대 단괴로 자리하여 손쉽게 사회에 진입했다. 그리고 사회 곳곳에서 자신들과 가까운 선후배 카르텔을 형성하여 싸울 힘을 갖추었고, 선배 세대와 이념 갈등을 일으키며 자신들의 자리를 확보했다.

그렇게 20년이 지나 그들이 586이 되어 사회 주도권을 잡은 지금, 이제 사회에 진입한 380 세대들은 파편화되어 세가 약한 데다, 그나마 집단으로 싸우려는 개인적 의지도 찾아보기 힘들다. 그래서 그들은 강력한 세대적 단괴를 형성한 586을 무비판적으로 추종해 주는 손쉬운 선택을 했는지 모른다.

위아래로 좌충우돌하며 고립되었던 노무현정권과 무엇을 해도 지지받는 문재인정권의 차이에는 그런 배경이 있다고 본다. 젊은 청년들이 4,50대 아재들이 나와서 감 떨어지는 소리 삑삑 내지르는 거에 좋다고 물개박수 치고 있는 것이나, '이니 하고 싶은 거 다해!' 하며 자신들의 미래를 갉아 먹는 정책들에 환호 하는 것은 결이 다르지 않은 행위인 것이다.

최근 대학에 진학한 2010년대 학번 학생들에게는 그런 흐름에 대한 반발이 예전보다 많이 보인다. 대한민국을 위해 다행스러운 일이다. 영어 조기교육으로 대한민국의 어느 세대보다 영어도 잘하고, 소득 수준의 향상으로 해외도 어려서부터 많이 나가 본데다, 통신 기술의 발달을 통해 전세계를 동시대로 접해온 90년대 생들은 380 세대와는 확실히 다른 면모가 있다.

외양은 물론 한국인이지만, 그 머릿속에는 그 어느 세대보다 코스모폴리탄에 가까운 정서가 들어 있다. 이들이 시장경제와 자유민주주의를 받아들이는 것은 그 윗세대에 비해 훨씬 자연스러워 보인다. 380 세대가 자신들의 몫을 얻기 위해 싸워야 할 상대가 누군지 끝내 깨닫지 못하고, 586 세대의 가마우지로 살아가는 것을 선택한다면, 우익 진영이 자유민주주의 체제를 지키기 위하여 동지로서 손을 내밀어야 할 세대는 90년대생 20 대들이 될 수밖에 없다고 본다. 대한민국의 진짜 세대 진영은 이제야 그 틀이 갖추어졌을 뿐이다.

82년생보다
62년생 김지영 애기 듣고 싶어

홍주현

영화 〈비치(The Beach)〉'를 봤다. 2000년에 개봉됐던 영화로 레오나르도 디카프리오, 틸다 스윈튼 등의 주름 없이 탄력 있는 앳된 모습을 볼 수 있다. 미국과 유럽 인들이 즐겨 찾는 태국을 배경으로 한다. 피피 섬을 그들만의 비밀의 섬으로 삼는 설정이다. 여행을 왔던 미국인, 유럽 인 가운데 뜻이 맞는 사람들이 어느 작은 섬에 그들만의 지상낙원을 꾸려 살고 있다. 그들에게 태국은 자본과 문명의 때가 묻지 않은 순결한 자연이다.

그 깨끗한 자연을 노랑머리들이 몰려와 달러(소비)와 기생충으로 오염시켜 놓는다고 그들은 말한다. 그들이 있는 그 비밀스러운 섬은 자본과 문명에 오염되지 않은 깨끗하고 완벽한 곳이다. 아마도 옛날 금욕주의에 뿌리를 둔 순결주의에 히피 같은 탈문명주의, 반자본주의 같은 것들이 섞여 있는 곳인 듯하다.

어쨌든 그곳에도 리더(틸다 스윈튼)가 있고, 그 리더는 아무 이념이 없는 게 이념이다.

영화는 그들의 모순을 보여 준다. 일이 있을 때면 다운타운에 한 번씩 나가는데, 그때 사람들은 필요한 물건을 부탁한다. 메이크업 리무버부터 건전지, 뽀송뽀송한 휴지, 강력한 세정 작용이 있는 비누, 컨담 등. 자본과 문명, 그 욕망이 더럽고 싫어서 그런 것들에 물들지 않은 깨끗한 곳에 모여 살지만, 그들이 추구하는 자연과 순수함은 동남아의 리조트 같은 곳인 것이다.

지상낙원인 줄 알았던 그 곳은 곧 한계를 드러내기 시작한다. 천국은 해가 쨍하게 나 있을 동안의 이야기이고, 동남아의 그 우기가 찾아오면 물고기를 잡을 수 없어 몇 날 며칠을 굶어야 한다.

진짜 비극은 아픈 사람이 생기면서부터이다. 물고기를 잡다가 두 사람이 상어에 물리는데, 아직 죽지 않았는데도 한 사람은 해변에 버려두고, 한 사람은 집에 데려온다.

그러나 의사의 치료를 받지 못하자 그는 계속 고통스러운 신음소리를 내고, 그 소리는 함께 지내는 동료들(그들은 전부 한 집에 같이 산다)을 괴롭게 만든다. 급기야 그들은 그 다친 친구를 숲에 갖다 버린다. 어차피 치료해 줄 수도 없고 신음소리는 듣기 괴롭고 자신들이 감당하지 못하고 자기들 행복(그것이 그들이 거기에 사는 목적이므로)에 방해만 되니 그를 제거하는 것이다. 어쨌든 눈에 보이지 않으면 잊고 다시 원래의 천국 같은 생활로 돌아갈 수 있는 것이니. 레오나르도 디카프리오도 여차저차 일이 생겨서 숲으로 추방된다.

이런 행태는 집단주의의 전형적인 모습이다. 이념은 아니지만, 자본과 문명에 물들지 않은 자연 속에서 순수한 쾌락을 즐긴다는 목적에 따라 사람들이 모여들어 공동체(사실은 '집단'이다)를 이루었고, 그 집단의 목적에 부합하지 않는 개인(다치거나 등)은 배제, 제거하고 추방시키는 것이다. 그 집단의 리더인 틸다 스윈튼은 나중에 사람들이 다 보는 앞에서 디카프리오를 죽이려고까지 하는데, 그 목적은 오로지 그 집단을 지키기 위한 것이다.

현실과 현재의 어두운 부분에 불만을 품고 그 부분을 제거한 이상을 좇으려는 시도는 언제나 있다. 중세에는 그게 금욕주의였는데, 어쨌든 금욕주의조차 욕망을 제거하려는 또 다른 욕망인 것처럼 그러한 욕망은 인간 안에 언제나 도사리고 있는 것이다. 순결을 향한 욕망이랄까? 모든 이상은 그게 무엇이든 순결을 향한 욕망이다.

이 영화를 보면서 과거 운동권이 떠올랐다. 민주화를 위해 싸운 운동권이지만, 그 집단이야말로 집단주의의 전형이었던 걸로 알고 있다. 민주화라는 목적을 위해 집단의 목적에 적합하지 않은 개인을 배제, 제거하거나 추방시키는 일들이 적지 않았다는 것이다. 언뜻 들었지만 제대로 된 얘기는 없었던 것 같다.

여자 후배가 남자 선배에게 형이라고 부르듯 남녀평등을 말했지만, 실제로 허드렛일은 당연히 여자의 일이었다는 등 실제로는 전혀 평등하지 않았다고. 그런 얘기는 소설 같은 곳에 간간히 나오기는 했고 또 얼마 전 미투의 반향 배경이 되기도 한 걸로 알고 있지만, 그런 식으로 모든 남성을 싸잡는 식 말고(그런 면에서 좀 비겁한 느낌이 있다) 진짜 그 내부의 얘기를 한 번 쯤 할 때가 되지 않았을까? 82년생 김지영이 아니라 62년생 김지영 이야기 말이다.

여성 개인으로서의 그런 목소리가 나오면, 진짜 '우리'라는 집단 상태로 우리만의 민주주의를 발전시킬 수 있는 건 아니냐는 식의 얘기는 싹 사라지지 않을까? 내가 그런 경험이 조금이라도 있거나 그런 사람과 가까웠으면 어떻게 해 보겠는데, 전혀 그런 데에는 문외한이라서….

청춘들이여,
좌파의 사기 벗어 던지라

황선우

　문재인 대통령은 임기 시작과 함께 첫 비서실장으로 전대협 3기 의장을 지낸 주사파(주체사상파) 운동권 출신의 임종석을 청와대 비서실장으로 앉혔다. 한양대학교 무기재료학과 86학번으로 386 운동권의 대표적 인물인 임종석 전 비서실장은 임명 전, 국회 청문회를 비롯한 언론 등의 '지금은 전향했는가' 하는 질문에 즉답 대신 말 돌리기와 무응답으로 일관했다. 비서실장에서 물러난 지금도 임종석의 그러한 입장은 한 치도 변함없는 것으로 알려지고 있다. 그런 그가 자신과, 자신과 함께한 주사파 386 운동권들이 '민주화를 이뤘다'고 말한다.

　하지만 그들이 문재인을 내세워 정권을 잡은 지 2년이 지난 현 시점에서 그들은 '패스트트랙'이라는 날치기를 이용해서 민주주의를 파괴하고 있다. 과연 그들이 말한 '민주화'란 무엇이었을까? 그들이 정말로 대한민국의 민주화를 이루었을까? 자칭 민주화 세력의 핵심, 80년대 운동권의 시초를 들여다보자.

1980년대 중반, 〈강철서신〉을 통해서 김일성 유일수령 체제를 신봉하는 주사파의 등장을 알리며 남한 사회를 뒤흔든 서울대학교 공법학과 82학번 김영환은 흔히 주사파의 대부大父로 불린다.

김영환은 자유민주주의 체제하에서 독재가 자행되는 것을 보고 한국사회에 제대로 된 민주화가 절실함을 고민했다고 한다. 그는 그 방법론을 모색하던 중 아널드 토인비의 『역사의 연구』를 읽고 민족주의에 심취한다. 카톨릭 신자라 사회주의를 받아들일 수는 없었다. 단지 민족주의에 입각하여 미국과 일본을 배척하고, 소련과 북한에도 저항했다.

대학 입학 후 첫 여름방학에는 포이어 바흐의 『기독교의 본질』을 읽고 카톨릭 신앙을 버린다. 유물론과 함께 사회주의를 받아들인 것이다. 그의 열정과 리더십으로 사회주의 혁명 운동을 시작한다. 이른바 '학생운동'에 첫 발을 뗀 것이다. 함께 학생운동을 하던 친구들과 대학 공부까지 버려가며 열심히 활동한다.

사실 김영환은 카톨릭 신앙을 온전히 가지고 있지는 않았다. 데카르트와 같이 '보기 전에는 믿지 않는' 이성주의가 그에게는 먼저였다. 그것이 북한에 대한 궁금증으로 이어진다. 당시 북한은 한국과 국민소득도 크게 차이나지 않았고, 북한 필름을 봐도 김영환이 보기엔 김일성이 그리 나빠 보이지 않았다.

'김일성이 항일 투쟁에 열심인 애국자였다'는 주장이 그에게 진실로 다가온다. 그는 민족주의, 사회주의적인 가치관을 더욱 구체화해 나간다. 결국 NL(National Liberation) 운동권 전선에서 북한의 주체사상을 추종하는 운동의 선두에 서게 된다.

김일성 만난 김영환 "모든 것이 거짓이었다"

1989년 7월, 남파 간첩 윤택림에 의해 노동당에 입당했고 관악산에서 1차 입당식을 가진다. 1991년 5월 16일에는 잠수정을 타고 밀입북하여, 5월 24일에 김일성을 직접 만나 2차 입당식을 가진다.

그러나 북한 방문과 김일성과의 직접 면담은 김영환을 실망시키고 말았다. 그 동안 김일성과 북한 체제에 대해 믿고 있던 모든 것들이 거짓임을 알게 된 것이다. 북한은 말 그대로 '관료들의 나라였고', '주체사상은 북한 주민들을 주체적이게 하지도 않았고', '사회와 주민들이 전반적으로 어두웠다'는 게 그의 방북 고백이다.

김영환은 북한의 수령론을 비판하며 북한 민주화운동을 시작한다. 20대에 그토록 하고 싶던 민주화, 그런데 그 민주주의의 적이 북한 정권이었다.

그러나 공산주의 운동을 했던 과거가 지워지지는 않았다. 과거에 대해 국정원에 조사받을 때, 김영환은 자신의 과거 때문에 북한 민주화운동을 하는 데 피해가 갈까 봐 염려한다. 그때, 김영환과 함께 학생운동을 했던 조유식은 이렇게 말한다.

"궁극적으로 진실의 힘을 능가하는 것은 없지 않겠는가. 다 인정하는 게 당장은 우리가 정치적으로 어려워지고 북한 민주화를 위한 운동을 하는 데 부정적인 영향을 끼치겠지만 결국에는 진실이 이긴다. 진실의 힘을 믿고 진실을 밝히자."

속력보다 방향, 방향보다 진실

'인생은 속력이 아닌 방향'이라는 말이 있다. 아무리 선한 마음을 가지고 치열하게 노력했더라도 방향이 틀리면 그 일 자체가 틀려 버리고 만다. 물론 열심히 노력하는 중에 올바른 방향을 찾게 되는 등의 앞뒤가 바뀌는 일도 많이 생긴다. 그러나 '진실'이 감추어진 곳에서는 끝내 방향이 맞춰지지 않는다.

대학생 김영환의 열정은 거짓된 방향에 기초한 것이었다. '한국은 친일파가 세운 미제 강점 국가'라 들었지만, 사실 한국의 건국 내각은 대통령을 포함해 모두 독립운동가 출신이었다. '김일성은 애국심 투철한 독립운동가'라 들었지만, 사실 김일성은 조선 독립이 아닌 중국 공산당과 소련 공산당을 위해 일부 항일운동을 한 것이었다. '북한은 주체적이고 깨끗한 나라'라 들었지만, 사실 북한 초대 정권에는 친일파 출신이 득실댔고 북한의 인권 실태는 비참하기 이를 데 없었다. 거짓을 진실로 알고 있었으니 그의 삶은 엇나갈 수밖에 없었다.

그 사실을 알았을 때 김영환은, 진정 민주화가 필요한 곳은 북한임을 깨달았다. 또한, '군사 독재자'에 불과했던 박정희 대통령의 판단이 '상당 정도는 성공했다'고 인정하며, 운동권에서 끊임없이 제기된 국가보안법 폐기도 '중요하지 않은 일'이라고 잘라 말한다.

오늘날 청년들은 어떤가? 80년대 운동권이 외친 민주주의에는 PD(People's Democracy) 계열 운동권의 '인민민주주의', NL 계열 운동권의 '북한 추종주의'라는 진실이 숨겨져 있다. 이 운동권들이 대한민국을 잘못 태어나게 한 세력을 청산하고 있다고 미화된다. 즉, 자신들을 적폐 청산에 앞장선 '정의로운 존재'로 셀프 부각시키고 있는 것이다. 그렇게 거짓들이 합쳐지니 청년들은 '헬조선'에서 태어나 불행한 사람이라 스스로 생각하는 것이 어찌 보면 당연하다. 청년들에게 올바른 방향을 제시해야 한다.

이제 정말 죽음의 굿판을 걷어치워라

주동식

　노회찬 의원이 자살했습니다. 충격적입니다. 나는 처음에 가짜 뉴스라고 생각했습니다. 노회찬 의원을 싫어하는 사람들이 만들어낸 일종의 비유나 가상 상황 같은 것 아닐까 생각했습니다. 하지만 사실이었습니다. 나의 진짜 충격은 여기에서부터 시작됩니다.

　왜 이런 죽음이 특정 진영에서 집중적으로 일어날까요? 특히 정치적 사회적으로 심각한 이슈가 제기되고, 그 진영의 입장에서 뭔가 국면 전환의 필요성이 생길 때마다 마치 준비라도 해두었다는 듯이 이런 불행한 죽음이 발생한다는 사실이 너무 희한합니다.

　프로야구 등에서 드라마틱한 역전극을 가리켜 '각본 없는 드라마' 라는 표현을 쓰기도 합니다만, 이건 소설 같아도 너무 소설 같습니다. 나의 충격은 이런 대본 없는 드라마가 어쩌면 이렇게 자주, 기가 막힌 타이밍에 발생하는지 너무 현실감이 떨어진다는 측면에서 느끼는 것입니다.

이런 드라마틱하고도 불행한 사건은 우리나라에서 이미 오랜 역사를 갖고 있습니다. 가장 대표적인 것이 노무현 전 대통령의 자살입니다. 나는 평소에도 노무현에 대해서 무척 비판적인 편이지만, 특히 그의 자살에 대해서는 결코 용서할 수 없다고 보고 있습니다. 노무현이 한 일 가운데서도 가장 잘못한 일이 그의 자살이라고 보는 것입니다.

노무현은 뇌물수수 혐의로 수사를 받고 있었습니다. 그의 죽음으로 기소중지 처분을 하고 말았지만, 사실 그와 그 처자식들의 혐의는 분명했습니다. 하지만 비극적이고 드라마틱한 죽음으로 그 모든 것을 그냥 유야무야 덮고 지나가게 됐습니다. 이게 옳은 일일까요?

한 나라의 전직 대통령이 지은 죄를 단지 그가 자살했다는 이유로 덮어 주고 나아가 미화까지 하는 게 정상적인 나라에서 있을 수 있는 일일까요? 사실 그의 죽음으로 그의 죄가 없어지거나 줄어드는 것은 결코 아닙니다. 오히려 그 죽음으로 사건의 진실을 가려 버렸기 때문에 그는 죽기 이전보다 더욱 엄중한 비판과 정죄를 당해야 맞습니다.

그런데 우리나라의 현실은 정반대입니다. 자살했다는 이유 하나만으로 뇌물수수죄가 오히려 위대함의 징표로 여겨집니다. 극단적인 가치관의 전도이자 심각한 도덕적 타락이 국민 대중 사이에 확산되고 있다는 증거입니다.

노무현이 자살하기 이전에 소위 친노세력은 안희정의 표현대로 이른바 '폐족' 취급을 받고 있었습니다. 유시민 등 노무현의 측근들도 노무현과 거리를 두려고 했습니다. 하지만 노무현의 자살 이후 친노는 느닷없이 민주화와 진보, 양심의 상징이 됐습니다. 이게 정상적인 나라에서 있을 수 있는 반응입니까?

노회찬 의원의 자살도 비슷한 경로를 밟아 간다는 불길한 조짐이 나타나고 있습니다. 노회찬이 얼마나 훌륭한 정치인이었고, 인간적인 성품이었는지 강조하는 메시지가 온오프라인에서 넘쳐 흐르고 있습니다. 노회찬이 스스로 인정한 그 뇌물수수죄는 어디로 갔습니까? 드루킹 사건과 노회찬의 관계 등 더 조사해야 할 인물과 사실들은 다 어디로 갔습니까? 이 모든 것이 노회찬의 죽음으로 그냥 덮고 지나가도 될 만한 일들입니까?

더욱 심각한 문제는 이런 현상이 매우 오랜 역사를 갖고 있다는 점입니다. 노태우 정권 당시이던 1991년 4월 명지대생 강경대 씨가 백골단의 폭력에 의해 사망한 이후 대학생 등의 자살이 이어졌습니다. 1991년 5월에만 대학생과 노동자, 시민단체 회원, 고등학생 등 8명이나 분신자살에 나섰습니다.

특히 당시 전민련 사회부장이던 김기설 씨가 서강대 본관 옥상에서 자살한 사건은 이후 강기훈 전민련 총무부장의 유서 대필 사건으로 이어지기도 했습니다. 이 사건은 재심 끝에 결국 강기훈 씨가 무죄 판결을 받았지만 당시 연쇄 자살 파동을 낳은 사회적 분위기, 나아가 보이지 않는 배후의 작용이라는 점에 대해서는 쉽사리 해명되지 않는 의혹을 남겼습니다.

당시 김지하 시인이 조선일보에 연쇄 자살을 비판하는 '죽음의 굿판을 걷어치워라'는 칼럼을 게재했던 것은 잘 알려진 사실입니다. 김지하의 이 칼럼은 소위 운동권의 엄청난 비난을 받았지만, 이후 그가 왜 그런 발언을 했는지 배경을 짐작할 수 있는 증언이 나왔습니다. 바로 2011년 김지하 시인의 부인이자 박경리 작가의 딸인 김영주 토지문화관장이 "김지하가 감옥에 갇혀 있을 때부터 '동지'라는 사람들이 김 시인을 죽이려 했고, 그게 안 되자 그를 따돌렸다"고 증언한 것입니다.

물론 김영주 관장의 발언은 행위의 주체를 특정하지 않았고, 여러 가지 해석의 여지를 남기고 있기 때문에 액면 그대로 받아들이기는 어려운 점도 있습니다. 하지만, 적어도 운동권 내부에 대의를 위해 일부 개인의 희생은 정당화될 수 있다는 의식구조가 강력하게 존재하는 것은 부인할 수 없는 사실로 보입니다.

사실 학생운동권 내에서도 선배들이 순진한 저학년 후배들을 상대로 "민주화의 대의를 위해 네 한 몸 희생하라"며 열사가 되기를 요구했다는 증언도 있습니다. 어떤 사건이 선배들의 그런 권유에 의한 것인지, 어떤 사건이 순수하게 자발적인 결단의 결과인지 구분하기는 어렵지만, 적어도 운동권 내부에서 그런 희생과 죽음을 미화하는 분위기가 있는 것만은 누구도 부인하기 어려울 것입니다. 우리의 역사에서 숱한 '열사'가 운동권에 등장했던 것만은 분명합니다.

한때는 그런 죽음이 민주화를 위한 의미 있는 동력이 되기도 했지만, 이제는 그런 긍정적인 측면보다 부정적인 측면이 훨씬 강해졌다고 봅니다. 불의에 대항해 치열하게 싸우다가 희생된 것도 아니고, 자신이 저지른 불의를 덮고 그 책임 추궁이 확산되는 것을 막기 위해 선택한 자살이 어떻게 미화의 대상이 될 수 있습니까?

해마다 5월이 되면 5.18 광주민주화운동 기념식에 이어 노무현을 추모하는 열기가 이어집니다. 도대체 뭘 추모하는 것일까요? '당신이 죽어 줘서 우리가 살았다, 미안하고 고맙다' 는 뜻일까요? 문재인이 지난해 대선을 앞두고 진도 팽목항에 가서 세월호 사고로 목숨을 잃은 아이들에게 남긴 방명록도 "얘들아, 미안하다. 고맙다" 는 것이었습니다.

이런 분위기이니 노무현의 죽음에 큰 책임이 있는 그의 아들이 자신의 아버지 추모식장을 찾은 조문객에게 "나라 생각 좀 하라"고 당당하게 큰소리를 칠 수 있는 것 아니겠습니까? 당당하다고 해야 할지 뻔뻔하다고 해야 할지, 세월호 뒤집힌 것처럼 가치관이 뒤집힌 이 나라에서는 도무지 정상적인 판단이 어렵습니다.

이정미 정의당 대표는 노회찬의 죽음에 대해 자신의 페이스북에 '이 원통한 죽음에 대한 책임은 반드시 묻게 될 것이다' 고 썼다고 합니다. 전형적인 적반하장입니다. 기가 막히고 코가 막히고 생각이 딱 막힙니다.

뭐가 원통하다는 걸까요? 무슨 책임을 누구에게 묻겠다는 걸까요? 저런 생각을 하고 저런 발언을 하는 사람이 원내 정당의 대표가 되고 저런 발언이 아무 반박이나 저항도 없이 당연하게 통하는 나라, 정말 이게 나라입니까?

죽음으로 모든 잘못을 덮을 수 있는 문화가 죽음에 대한 미화로 연결되고, 이것이 우리나라의 정치 사회 등 각 분야에 광범위하게 퍼져 있는 관 장사, 시체 장사로까지 나아가게 됩니다. 시신과 유골에 대한 애착증, 즉 네크로필리아가 특정 개인의 차원을 넘어 광범위한 사회적 현상으로까지 나아간 기괴한 모습이라고 봐야 합니다.

일본은 우리나라보다 더 죽음의 미학이 발달한 나라라고 할 수 있습니다. 할복, 흔히 하라키리라고 불리는, 사무라이 계급에서 행해지던 자살이 대표적입니다. 지금도 사회적 파문을 불러일으킨 기업체 대표 등이 죽음으로 책임을 지는 사례가 종종 보도되고는 합니다.

하지만 일본의 저 죽음이 노무현이나 노회찬 등의 죽음과 같은 성격은 아니라고 봅니다. 노무현이나 노회찬의 죽음이 진실을 덮는 것을 목표로 했다면 일본인들의 자살은 말 그대로 자기 책임을 다하겠다는 측면에서 나온 것이라고 해야 합니다.

일본에서는 얼마 전, 옴 진리교의 교주이던 아사하라 등 사린가스 사건의 주범들이 대거 사형에 처해졌습니다. 사건이 일어난 지 무려 23년 만에 사형이 집행된 이유가 무엇이었을까요?

이 사건 관련자 중 마지막 수배자까지 다 검거되어 재판을 받고 사건의 진상이 완벽하게 다 드러났기 때문이라고 합니다. 진실이 다 드러날 때까지는 집행을 미루고 기다렸던 일본이라는 나라의 저 원리 원칙이 무섭게 느껴지기도 합니다. 하지만 우리가 그들에게 배워야 할 자세 아닌가 하는 생각을 해봅니다.

정치인 등의 자살을 바라보고 평가하는 우리의 관점도 이런 점에서 바뀌어야 한다고 봅니다. 잘못을 저지른 사람도 자진해서 죽어 버리면 모든 잘못을 덮어 버리고 오히려 우상이 되고 숭배의 대상이 되는 이런 미개한 분위기는 바뀌어야 합니다.

　노무현의 자살이 우리에게 알려준 교훈이 있다면 바로 이것이라고 봅니다. 노무현의 자살이 미화됨으로써 우리 사회와 정치가 얼마나 심각한 퇴행과 가치관 왜곡을 겪고 있는지 생각해 보자는 것입니다. 노회찬의 죽음이 또 다른 우상이 되는 몰지각한 현상은 막아야 합니다.

　우리 사회의 지식인과 오피니언 리더들도 이 문제에서 다시 분위기에 휩쓸려 대중에게 아부하는 자세는 벗어나야 합니다. 욕 좀 먹더라도 할 이야기는 해야 합니다. 그렇게 못 할 사람이라면 지식인으로서 발언 자체를 중단해야 한다고 봅니다.

　죽음의 굿판, 이제 정말 걷어치워야 합니다. 김지하 시인의 저 발언은 비난의 대상이 아니라 지금 이 시대에 진지하게 검토해야 할 메시지일 것입니다.

7부

586이 386에게

나이 들면 보수가 된다는
공식을 파괴한 x86세대

한정석

햇볕 좋을 때 우산을 준비하며 산다는 것

사랑과 평화의 위대한 가르침들이 고대인들로부터 나왔다는 것을 보면, 그 시대가 얼마나 고통과 잔인한 시대였는지 생각하게 만든다. 태어나서 죽을 때까지 60 평생을 산다고 했을 때, 한 개인이 전쟁과 배고픔을 경험해 보지 못한다는 것은 인간의 역사에서 대단히 드문 일이었다. 젊은 청년들은 반드시 그런 점을 유념해야 한다.

늙어 죽기 전에 꼭 한 번 전쟁이든 경제적 기아에 시달릴 수 있다는 것을! 아무리 명문대를 나오고, 지금 잘나가는 직장이 있더라도! 반드시 한 번은 자신의 의지와 상관없이 길거리에서

빈병이나 고물을 주워 모으며 비참한 상황을 살아야 할 수도 있다는 것을!

전쟁과 기아를 모르고 반평생을 살아온 나 같은 386 세대는 행운이 분수에 넘쳤을 뿐이다. 그것이 우리 세대를 교만하게 만들었고, 앞으로 더 교만에 빠져들 것이다. 그 결과가 무엇일지 두렵다. 젊은 세대들은 그러지 말기를! 햇볕이 좋을 때 우산을 준비하며 살아야 한다.

역사주의와 '전향'의 평행선 앞에서 고민하는 동지에게 – 자유주의자의 길을 가시라

나는 전향한 386 보수들을 동지로서 존경한다. 그것은 매우 용기 있는 결단이었고, 양심적 선택이었다. 다만, 과거의 운동권 경험을 '민주화 훈장'으로 여기지는 않았으면 좋겠다. 많은 이들이 사석에서 여전히 젊은 시절의 이 경험에 자부심을 느끼는 것을 본다. 물론 그런 점도 이해한다.

대개 전향 386 운동권은 정치를 하려는 의지를 갖고 있고, 과거의 잘못을 되돌린다는 차원에서도 정치를 하는 것도 옳다. 그러다 보면 자신이 역사의 죄인이라는 틀에 갇혀서는 안 되는 면이 분명히 있다. 다만, 전향 후 지향하는 이념의 세계가 과거 유물론적 변증법의 틀 안에서 역사주의에 여전히 경도되어 있거나, 집산주의에 선호되는 경향을 본다. 그것도 사실, 정치를 하기 위한 이념적 동력이 '정치적인 것'에 바탕을 둘 수밖에 없기 때문일 것이다.

당부하고 싶은 것은 '인간을 수단이 아닌 목적으로 대하라'는 자유주의 가치 이념을 내면화했으면 하는 점이다. 단순히 과거 좌파의 세력을 적으로 규정하는 것만으로는 충분하지 않다. 우리에게 필요한 것은 길항적拮抗的 헤게모니 외에 자족적 완성의 이념이다. 어거스틴은 이를 '악은 선의 결핍'이라는 말로 표현했다.

때로 지나치게 전략적이거나 전술적인 아젠다 속에서 전향보수의 이념적 진정성이 느껴지지 않는 점을 본다. 과거와 달리 지금은 정치인들보다 더 똑똑하고 현명한 이들이 정치를 하지 않고 관찰자로 남는다는 점을 깨달아야 한다. 이들은 과거 운동권이 '리버럴'이라고 치부하던 그런 존재들이 아니다. 전체적 파라데이그마(paradeigma, 주장을 구체화시키기 위해 실제 일어났던 사건이나 허구적 사실을 예로 들고, 그것을 통해 유추하고 추리하는 논증법)에서 옳아야 한다. 부분적 선善은 선의 기상이 아니다.

노무현이란 등신을 만든 병신들

국민들은 좌파가 아무리 망가져도 우파가 좀 망가지면 급속하게 좌파에게 반사이익을 준다. 반면 우파가 아주 잘하고 좌파가 닭짓을 하면 마지못해 상대적으로 우파를 지지한다. 즉 국민들 마음의 큰 무게중심이 좌측에 쏠려 있다는 이야기인데, 이유는 간단하다. 좌파 세계관을 가진 60년대 생, 80년대 학번들이 이제 과거 보수 연령층을 차지해 가고 있기 때문이다. 이 그룹이 386에서 486, 586이 되면서 계속 좌편향으로 남는다. 반면 2,30대들은 죽겠다고 아우성이고, 40대들은 청년기에 IMF 트라우마가 있다. 보수층은 급속히 얇아지고 저물어 간다. 즉, 이제 '나이 들면 보수'라는 공식은 점점 먹히지 않는다. 진짜 좌파였던 이들은 그나마 괜찮다. 오히려 깨닫는다.

문제는 거들층(80년대의 저항에 동참하지 못한 것에 대한 부채의식을 가진, 일정한 사회적 지위와 생활의 안정을 소유한 또 다른 유형의 386 세대를 일컫는 필자의 조어)이 좌파, 데모할 때 도서관에서 공부했던 죄책감을 가진 부류들이다. 그 중에는 판사, 검사, 의사, 공무원, 기업 임원, 목사, 교사, 교수 등등 수두룩하다. 주로 사회 지도층들이지만, 일반 586들도 그런 마음을 갖고 있다. 이제는 살 만하니, '나는 그래도 정의로운 사람'이고 싶어한다. 아주 돌아 버린다. 이 병신들 때문에!

노무현이란 등신을 이 병신들이 만들었다고 해도 과언이 아니다. 그 연장선상에 안철수가 있다.

386 주사파들과 인식의 궤를 같이하는 안철수

간첩 출신의 민경우가 안철수를 대한민국의 희망이라고 부추기고 있는 사실은 의아하다. 그것이 자신의 개인적 판단인지, 아니면 여전히 북의 지령에 의한 것인지는 현재로서는 파악할 수 없지만, 그의 전력으로 미뤄 볼 때 적어도 북한의 의사와는 합치된다고 보는 것이 합리적일 것이다. 다시 말해 간첩 출신 민경우의 안철수 띄우기는 북한이 바라는 바이며, 이는 지난 2000년 4월 안철수연구소의 V3 비밀 제공과 모종의 연장선에 있다는 의혹을 자아낸다.

주사파 386의 반제 반봉건 노선의 이 모든 의혹을 불식시키는 방법이 하나 있다. 바로 안철수의 안보관과 국가관, 역사관을 살펴보는 것이다. 그가 만일 투철한 국가관의 소유자라면 V3 제공은 비록 위험하고 어리석은 생각이더라도 당시 그의 주장대로 '인도적 차원'이었다고 믿을 수 있을 것이다. 하지만 실망스럽게도 안철수의 국가관은 모호할 뿐 아니라 오히려 주사파 386의 역사관을 그대로 답습하고 있다는 놀라운 사실과 마주하게 된다.

"역사적 질곡을 힘겹게 거쳐 온 민중들에게 주는 보답이라고 생각한다."

이 코멘트는 지난 2000년 10월 15일 김대중 대통령이 노벨평화상을 수상했을 당시에 안철수가 언론에 한 말이다. 동시에 북한에 V3를 비밀리에 제공한 후 6개월여가 지난 뒤의 코멘트이기도 하다. 당시 경제인들은 대부분 '경제 문제에 힘써 줄 것'을 요구했다. 하지만 안철수의 '역사적 질곡'과 '민중'이라는 당시 코멘트는 다름 아닌 86년 전대협 주사파의 노선 투쟁에서 헤게모니로 제시된 반제·반봉건 노선과 정확히 일치하는 것이었다. 당시 전대협 주사파는 '근대사의 과제를 반봉건 반외세로 설정한 위에 그것을 실현하기 위해 투쟁하는 주체를 민중으로 파악하고, 그들이 처해 있던 일상생활이나 거기서 경험하는 질곡의 구체상, 민중의식의 내면세계를 무기로 투쟁하여야 한다'며 반제·반봉건 투쟁의 대중화 전략을 천명했다. 안철수의 이러한 역사관이나 국가관은 당연히 북한 문제에 대해 안철수를 침묵하게 만들어 왔다.

이에 대해서는 조갑제 대표의 평가를 들어볼 필요가 있다. 조갑제 대표는 2011년 10월경 그의 홈페이지에서 '국민(또는 인간)으로서의 기본이 결여된 안철수'라는 제목의 글을 통해 안철수를 비판한 적이 있다. 조 대표는 '대한민국 국민으로 살아가려면 도덕적 분별성을 갖춰야 할 헌법적, 인간적 의무가 있다'며 '이러한 분별의 기준으로 △김정일 정권의 독재와 학살에 대한 분노, △김정일 정권에 의하여 맞아죽고 굶어 죽어가는 북한 동포들에 대한 동정심, △한국 현대사에 대한 긍정과 대한민국 국가 가치(반공, 자유, 법치 등)에 대한 존중심, △미국에 대한 고마움' 등을 열거했다. 그러면서 조 대표는 '안철수에게는 전혀 그러한 점을 찾아볼 수 없다'고 평가했다.

안철수는 2000년 V3를 북에 넘겨줄 무렵 '아침이슬'이라는 출판사가 펴낸 『가슴에 묻어둔 이야기』라는 책에서 평양을 불법 방문한 임수경 등과 함께 자신의 성장 배경을 쓰기도 했다. 당시 이 책을 낸 출판사 '아침이슬'의 대표 박성규는 민청련 출신으로 전교조 핵심 멤버였고, 전교조 기관지 《우리교육》 사장을 역임했다. '아침이슬'은 현재도 전교조 교사들의 책을 펴내는 일을 중점 사업으로 하고 있다.

이러한 정황들은 2000년 당시 안철수의 역사관이나 국가관이 386 주사파들과 궤를 같이하고 있었음을 암시한다. 그런 와

중에 북한에 비밀리에 제공된 V3에 북한이 요구하는 핵심기술이 담겨 있지 않다는 생각은 정당할까?

오늘의 대한민국을 만든 진짜 386들!

조선시대 왕들의 평균 수명은 47세였다고 한다. 이들이 일반 백성들보다 오래 살았다는 전제하에 조선시대 일반 백성들의 수명은 약 35세 전후일 것으로 서울대 황상익 교수는 추정하고 있다.

그 예측 근거로써 1800년대 산업화 직전의 유럽 인들의 평균 수명이 35세라는 점을 고려한 것이다. 한국인의 기대수명은 1970년대부터 매년 0.5세씩 늘어나 2013년에는 평균 기대수명이 81세로 세계 17위이다. 세계 평균 기대수명은 70세이다. 이 기대 수명은 더 늘어날 것이다. 만일 그에 비례해서 경제가 성장하지 못한다면 시니어들의 생계는 보장되지 못한다. 일거리가 주어지든 아니면 세금으로 부양해야 하기 때문이다. 더구나 초고령 사회로 진입함에 따라 현재 세대는 미래세대에게 부를 축적해서 물려줘야만 이들이 그 부를 활용해 더 큰 부를 만들고 그로부터 현재 세대는 부양을 받을 수 있다.

성장보다 분배를 중시하는 사회. 빚을 내서 복지를 하자는 것은 그 빚을 후대에게 넘기고 고려장을 당하더라도 지금 먹고 죽자는 이야기이다. 저마다 훌륭한 조상이 되려는 생각이 없는 그런 국가에는 희망이 없다. 그래서 한 사회의 중추 세대는 부를 축적해서 다음 세대에 넘길 의무가 있다. 그런데 도대체 386, 특히 운동권들은 그런 마인드가 눈곱만큼도 없다. 나도 386 세대이지만 정말 누구 말대로 죽어서 제사상도 못 받을 인간들이 지금 386들이다.

위기의 386 세대… 하긴 나도 386이다. 386이 민주화 주역? 웃기는 소리 마라. 386 운동권은 김일성 주체사상을 받들어 대한민국을 적화시키기 위해 투쟁했지 자유민주주의를 위해 투쟁하지 않았다. 그 운동권에 끼지 못했던 자들 가운데 상당수는 얼치기 좌파가 되어 살고 있다. 대한민국 세대 중에 가장 병신 같은 세대가 바로 386이다. 후배들은 절대로 386을 본받지 말라. 늙어 뒈질 때까지 역사에 끼친 죗값을 치르고 살아가야 할 존재들이다. 이들에게 국가 복지란 과분한 거다.

지금 소득 불평등이 큰 것이 불만이라고 해서, 그러면 소득 불평등이 적었던 70년대나 80년대로 돌아가자는 데 찬성할 사람은 아무도 없다. 대한민국의 2012년 가계실질소득(1인당 GDP가 아니다)은 3만 4000달러대로 미국을 포함한 아시아에서 싱가포르-홍콩-미국-일본에 이어 5위이다. 대만이 2만 7000달러 수준이다. 이 저력은 80년대 민주화 386 데모꾼들에 힘입은 바가 아니다.

그 매운 최루탄 연기와 소음 속에서도 흔들리지 않고 도서관과 강의실에서 열심히 공부하고, 중졸 고졸 학력으로 희망의 미래를 위해 야근과 철야를 해가며 노동을 하고 기술을 배운 묵묵한 386들의 힘이다. 그게 진실이다.

유시민의 등장이
의미하는 것

〈제3의길〉편집부

유시민이 진행하는 알릴레오라는 유튜브 방송을 봤습니다.

얼마 전 확인한 것으로는, 알릴레오 1회차 방송의 조회수가 240만을 넘겼고, 구독자가 58만 명, 댓글이 2만 개가 넘었더군요. 우리 사회에 강고하게 자리 잡은 친노친문 깨시민 좌파의 영향력을 실감할 수 있었습니다.

우리 사회에서 적극적으로 친노친문 성향을 드러내는 사람들이 20만에서 50만 사이라는 말을 들은 적이 있는데, 알릴레오 구독자가 58만 명이라는 걸 보니 실제로 대한민국의 친노친문 성향 네티즌들이 총동원되어서 유시민으로 집결한 것 아닌가 하는 생각도 했습니다.

390　386 OUT – 386을 죽여야 청년이 산다

집권세력의 기획

KBS와 MBC 등 공중파 방송이 이례적으로 유시민이라는 특정 개인과 알릴레오를 띄워 주는 보도를 몇 건씩 내보낸 것만 봐도 집권세력의 기획 작품이라는 것을 알 수 있습니다.

유시민에게 총집결했다는 것, 여러 가지 의미로 해석할 수 있습니다. 유시민이 유튜브 방송을 시작한다는 게 알려지면서 언론에서는 정계 복귀에 이어 대권 도전 가능성까지 본격적으로 거론하기 시작했습니다. 정두언 전 의원(작고) 같은 경우는 "유시민이 정계복귀 가능성을 부인하면서 몸값을 높이고 있다"며 유시민의 정치권 복귀를 기정사실화하고 있습니다.

유시민은 정계 복귀할 가능성이 높다고 봅니다. 아니, 실은 유시민은 이미 정치에 복귀했습니다. 정치인은 사망하기 전까지 은퇴라는 말이 성립하지 않는다고 봐야 하지 않을까요?

특히 요즘처럼 시대가 변하고, 사회가 변하고 정치적인 발언이나 행동을 할 수 있는 채널이나 수단이 다양해진 시대에는 어디서부터 어디까지는 정치이고, 어디서부터 어디까지는 정치가 아니라는 식의 선을 긋는 것 자체가 불가능합니다. 유시민은 사실 정치권에 복귀한다는 발언이나 액션과 무관하게 본질적으로 정치인이고, 정치를 하는 사람일 수밖에 없습니다.

그래서 유시민이 정치 복귀 선언을 하느냐, 대권 도전 의지를 드러내느냐, 특정 정당에 입당하느냐 등의 기준을 갖고 그의 정치 복귀를 판단할 필요가 없다고 봅니다. 유시민은 이미 정치를 하고 있으며, 사실 한 번도 정치를 그만둔 적이 없습니다.

다만, 최근 유시민의 행보가 갖는 정치적 의미에 대해서는 유심히 살펴볼 필요가 있습니다. 유시민이 계속 정치적 존재였지만, 최근 그의 행보는 과거보다 훨씬 뚜렷하게 정치적 색깔을 분명히 드러내고 있기 때문입니다.

알릴레오의 게스트로 문정인이 나서서 문재인의 대북정책의 정당성을 강변했습니다.

유시민의 정계 복귀 가능성이 주목을 받기 시작한 사건은 아무래도 노무현재단 이사장 취임이었습니다. 유시민이 알릴레오에서 스스로 인정한 것처럼 그것은 이해찬 민주당 대표의 부탁에 의한 것이었습니다. 즉, 유시민의 정치는 이해찬을 중심으로 한 여권 내 평민련계와 공동보조를 본격화한다는 의미로 해석할 수 있습니다.

문재인정권의 집권 1기는 김근태계 즉 민평련계가 전면에 나섰습니다. 이번에 청와대 비서실장에서 물러난 임종석도 범민평련계에 포함되는 인물로 평가됩니다. 지난해부터 이해찬의 전면 등장에 이어 점차 평민련계가 전면에 나서는 변화가 눈에 띕니다. 민주당 원내대표가 민평련계인 우원식에서 평민련계인 홍영표로 바뀐 것도 비슷한 맥락에서 봐야 할 겁니다.

민평련계가 뒤로 물러나고 평민련계가 정권의 전면에 나섰다는 것은 문재인정권의 1기 국정 운영이 사실상 실패했다는 것을 집권세력 내부에서 인식하고 있다는 얘기입니다. 이해찬이나 유시민이라는 특정 개인이 중요하기도 하지만, 국정 운영 주도 세력의 교체가 불가피했다는 것입니다.

지나친 단순화일지도 모르지만 민평련계가 재야 성향이고 원칙적인 좌파에 가깝다면, 평민련계는 그보다는 좀 더 제도권 성향이고 좌파 색깔이 덜한 정치 집단이라고 할 수 있습니다. 이것은 일찍부터 제도 정치권에 뛰어든 이해찬과 오랫동안 재야 운동권의 대부였던 김근태의 개인적인 퍼스널리티 차이에서 기인하는 것이기도 합니다.

민주당의 주류는 이해찬의 평민련계라고 봐야 합니다. 이해찬은 일찍부터 김대중 캠프에서 제도권 정치를 시작했고 노무현정권의 핵심이었습니다. 하지만 김근태는 노무현에게 '계급장 떼고 한 번 붙자'는 발언까지 했던 것에서 알 수 있는 것처럼 제도 정치권이나 김대중·노무현이라는 민주당의 중심 계열과는 어느 정도 거리가 있었습니다.

결국 유시민의 등장은 위기에 처한 현재 집권세력이 대리인이 아닌 핵심 세력을 전면에 내세워 돌파구를 마련한다는 의미라고 봐야 합니다. 그 핵심 세력이 평민련계이고 이해찬이고 유시민 등입니다.

정권 주도 세력 교체. 유시민의 인지도와 화려한 말빨 '긴급 수혈'

유시민의 대중적 인지도와 화려한 말빨로 문재인의 지지율 추락에 대한 긴급 수혈 조치를 한다는 의미이기도 합니다. 알릴레오의 첫 번째 게스트로 문정인 특보가 나선 사실에서도 이것을 알 수 있습니다. 문재인 대북정책의 대중적 설득력을 높이겠다는 얘기입니다.

　이런 긴급 수혈은 그 나름 효과를 본 것 같습니다. 유시민의 등장으로 지지층이 결집하기 시작하고, 문재인의 지지율 추락도 일단 멈추었습니다. 문제는 이런 효과가 언제까지 갈 것인지, 집권세력의 정책 기조의 변화는 없을 것인지 그리고 궁극적으로 유시민의 역할이 어디까지 갈 것인지 하는 점입니다.

　일단 올해는 문재인정권이 방어를 해낼 것 같습니다. 경제는 추락하겠지만 그 분노가 직접 행동으로 이어지기에는 아직 대중적 각성이 무르익지 않았습니다. 대중의 활동을 조직해 낼 조직적 준비도 없습니다.

　무엇보다 대안을 제시할 정치세력이 보이지 않습니다. 자유한국당이나 바른미래당 등 야권은 내년 총선을 의식해서 치열한 내부 권력투쟁에 힘을 소모하기 때문에 대중투쟁을 이끌어 내는 역할을 하기 어려울 것입니다. 다만 이런 기존 야권의 한계를 극복하고 새로운 비전과 대안을 제시하는 정치세력이 등장한다면 상황 변화를 기대해 볼 수 있습니다.

　집권세력의 정책 기조는 거의 변하지 않을 것이라고 봅니다. 문재인이 상황 변화의 엄중함을 깨닫고 거기에 대응하는 지적인 능력도 없거니와 집권세력 전체에 걸쳐 급격한 방향 전환은 진영 전체를 심각한 위기에 빠뜨릴 가능성이 크기 때문입니다. 문재인의 신년기자회견은 그런 집권세력의 의지를 잘 보여 주고 있습니다.

　소득주도성장 정책을 폐기한다거나 남북교류협력 정책을 포기할 경우 우선 지지층의 급격한 반발과 이탈을 감당하기 어려울 것입니다. 대충 주도 세력의 얼굴만 교체한 상태로 가는 데 까지 가보자, 이렇게 될 가능성이 크다고 봅니다.

유시민이 여권의 차기 대권 주자로 나서기는 어려울 것이라고 봅니다. 여권이 유시민 대권 주자 카드를 집어들 수도 있지만, 그것은 지나치게 리스크가 큰 베팅입니다.

유시민이 당적을 버리고 제도권 정치를 포기할 수밖에 없었던 이유는 여러 가지가 있지만, 그 중 하나가 호남 유권자들과의 갈등입니다. 김대중에 대해 여러 차례 저주에 가까운 막말을 퍼부은 것이 대표적인 사례입니다. 그리고 2010년 경기도지사 선거나 2011년 김해을 재보궐 선거의 패배를 호남 출신 유권자들의 탓으로 돌렸던 것도 기억납니다.

유시민의 정계 복귀에 대한 여론조사에서 호남 지역의 여론이 다른 지역보다 유난히 부정적이었던 것도 유시민이 그간 보여 준 언행을 호남 유권자들이 잊지 않고 있다는 증거입니다.

유시민 카드는 그런 점에서 일종의 극약처방이라고 할 수 있습니다. 유시민의 등장과 활약으로 지지층이 결집하고 문재인의 지지율 추락을 일단 멈추게 하는 등 효과를 거두었지만, 장기적으로는 훨씬 더 심각한 위험 요소를 만들어 내고 있습니다.

그 중 대표적인 것이 바로 유시민과 호남 유권자의 갈등입니다. 문재인정권은 친노좌파 리버럴 세력과 호남이 결합한 결과물입니다. 호남 지역의 유권자가 적다고는 하지만, 전국의 호남 정체성을 가진 유권자들까지 포함하면 대한민국에서 단일한 유권자 집단으로는 최대 규모라고 합니다.

김대중에게 퍼부은 저주와 막말. 호남과의 오랜 갈등 해결이 숙제

　무엇보다 문재인정권의 정치적 정당성을 담보해 주는 정치적 상징자산은 대부분 호남과 밀접한 관계를 갖고 있습니다. 5.18과 민주화운동, 김대중의 정치적 유산 등이 그것입니다. 문재인정권이 출범 이후 지나치다 싶을 정도로 호남 출신들을 요직에 중용했던 것도 그런 사정을 적극 고려한 때문입니다.

　원래 문재인 자신은 호남과 김대중에 대해서는 무척 적대적인 인물이었습니다. 대북송금 특검이나 자기 아버지가 전라도 사람에게 여러 차례 사기를 당해 힘든 어린 시절을 보내야 했다는 등의 자서전 내용이 대표적입니다. 그런 문재인의 성향이 지난 2012년 대선 패배의 한 원인이 됐다고 봐야 합니다. 그리고 그런 경험과 반성을 통해서 2017년 대선에서 승리할 수 있었던 것이고요.

　그런 상황에서 유시민의 역할이 커질수록 문재인정권의 내부 균열은 노골화될 것이라고 봅니다. 즉 좌파 리버럴과 호남의 균열이 그것입니다. 보수진영 등 야권은 이러한 좌파 집권세력의 취약점을 타격할 수 있는 기회를 잡은 셈입니다.

　하지만 우파 진영이 과연 이런 기회를 살릴 수 있을지는 의문입니다. 우리나라 우파 진영은 여전히 김대중과 호남에 대해서 매우 적대적입니다. 그 심정을 이해 못 하는 것은 아닙니다. 노무현과 문재인정권의 길을 열어 준 것이 김대중의 집권이라고 할 수 있으니까요.

하지만 김대중은 우파적인 정치적 업적도 적지 않게 남긴 인물입니다. 김대중을 높게 평가할 필요까지는 없겠지만, 현재처럼 대책 없이 김대중을 증오하고 호남 혐오와 소외에 몰입하고 적대시하는 태도로는 우파가 승리할 기회를 갖기 어렵지 않을까 생각해 봅니다.

　우파도 변화하고 수준을 한 층 높여야 합니다. 그 중 하나가 김대중과 호남에 대한 낡은 관성을 벗어나는 것 아닐까 생각합니다. 그런 변화를 담아 내지 못하면 기회는 오기 어려울 것이라고 봅니다.

지금 우리의 매일매일은
황홀한 기적

손경모

경제 성공이 좌익화를, 경제 위기가 우익화를

인간을 행동하게 하는 가장 중요한 것은 보상이다. 인간은 어떤 일을 해야 자기에게 유리한 결과가 따르는지 알지 못 한다. 다만 그 결과로써 자신의 과정을 긍정하거나 부정한다.

아이러니하게도 현재 386, 586들의 좌익 성향은 당시 정부의 성공 때문이었다. 경제개발이 성공하면서 시장에서의 성공보다 공부하면 출세하는 길이 열린 것이다. 이 시기는 단순히 한 정부에 머물지 않고 IMF가 오기까지 2,30년 동안 꾸준히 진행되어 왔다. 그 결과가 현재 중장년들의 좌익화이다.

반대로 90년 이후 세대들은 유년기부터 경제 위기를 실감하며 자랐다. 공부만 해서는 성공할 수 없다는 점을 성장하면서 배운 것이다. 입시 체제의 성공을 위해 교육기관이 아무리 세뇌시켜도 이 세대들은 현실에서 다른 풍경을 보았다. 그 결과가 20대의 우익화이다. 말하자면 정부의 실패가 그런 결과들을 낳았다. 앞으로 적어도 한 세대는 계속해서 우익화가 진행될 것이다. 도무지 정부가 성공할 가능성이 보이지 않는다.

지금 좋은 상황을 보고 과거의 시대를 멋대로 평가하면 안 된다. 그 시대를 안쓰러워하고 현재에 감사해야지.

경제란 유기체 같은 것

우리는 교과 과정을 통해 전두환의 경제 성공 배경이 3저 호황이라는 외부 환경이라고 배웠다. 3S 정책 등으로 국민을 잘 통제해서 그랬다는 평가 등도 주를 이룬다. 나는 그 따위 허접한 설명을 한 저자들에게 묻고 싶다.

'2019년 현재는 그때보다 더 3저 호황이고, 3S도 훨씬 더 통제가 없는데, 왜 경제는 점점 더 어려워지고, 국민들의 통제는 더 어려운가?'

인간의 행동을 완벽하게 통제할 수 없듯이 경제 현상도 마찬가지이다. 결론적으로 당시 전두환 대통령은 경제 운용을 잘했다. 당시 3고 현상이 나타났으면 3고 현상 때문이라고 교과서에 실렸을 게 뻔하다.

사실을 사실로 보자.

사실로 보자, 응?

시대가 악한가, 사람이 악한가

젊은 여자들이 중년 남성들에게 많이 당해 왔기에 젊은 남성들을 두려워하고 피하려는 성향이 있다는 얘기가 있다. 젊은 남자들도 점차 여성들을 많이 피하고 있는데, 생각해 보니 어릴 때 어머니의 학대도 그 원인이 있는 것 같다.

우리 솔직해지자. 남자가 악하고 여자가 악한 게 아니다. 시대가 악한 시대였다. 이 악물고 살아남아야 하는 시대였다. 상이군인들은 잘린 손목에 갈고리를 차고 강도짓이라도 해야 먹고 살았고, 전쟁터에 하나라도 피를 팔아야 가족들이 살 수 있었고, 남자든 여자든 목숨 걸지 않으면 생존하기 어려운 시대였다. 그러다 어느 순간 좋은 세상이 온 거다. 지금 좋은 상황을 보고 그 시대를 멋대로 평가하면 안 된다.

좋은 세상이다. 그 시대를 안쓰러워하고 현재에 감사해야지, 과거를 지적질해 봐야 현재 자신만 초라해질 뿐이다. 항상 감사하자. 우리 일상은 매일매일의 기적 속에 살아가고 있다.

매일매일이 황홀한 기적 속에서 살아가고 있다. 누구나 세상이 천국이란 점을 깨달으면 천국 속에 살게 될 것이고, 그렇지 않으면 여전히 지옥 속에서 살게 될 것이다.

범사에 감사하자.
천국이 가까이 있다.

그냥 돈을 줘라

무담보, 무이자 및 상환 의무가 없는 기술개발자금을 지원한다는 공문이 자주 도는데, 정부는 그냥 돈을 줘라. 뭐 하러 그렇게 일을 복잡하게 하나? 미친 자식들….

정부가 이렇게 돌아가는데 자영업자들이 사회주의 정책에 표를 주니 뭐, 할 말이 없다.

누구에게나 절망할 권리가 있다.
우리는 지금 그 권리를 누리는 중일 뿐이다.
언젠가 바닥이 있겠지.
신나게 떨어져 보자.

좌파 시절일 때와 우파 시절일 때

임창정의 〈소주 한 잔〉이라는 뮤비를 보았다. 좌파 시절에 보았을 때는 사회구조의 불합리함과 인간이라는 진정성을 몰라봐 주는 것에 대한 아쉬움이 주를 이뤘다. 우파가 되어 다시 보니 저렇게 쉽게 젊음을 낭비하면 안 되는구나 하는 생각이 든다. 젊음은 누구에게나 인생에 단 한 번 얻는 보물이다. 그 시기에는 누구나 80 먹은 왕보다 행복하고 멋지게 살 수 있다. 땡전 한 푼 없어도 귀족처럼 먹고 놀고 건강하게 살 수 있다. 그러나 누구에게나 노화는 온다.

노년의 삶은 모두 젊을 때 선택의 결과이다. 자신의 비참한 노년을 사회 탓으로만 돌리면 안 된다. 누군가 당구장에서 젊음을 허비할 때 누군가는 공사판에서, 독서실에서 젊음을 투자하고 있었다.

젊음을 버리기로 작정하면 쉽게 마세라티 정도는 탈 수 있다. 다만 며칠이나 탈 수 있는지가 문제이다. 우리는 그런 바보 같은 결정을 피하기 위해서 공부하고 미래를 대비한다.

망각도 결국 정리의 일종

잊는 걸 두려워하지 마세요. 방 청소하는 걸 두려워하는 것과 똑같습니다. 망각의 기술이란 게 결국 정리 능력이거든요? 쉽게 잊어버리세요.

나는 잊어버려야겠다 싶은 것만 메모합니다. 이미 쓴 걸 뭐하러 기억해요? '어디다 대충 뭘 썼던 것 같다'만 기억하면 되죠. 사는 게 힘들죠? 잊어버리세요. 그러면 어느 순간 정리가 됩니다. 어느 순간 극복이 돼요.

잊어버리세요. 다 지나갑니다.

마음의 문이 열려 있는
대깨문들을 위하여

김대호

얼마 전 강연을 갔는데, 청중 중에 맑고 착해 보이는 30대 후반쯤 되어 보이는 여성이 눈을 반짝이며 강연에 집중했다. 강연자로서는 참 반가운 청중이다. 그런데 그 분이 강연 말미에 약간 화난 어조로 "잘하려고 하는 문 정부의 발목을 잡고 있는 자한당을 어찌해야 하는지요?" 하고 물었다. 질의응답 과정에서 이 분은 화난 얼굴로 계속해서 물었다.

"자한당은 친일파의 계승자요, 친일 부역 세력을 비호한 이승만정권의 계승자입니다."

"이승만이 악질 친일 부역자인 노덕술을 옹호한 사실 아십니까?"

"프랑스는 친독 부역자 청산을 철저히 했는데 아십니까?"

솔직히 익숙한 질문이라 답변을 한다고는 했는데 별로 수긍하지 않는 눈치였다. 다른 질문자도 있고 해서 토론은 중단하고 강연을 끝냈다. 혹시나 해서 그 여자 분을 포함하여 여러 청중들에게 명함을 나누어주고 미진한 점, 궁금한 점 있으면 언제든지 전화를 하라고 했는데, 돌아오는 길에 정말 전화가 왔다.

바로 그 여자 분이었다. 길도 좀 막히고, 직진만 하면 되기에 운전하면서 토론을 길게 할 수 있었다. 한 40분 가량을 핸드폰으로 대화를 나누었다.

그 여자 분은 고등학생 중학생 자녀를 둔 40대 중반의 학부모였다. 기독교인이었다. 정치에 대해서는 전혀 관심이 없었는데, 2016년 탄핵 사태 전후하여 '우리나라 정치가 왜 이 모양인가' 해서 정치에 관심을 가졌단다. 그 과정에서 〈100년 전쟁〉이라는 비디오도 보고, 영화 〈변호인〉을 통해서 노무현을 알았단다(노무현에 대해서 매우 호감을 가지고 있었다). 그 외에도 〈암살〉 등 자신을 깨우쳐 준 영화(암살 등)를 몇 편 얘기했다. 나쁜 짓을 한 자는 벌을 받고 의로운 일을 하면서 고초를 겪은 사람은 보상을 받아야 하는데, 대한민국은 그게 전혀 안 됐단다. 자기 주변에 대한민국의 어두운 역사를 말하는 사람도 없고, 아는 사람도 없어서 자신은 열심히 공부를 했단다. 아마 그래서 내 강연을 들으러 왔던 것 같다. 진실과 정의를 세우는 일에 일조하겠다는 사명감도 있는 것 같았다.

듣고 보니 1980년대 초, 내가 대학 1,2학년 때 『해방전후사의 인식』, 『우상과 이성』, 『8억 인과의 대화』 등을 읽으며 피껴

솟했던 시절의 정서와 역사 인식 그대로였다. 다만 다른 것은 우리는 책과 세미나를 통해서 역사를 지극히 편향되게 알았고, 그 분은 영화를 비롯한 영상 콘텐츠를 통해서 그랬던 것이다.

중고교 때 공부 잘하고 선생님 말 잘 듣는 모범생, 정의감이 살아 있는 청년일수록 (제도권 교육에 속았다면서) 더 극렬 운동권이 된 것처럼 그 분도 딱 그랬다. 그 분의 현재 모습은 전형적인 대깨문이다. 그리고 내가 아는 문재인의 생각이 딱 그 수준이다

그 인상 좋은 아주머니는 진실과 정의가 무엇인지 그 나름 치열하게 찾고 묻는 사람 같았다. 그런데 자신만큼이나 대한민국 흑역사를 잘 아는 사람이요, 대학 1,2학년 때 거의 같은 생각을 가졌던 사람이 지금은 자신과 전혀 다른 역사·현실 인식을 가지고 있는 사실이 무척 의아하고, 또 당혹스러운 것 같았다. 그러니 내게 전화한 것 아니겠나?(강연 수백 번은 했을 텐데, 끝나고 이런 전화는 처음이다.)

37년 전 대학생 때는 내가 분노하고 아파하는 부조리의 50% 이상은 친일 청산을 제대로 못 하여 — 민족정기를 바로 세우지 못하여 — 비열한 기회주의자들이 국가권력을 쥐고 흔들어서라고 생각했는데, 지금은 그 책임은 5%에도 미치지 못하는 것 같다고 얘기했다.

친일 청산을 비교적 철저히 한 북한의 현재 모습과 제대로 못 한(군과 경찰 등에 친일 부역자가 득실대게 만든) 남한의 현재 모습이 그 증거라는 얘기도 하고.

40분 가량 통화 과정에서 내가 쓴 책 『한 386의 사상혁명』과

『노무현 이후』도 소개하였다. 내 생각의 진화, 발전 과정과 계기에 대해서도 설명해 주었다. 그 정의감 넘치는 열혈 아줌마는 읽을 수도 있겠다는 생각이 들었다.

내 소감이다. 그 분이 알에서 깨어날 때(역사의식과 정치의식이 생겨날 때) 맨 처음 본 어미가 문재인, 민주당과 진보였다. 그러니 당분간 그들을 좇을 것 같다. x86 지진아, 자폐아 감독들이 만든 영상물로 역사·현실 인식과 정치의식을 형성했으니 그 인식의 생명력은 꽤 강고할 것이다.

엄청난 폭정과 실정에도 불구하고 문재인 지지율이 40%대를 유지하고, 민주당 지지율이 40%에 근접하는 이유를 알 것 같았다. 하지만 그 아주머니는 완전히 눈과 귀를 닫지 않았고, 진실과 정의에 대한 탐구 의지도 완전히 죽지 않았다. 비록 너무 늦게 정치사회 의식이 싹텄지만….

아무튼 적지 않은 나이인 40대 중반까지(2016년 이전까지), 그 엄청난 정치사회적 격변이 있었음에도 정치와 역사에 관심이 거의 없었다는 사실이 나로서는 큰 충격이었다.

나는 지금도 그 사실이 궁금하다. 심각하기 짝이 없는 현실의 모순과 부조리에 대해서는 왜 이리 무관심하거나 둔감한지! 남편 직업도 궁금하다. 시장에서 생존 투쟁을 벌이는 사람들은 과거 역사에 그리 관심이 없고 현실의 모순과 부조리와 미래의 충격과 도전에 관심이 압도적으로 많을 수밖에 없기 때문이다.

x86 지진아 자폐아들이 만든 영상 콘텐츠의 위력도 실감했다. 하지만 대깨문을 구제불능으로 생각하고 미워하지 말아야

겠다는 생각이 들었다. 진실과 정의와 균형 잡인 역사의식에 대해 약간이라도 마음의 문을 열어 둔 그런 여자 분을 깨우치기 위해서라도 문재인정권에 대해서 막말을 삼가해야겠다는 생각이 들었다.

쓰고 보니 초등학교 때 쓴 일기 같은 글이 되고 말았다.

386 운동권은
언제쯤 어른이 될까

김대호

    유아의 특징 중 두드러진 것 하나를 꼽자면, 욕망은 많지만 '무엇이 되고, 무엇이 안 되는지'를 잘 모른다는 점이다. 이 과정에서 부모와 갈등이 일어난다. 종종 밑도 끝도 없이 투정을 부리고, 그러다가 결국 혼이 난다.

    초등학교에 입학할 즈음에는 되는 일과 안 되는 일 정도는 안다. 이후 학교 교육 과정을 통해서 글과 말을 배우고, 사물의 이치를 배우고, 역사와 문화와 도덕과 예절을 배워 알게 된다. 돌아보면 내가 초등학교와 중학교를 다닌 1970~78년은 분단과 전쟁 때문인지 반공교육을 참 많이 받았다. 이승만·박정희 대통령은 참 훌륭한 지도자이고, 미국은 참 고마운 나라이고, 일본은 참 못된 나라라는 것을 배웠다. 일본을 욕하다 보니 조선에 대해서 제대로 배우지 못하였다. 대체로 '국뽕' 사관이 싼 배설물을 많이 먹었던 것 같다.

　대학에 입학하고 나서 이렇게 배운 역사인식이 '해방전후사의 인식, 전환시대의 논리, 우상과 이성, 8억 인과의 대화' 등 몇 권의 책으로 완전히 박살이 났다. 각종 반공 글짓기 대회 등에서 입상도 자주 한 공부 잘하던 모범생일수록 더 분노했던 것 같다.

　친일파 민족반역자 미청산에서 대한민국이 아파하는 거의 모든 부조리의 원인을 찾았다. 이승만, 박정희는 존경하는 대통령이 아니라 가장 혐오하는 대통령이 되었다. 국립묘지 참배 가면 절대로 머리를 숙이면 안 되는 대통령이 되었다.

　문재인의 말과 글을 추적하다가 1980년대 초 운동권 대학생들의 전형적인 역사 인식을 발견했다. 지은이 문재인, 엮은이 문형렬로 되어 있는 2017년 1월에 출간한 책 『대한민국이 묻는다 – 완전히 새로운 나라, 문재인이 답하다』(21세기북스) 67~68쪽에 그 내용이 나온다. 문재인의 역사 인식이자, 아마도 조국과 청와대 학생회 애들의 역사 인식일 것이다.

　　'친일 세력이 해방되고 난 이후에도 여전히 떵떵거리고, 독재 군부 세력과 안보를 빙자한 사이비 보수세력은 민주화 이후에도 사회를 계속 지배해 나가고'

　　'(이들은) 친일에서 반공으로 또는 산업화 세력으로, 지역주의를 이용한 보수라는 이름으로 화장만 바꾼 위선적인 허위의 세력들'이며,

'1987년 6월항쟁 이후 곧바로 민주정부가 들어섰다면 독재나 그에 부역했던 집단들을 제대로 심판할 수 있었는데 못 해서 아쉽다.'

대충 이상의 내용이 문재인 발언 요지이다. 독립운동가나 민주화 운동가나 민주 정치인이 권력을 쥐고, 친일 부역과 독재 부역 세력을 제대로 쓸어 냈다면 – 이는 결국 인적 청산의 문제요, 권력을 틀어쥔 리더십의 문제다 – 사회정의가 바로 서고, 누구든 성실하게 노력하면 잘 살 수 있는 상식이 기초가 되는 나라를 만들 수 있었다고 보는 것이 분명하다.

페이스북이나 수많은 카톡방에서 10년, 20년, 30년, 40년 된 인연들의 사고방식을 실시간으로 보게 되는데 왕년에 운동했던 사람들 다수는 50대건, 60대건, 70대건 가리지 않고 이승만·박정희 시대에 반공교육을 받고, 20대 전후하여 대한민국의 흑역사를 알고, 피가 거꾸로 솟았던 순진한 소년의 후기적 정의감에서 거의 벗어나지 못하였다.

유아⇒순진한 어린이(모범생)⇒순진하고 격정적인 혁명 소년(청년과 소년의 중간)으로 진화하다가 그만 거기서 멈춘 채 늙어가고 있었다. 그들은 대한민국 역사를 거짓과 위선의 역사 내지 정의가 패배하고 기회주의가 득세한 역사로 이해한다. 그러니 현실을 무차별 부정한다. 수많은 부조리 또는 악덕을 기득권의 탐욕과 강압과 음모의 소산으로 본다.

원전은 간악한 원전 마피아 탓이고, 정리해고 사태가 일어나는 것도 최저임금이 낮은 것도 비정규직이 많은 것도 장시간 노동에 시달리는 것도 다 자본과 재벌의 탐욕과 이를 비호하는 보수정권, 보수 법관, 보수 언론 탓이라고 생각한다. 공공부문이 작은 것은 신자유주의(작은 정부) 사조 탓이라고 생각한다. 남북 관계는 미국의 대북 적대시 정책과 남한의 수구 냉전 반통일 세력 탓이라고 생각하고, 먼저 무기 내려놓고 방어벽 해체하고 따뜻하게 안아주면 관계가 회복된다고 생각한다.

반미 감정도 초중등 시절에 배울 때와 달리 미국이 한국에 무한히 퍼주는 산타클로스도 아니요, 자유와 정의의 사도도 아닌 국익을 밝히는 나라라는 사실을 발견했기 때문이란다. 천사인 줄 알았는데 천사가 아니라는 것을 발견하고 아예 악마시한다고나 할까? 반미 감정은 소년도 아닌 거의 유아적 사고방식이 아닐 수 없다.

아무튼 세상만사를 강자에 의한 착취, 수탈, 약탈, 억압, 강압과 미일에 의한 식민 지배, 종속과 음험한 놈들끼리 협잡, 야합, 조작에서 찾는다. 한일 관계의 토대인 1965년 체제도 친일파 민족반역자이자 쿠데타로 정통성이 부족했던 박정희정권이 잘못 끼운 첫 단추라고 생각한다. 그래서 김능한 대법관이 '건국하는 심정'으로 1965년 합의가 무효이며, 일본의 식민 지배는 불법이라는 판결문을 쓴 것이다. 그런데 그렇게 되면 남북한과 해외 동포 등 8천만 명이 일본에 대해 무한 배상(위자료) 청구권이 발생하게 된다.

역사와 현실을 강자·보수·주류·재벌·미일 등에 의해 일방적으로 무참히 짓밟히고 뒤틀렸다고 생각하면, 제각기 '정의=리理'를 들고 현실을 바로잡고, 역사를 바로 세우려고 설친다. 권

력이든 법봉이든 규제든 매체든 뭐든 무기만 들면 정의의 이름
으로 휘두르려고 한다.

권력자, 법관, 대학 교수, 진보 언론인들이 그 주역으로 된
다. 현장에서 생사를 걸고 전투를 하면서 밀당도 하고, 타협도
하는 군인과 상인의 경험, 지식, 지혜는 완전히 무시된다. 외
교, 안보, 경제, 시장, 산업, 기술 등에 대해 완전 깡통인 자들
이 그야말로 아무 말 대잔치를 벌인다(대표적으로 불화수소 관련 중
기부장관이라는 박영선의 발언을 보시라). 사실 바로 이게 조선에서
일어난 일이다. 임진왜란 전에도, 병자호란 전에도, 고종 시절
에도 그랬다.

보수우파들은 대한민국의 역사와 현실을 과도하게 폄하하는
사조에 즉자적으로 반발한다. 그래서 이승만, 박정희는 엄청 위
대한 대통령이며 대한민국은 정말로 위대한 나라이며 불평등과
양극화는 나라가 크면 심하기 마련이고 청년 일자리 문제는 언
제나 어디나 어렵다면서 '노오력'을 하라고 한다.

나도 이승만의 가치를 잘 모르고 있다가 최근에야 비로소 위
대함을 알아가지만, 이승만 시대의 수많은 악덕을 다 긍정할 수
는 없다. 용비어천가 부르듯이 이승만, 박정희 찬가를 부를 수
는 없다. 우리 사회가 아파하는 수많은 부조리를 원래 세상이
그런 거야 하고 무시할 수도 없고, 무시해서도 안 된다. 생각의
진화는 이렇게 되는 것이 아닌가 한다. 대한민국 부정(진보)⇒긍
정(보수)⇒새로운 종합과 균형(신진보=신보수)으로 가는 것 같다는
얘기이다.

돌아보면 나도 유아⇒순진한 모범생 어린이⇒순진하고 격정적인 혁명 소년을 거쳤다. 그 이후 역사적 인물과 사건을 정의의 칼로 간단히 재단할 수 없다는 것을 느꼈고, 기업하는 것이 얼마나 어려운지도 느꼈고, 조선이 얼마나 후진 나라였는지도 알았고, 우리가 아픈 역사에서 배운 것이 정말 없다는 것도 느꼈고, 불평등 양극화 일자리 문제 해결이 얼마나 어려운지도 알았고, 지금은 내 자식 세대와 손자 세대가 정말로 비참하게 살 수도 있겠다는 음울한 예감에 빠져들고는 한다. 그래서 2020년 대전환에 올인하는 것이라고 자신 있게 말할 수 있다.

공심公心을 가지고 성찰과 반성과 공부에 게으르지 않으면 이렇게 진보가 되고 보수가 되고, 또 신진보나 신보수가 되고. 그러면서 중년이 되고 노년이 되기 마련인데, 이 나라는 소년 후기 내지 청년 초기의 격정과 지성에서 멈춘 인간들이 너무 많다. 나와 같이 어깨를 걸었던 운동권 친구들 한 7,80%가 그런 것 같다. 특히 구로 금천 지역에서 노동운동을 할 때 만난 인연들은 90% 이상이 거기에 머물러 있는 것 같다.

지금 대한민국의 상황은 생사를 걸고 전투를 하는 군인과 상인을, 도학(理) 하나밖에 모르는 군자(문재인, 조국, 장하성, 김상조, 김능한, 김명수 등 변호사·교수·법관과 수십만 명의 운동권 지지자)들과 정의와 평등을 팔아 사익을 취하는 조폭화한 노조가 집권 연합을 결성하여 무참히 짓밟고 있는 국면이다.

관점을 달리하면, 어려운 상황에서 할 짓 안 할 짓 다해 가며 천신만고 끝에 집안을 일으키고, 자식들을 잘 가르친 아버지(대한민국)를 고생 모르고 자란 잘 배운 자식들이 아버지를 질타하고 배척하는 모양새이다. 광화문 광장 태극기부대 노인들에게서 죽도록 고생하여 엄청난 성공을 거두었으나, 고생 모르고 큰 철부지 자식들에게 박대 받는 불쌍한 노인의 모습을 본다. 문재인과 군자들과 x86과 노조 등 집권 연합은 정말로 배은망덕한 철부지 망나니라는 생각을 지울 수가 없다.

가장 치열했던 세대의
참담한 좌절의 기록

김대호

노동운동가인 이범연의 책 『위장 취업자에서 늙은 노동자로 어언 30년 ─ '내부자' 눈으로 본 대기업 정규직 노조&노동자』는 위대한 승리와 진지한 (대안) 모색의 기록이지만, 유감스럽게도 1980년대 가장 치열했던 세대의 참담한 좌절의 기록이다.

1980년대 학생운동 내지 x86세대 중에서 가장 어렵고, 치열했던 실천 활동을 전개했던 사람은 위장취업자이다. 사노맹이니 혁노맹이니 하는, 이름도 무시무시한 지하조직 만들어서 과격한 활동 좀 하다가 안기부의 맛있는 먹이가 되어 징역 왕창 구형 받는 것보다 위장취업이 훨씬 힘들고 대단한 활동이었다.

잠깐의 체험을 위해 공장에 간 것이 아니라 십 년이고 이십 년이고 노동자로, 혁명가로 살겠다는 각오로 갔다. 당시는 너도 나도 그렇게 생각했다. 그 후 그 위대한 실천 활동에 뛰어든 활동가의 99%는 현장을 떠났다. 물고기에게 물에 해당하는 기업 자체가 없어지기도 하고, 이념적 회의도 심하게 왔고, 활동의 의미도 잃었고, 정치·전문직·교직·기업 등 다른 의미 있는 활동 공간도 많이 생겼기 때문이다. 나도 그렇게 떠났다.

그런데 이범연(서울사대 81)은 대우자동차에서 버텼다. 두 번의 해고와 두 번의 구속을 거치며 수차례 노조 간부도 하였다. 그 과정에서 몇 년은 노조의 생활비 지원조차 없이 버텼다. 물론 회사가 망하지 않았고, 또 조합비로 해고자에 대한 생활비를 지급할 수 있기에 30년을 버틸 수 있었을 것이다. 그럼에도 불구하고 수많은 어려움을 이겨낸 그의 집념과 헌신은 기념비적이라고 해야 할 것이다.

이범연은 자신을 바라보는 친구, 선후배들의 시선을 이렇게 요약했다.

내가 오래 전 노동자로 살겠다며 공장에 들어갔을 때, 나를 잘 아는 지인들이 처음에는 미안해하고 격려도 하고 지원도 해 주며 이렇게 말했다.

"정말 힘들지?"

몇 년 후 수많았던 위장취업자들이 썰물처럼 공장을 빠져나가던 시기에 그들은 나를 보며 걱정스러운 눈초리로 말했다.

"너 아직도 그러고 있냐?"

그리고 또 수 년이 흘렀다. 그들은 말했다.

"너 살 만하지?"

이제 그들은 부러움과 질시의 시선을 내게 던지며 이렇게 말한다.

"넌 좋겠다. 연봉도 높고 정년도 있고…."

－『위장 취업자에서 늙은 노동자로 어언 30년
－ '내부자' 눈으로 본 대기업 정규직 노조&노동자』 36쪽,
이범연(이하 인용부는 모두 이 책의 부분임)

나를 포함해서 1994~96년에 대우자동차에 들어온 운동권 출신 입사 동기들의 상당수는 바로 위장취업이나 공단 주변에서 교육상담 활동을 하다가 떠났던 사람이다. 이범연은 내가 대우자동차에 재직 중이던 2000년 전후하여 대우자동차 부도와 해외 매각으로 논란이 분분했을 무렵 만난 적이 있다. 그런데 얘기가 잘 통하지 않았던 것으로 기억한다.

당시 개인적으로 훨씬 많은 얘기를 나눴던 사람은 이성재(서울공대 78) 전 노조위원장이다. 어떻게 보면 위장취업자로서는 가장 실천적 성과가 높았던 사람이다. 이 분이 요즈음 어떤 생각을 하는지 나는 잘 모르지만, 내 기억으로는 한국 노동운동에 대한 성찰과 모색의 고민은 더 깊다는 느낌을 받았다. 나는 그가 쓴 성찰과 모색의 기록을 정말로 보고 싶다.

이범연은 1987년 이후, 대기업 노조운동의 융성과 중소기업 노조운동의 몰락이라는 엇갈림에 대해 이렇게 정리했다.

지불 능력이 있는 대우자동차 같은 수출 중심 대기업 임금은 가파르게 상승했다. … (하지만) 중소기업들, 그리고 노

동집약적인 소비재 중심의 대기업들은 해외로 공장을 이전하거나 외국인 노동자들로 대체하기 시작하면서 고용 기반이 무너져 내렸다.(37쪽)

더 잘 싸워서 노동조합이 유지되고 더 못 싸워서 노동조합이 문을 닫은 것은 아니다. 단지 지불 능력이 있는 수출 대기업에 다닌다는 것과 해외 이전과 구조조정이라는 자본의 칼날에 노출되어 있었다는 차이일 뿐이다. 공장이 문을 닫는데 노동조합을 지켜 낼 재간이 어디에 있겠는가?(38쪽)

자본의 힘이 있고 지불 능력이 있어야 노동조합도 힘이 있고, 노조로 단결할 필요성도 그만큼 커진다. 대부분의 노동조합은 그것이 대기업 자본이든 국가이든 지불 능력이 있는 힘 있는 자본이라는 맞상대가 있을 때 안정적인 노동조합이 만들어진다. (…) 그 많던 투쟁적인 중소기업 노동조합들 중에 지금 남아 있는 곳은 거의 없다. (…) 당시 중소기업 노동조합 조직력은 대기업보다 더 탄탄했고 더 모범적인 활동을 했다. 다른 것이 있다면 자본 크기의 차이이다. 한쪽 자본은 노동조합에 일정 양보하면서 공장을 유지해 갔고, 다른 한쪽은 공장을 축소, 이전, 폐쇄하면서 노동조합의 기반 자체가 허물어져 버렸다. 이처럼 노동조합의 장래가 맞상대인 자본의 능력에 좌우되고 있는 것이다.(194~195쪽)

이건 누구나 알고 있는 얘기일 것이다. 그런데 실은 대기업 노조운동을 융성하게 만든 '지불 능력'이나 '자본의 능력'조차도 단지 높은 생산성의 산물만은 아니다. 압도적으로 우월한 지위에 있는 원청 대기업의 협력업체와 소비자에 대한 갑질 탓이 크다. 대기업 노조운동은 이 갑질을 훨씬 집요하고 가혹하게 하지 않으면 안 되도록 기업을 압박한다. 이는 내가 1995~2004년에 대우자동차에서 협력업체 관리를 하면서 절감했던 일이다. 그뿐 아니라 기업의 이윤에서 노조로 조직된 생산직 노동자들의 기여는 결코 많지 않다. 혁신의 원천은 1990년대 즈음 연구개발 마케팅으로 옮겨 갔기 때문이다.

이것은 시장과 기업 생태계를 아는 사람들은 다 아는 얘기이지만, 한국 노조운동의 주력 부대인 공공부문과 대기업 노조는 이 얘기를 여간해서는 받아들이지 않는다. 자신들은 노조가 있어서 정당한 몫을 쟁취했고, 중소기업은 '해외로 공장을 이전하거나 외국인 노동자들로 대체하거나 구조조정의 칼날'을 피해 가지 못해서 지금처럼 되었다고 생각한다. 실은 갖은 노력에도 불구하고 기업 자체가 경쟁의 압박을 이기지 못하고 사라진 경우가 대부분일 텐데.

그리고 '대기업 자본이든 국가든 지불 능력이 있는 힘 있는 자본'이라는 표현에서 보듯이 국가(정부)를 자본과 동열에 놓는다. 그런데 상식이 있는 사람이라면 (공공부문) 노조가 정부를 상대로 투쟁하여 임금 등 근로조건을 끌어올리면, 그 부담은 노조원보다 평균적으로 훨씬 가난한 국민들이 질 수밖에 없다는 것을 안다. 정부의 지불능력이 어디서 나오나 생각해 보면 알 수 있다. 그런데 노동조합 입장에서는 정부만큼 털어먹기 좋은 대상이 없다. 현대자동차, 삼성전자는 망해도 정부는 망하지 않기 때문이다.

이범연은 한국 노조운동의 지난 30년에 대한 성찰 반성을 통해, (그의 표현을 빌리면) 절대 다수인 '배제된 노동자'들의 삶을 개선하는 데 앞장서는 노조운동으로 탈바꿈해야 한다는 생각을 바탕으로 이 책을 썼다. 그것을 위한 구체적인 대안은 한 마디로 착한 부모이자 사회적 책임을 의식하는 노조원, 주민, 시민이 되자는 것이다. 좋은 얘기지만 맥이 풀리는 얘기이다.

유감스럽게도 그의 성찰 반성은 한국 노조운동의 치명적인 맹점인 '시장·기업 생태계'에 대한 몰이해만 두드러져 보일 뿐, '약탈과 쟁취'에 몰두해 온 노조운동에 대한 성찰 반성에까지는 이르지 못한 것으로 보인다. 말은 바르게 했다.

> 이제 87년을 넘어설 때가 되었다. 87년 투쟁 이후 30여 년간 지배해 온 관성적인 사유방식, 조직방식, 활동방식이 민주노총을 중심으로 한 노동운동을 여전히 지배하고 있다. 우리는 너무나 당연하고 옳다고 생각하는 신념 체계, 우리 몸 깊숙이 새겨 있을지도 모르는 관성적 사유에 대해 한번 회의를 품고 들여다보아야 한다.(204쪽)

그런데 30여 년 동안 지배해 온 관성적인 사유 방식에서 거의 벗어나지 못한 것처럼 보인다. 이범연은 빌헬름 라이히의 말을 본떠서 '지금 우리에게 필요한 것은 정답이 아니라 제대로 된 질문이 아닐까?' 라고 반문한다.

> 설명되어야 할 것은 '한국사회의 가난한 노동자들, 특히 비정규직 노동자들이 왜 싸우는가가 아니라, 착취당하고 고통 받는 다수의 가난한 노동자들은 왜 스스로를 조직하고 싸우지 않는가?' 라는 사실이다.(41쪽)

맞다. 정말 제대로 된 질문이 필요하다. 그런데 질문은 제대로 던져 놓고도, 답을 여전히 새로운 형태의 조직, 투쟁과 국가 형벌권에서 찾는다.

> 배제된 노동자들은 노동조합이 자신의 기회를 박탈하고, 공정한 경쟁을 가로막는다고 느끼고 조직된 노동자들의 기득권만 보호한다고 생각하기도 한다. 배제된 노동자들의 이런 태도(노동조합에 대한 부정적 인식)는 그들이 노동조합을 만들 권리에서 배제되고 있기 때문이다. 배제된 노동자들이 노동조합을 만들기도 힘들고, 노동조합을 만들려고 하면 자본의 적대적 시선과 탄압에 고스란히 노출된다. (…) 나는 이재명 후보가 '근로감독관을 5000~1만 명 수준까지 확충해 노동현장 불법 행위를 철저히 통제하고 노동시간을 단축하겠다' 는 공약에 상당히 공감이 갔었다.(192쪽)

앞에서는 배제된 노동자들의 삶을 비루하게 만드는 핵심 문제가 자본의 능력 내지 지불 능력이라고 해 놓고 또 조직, 투쟁

타령이다. 이게 새로운 형태의 조직, 투쟁과 국가의 감시, 단속으로 해결될 문제인가? 최저임금이 근로감독관을 열 배로 늘리면 해결될 문제인가?

잘못된 질문과 답의 뿌리에는 당연히 기득권·기형을, 기득권·기형으로 인식하지 못하는 사고방식이 있다. 그 뿌리에는 한국사회와 한국 노조운동의 갈라파고스적 특성에 대한 몰이해와 신자유주의라는 낡고 조야한 프레임이 있다. 신자유주의 프레임은 문제를 추상화시킨다. 결론은 자본을 억압하고, 공공부문을 늘리고, 국가 규제를 강화하자는 것으로 귀결된다.

> 우리가 상대하는 신자유주의적 자본주의 질서는 정말 유연하고, 교활하고, 그래서 힘이 있다. 배제된 노동자들이 스스로 조직하고, 투쟁하고 자신의 삶을 개선하는 것, 그것은 박근혜를 몰아내는 것보다 더 어려운 과제이다.(194쪽)

문제를 신자유주의 프레임으로 보니 교육 문제나 대학 문제에 대해서도 상식에서 한참 벗어난 진단과 대안을 낸다.

> 대학에 절실한 것은 경쟁보다는 평등, 그리고 연대와 공감, 노동에 대한 긍정적인 태도와 노동자로서의 자각이다. 대학이 경쟁의 원리를 넘어설 수 있다면, 노동자 조직화의 새로운 중심이 될 수 있지 않을까?(224쪽)

> 학문에 대한 열정으로 열심히 공부를 해서 박사학위를

따고, 대학에서 강의를 하고 있지만 비정규직 노동자인 시간 강사, 아니 비정규직 교수들이 있다. 이들은 대학을 장악한 재벌 자본에 착취당하는 지식노동자들이다.(231쪽)

이범연은 진짜 던져야 할 제대로 된 질문을 던지지 않았다.

쌍용차 얘기는 얼마 전에 한국GM 비정규직 지회 조합원이 나에게 말했다. "정규직은 그렇지 않은데 비정규직에 대한 관리자들의 통제와 인격적인 모욕이 심하다." 나는 대답했다. "그것은 정규직, 비정규직 차이가 아니라 노동조합이 있고 없고 차이다."
창원공장 노동자들은 '무노조 10년의 한'이라는 표현을 자주 쓴다. 노동조합이 없는 10년 기간 동안 회사와 관리자들에게 당했던 억압과 모멸감에 대한 분노의 표현이다.(187~188쪽)

나는 노동조합은 임금과 노동조건의 향상보다도 최소한의 '인간적 존엄성'을 지키게 해주는 역할에 더 중요한 의미가 있다고 본다. (…) 쌍용자동차 정리해고 노동자들의 연이은 자살 원인은 생계의 고통도 있겠지만, 인간으로서 존엄과 인간관계가 무너진 것이 더 큰 이유일 수도 있다.(189쪽)

많이 한 얘기라서 더 이상 하지 않겠다.(2001년 대우차 1752명 정리해고로 인해 자살한 사람은 아무도 없는데, 왜 2009년 쌍용차 정리해고는 그렇게 많은 사람으로 하여금 자살로 몰아 갔을까? 이 질문 하나로 족하다.)

진짜 던져야 할 질문은 노동조합이 있고 없고의 차이가 왜 그렇게 커야 하느냐이다. 물론 이게 사실인지부터 따져봐야 한다. 사실이라면 유럽, 미국, 일본, 중국 등 다른 나라와 비교해 보아야 한다.

나는 노조 유무가 '억압과 모욕과 모멸'에 그렇게 큰 영향을 미치지 못한다고 알고 있다. 그리고 유럽, 미국, 일본 등 선진국에 비해 노사관계뿐 아니라 제반 사회관계가 힘(대항력)의 격차가 크면 갑질이 비교적 심하다고 알고 있다. 노조 문제보다는 힘(대항력)의 격차가 본질이다. 사실 이것을 바로잡는 것이 핵심인데, 한국 노조운동은 이 구조를 개선은커녕 더욱 악화시켜 왔다고 해도 과언이 아니다.

제반 사회관계에서 갈등이 심한 것은 힘의 격차와 더불어 요구와 기대 수준 문제도 있다. 약자를 약탈하고 억압하지 않으면 그 요구와 기대를 충족시킬 수 없기 때문이다.

우리는 한국의 평균적 생산력 수준에서 벗어난 요구와 기대, 표준이 너무 많다. 자신의 사회적 기여를 훨씬 뛰어넘는 보상을 요구하는 경우도 많다. 그러한 요구가 약탈 행위임에도 약탈이라는 인식 자체가 없다. 이를 전형적으로 체현하고 있는 존재가 바로 공공부문 종사자와 민간 대기업 노조와 그 종사자들이다. 단적으로 공무원 임금과 연금과 복리후생에 대해서 민주공화주의가 잘 작동하는 선진국의 수준을 묻지 않는다.

공무원연금으로 말하면 많이 내니까 많이 받는 것이 당연한 것 아니냐는 수준이다. 꽤 똑똑하다는 논객들도 이 수준이다. 이런저런 산식을 가지고 국민연금과 비교해서, 내는 것에 비해 결코 많이 받는 것이 아니라고 얘기한다. 그건 틀린 얘기는 아니다. 그런데 공무원연금의 근원인 결코 낮지 않은 임금과 자기부담금(7%)과 고용주 국가의 매칭금(7%)도 다 세금이고, 긴 근속기간(고용보호 수준)도 국가의 법령이라는 사실을 의외로 망각한다.

선진국의 보편적인 기준인 1인당 GDP나 노동자 평균 임금이나 중위 임금이라는 잣대로 한국 공무원의 임금, 연금 수준을 따져 보지 않는다. 이범연도, 공무원연금 좀 안다는 논객도 대기업과 공공기관의 고임금, 연공임금과 강한 고용 보장의 근원에 대해서도 묻지 않는다. 시장경제(생산물시장과 노동시장)와 민주공화주의가 잘 작동하는 나라, 노동조합이 기업 횡단적인 근로조건의 표준을 형성하기 위해 투쟁하는 나라와 한국의 차이를 묻지 않는다.

그리고 상대적으로 작은 문제이지만 공무원연금이 왜 국민연금과 따로 존재해야 하는지, 그리고 유족 연금은 또 왜 달라야 하는지도 묻지 않는다. 한국의 불평등, 양극화, 일자리, 고갈등 문제의 배경에는 공공부문과 노조 등의 과도한 약탈적 요구가 있다. 나머지는 생산물 시장 자체의 엄청난 불균형과 국가권력의 과잉(규제)과 저열한 정치 품질 등이다.

이범연이나 나나 지난 35년여에 걸쳐 각자 나름대로 치열하게 실천하고 성찰하고 모색했다. 물론 둘은 생각이 많이 다르다. 하지만 둘 다 철저하게 실패했다. 좌절감은 내가 더할 것이다. 이범연에게 문재인정부는 사상·이념적으로 꽤 싱크로율이 높은 정부이겠지만, 나에게는 엄청난 사상과 이념의 지체 정부요, 시대착오 정부요, 철부지·망나니 정부이기 때문이다.

하지만 둘 다 그런 대로 애들 잘 키웠고 먹고는 살지만, 1980~90년대 꿈꾸던 사회와 너무 다른 사회를 보고 당혹해 한다. 그나저나 우리 세대에게 남은 날이 평균적으로 30년쯤으로 보이는데, 둘 다 성찰과 모색을 한참은 더해야 할 것 같다.

좀 혹평은 했지만 위장취업자로 가서 눌러앉은 30년 늙은 노동자가 낸 이 책은 그래서 참으로 소중하다. 그래서 나는 파리행 비행기 안에서 다 읽었다.